◎中南林业科技大学引进人才科研启动基金项目（2020YJS003）
◎中南林业科技大学学术著作出版资助项目（2020CZ005）
◎中南林业科技大学2020年教学改革研究项目

我国城市养老服务供给的财政支持政策研究

Research on Fiscal Policy of the Urban Elderly Services Supply in China

◎张　薇 / 著

西安交通大学出版社
XI'AN JIAOTONG UNIVERSITY PRESS

图书在版编目（CIP）数据

我国城市养老服务供给的财政支持政策研究 / 张薇著. —西安：西安交通大学出版社，2024.1

ISBN 978-7-5605-7409-7

Ⅰ. ①我… Ⅱ. ①张… Ⅲ. ①财政政策－作用－城市－养老－社会服务－研究－中国 Ⅳ. ①D669.6

中国版本图书馆 CIP 数据核字（2021）第 222360 号

书　　名　我国城市养老服务供给的财政支持政策研究
　　　　　WOGUO CHENGSHI YANGLAO FUWU GONGJI DE CAIZHENG ZHICHI ZHENGCE YANJIU

著　　者　张　薇

责任编辑　韦鸽鸽

责任校对　祝翠华

出版发行　西安交通大学出版社
　　　　　（西安市兴庆南路 1 号　邮政编码 710048）

网　　址　http://www.xjtupress.com

电　　话　（029）82668357　82667874（发行中心）
　　　　　（029）82668315（总编办）

传　　真　（029）82668280

印　　刷　湖南省众鑫印务有限公司

开　　本　710mm×1000mm　1/16　印张　14.5　字数　213 千字

版次印次　2024 年 1 月第 1 版　2024 年 1 月第 1 次印刷

书　　号　ISBN 978-7-5605-7409-7

定　　价　98.00 元

如发现印装质量问题，请与本社发行中心联系调换。

张　薇　女，湖北荆州人，1983年4月生，中南财经政法大学经济学博士，现为中南林业科技大学经济学院教师。长期从事财税、金融教学和研究工作，主持完成湖南省哲学社会科学基金项目、湖南省情与决策咨询研究课题、湖南省教育厅科技项目、中南林业科技大学国家社科基金预研项目等9项，参与国家社科基金、教育部人文社科基金、湖南省哲学社会科学基金项目等课题近10项。在《系统工程》《求索》《湖南日报》《财经科学》《财政经济评论》《财政监督》等CSSCI、中文核心、省级期刊上发表论文10余篇。

序

人口老龄化是经济社会发展过程中难以回避的重大课题，其对经济结构、收入分配、社会治理等均产生了重要的影响。进入新千年后，按国际通用的标准（60岁以上人口占总人口的10%，或65岁以上人口占总人口的7%），我国开始步入老龄化社会，且伴随着经济的快速增长和生活条件的日益改善，人口寿命在逐年延长，生育意愿不断下降，使得老龄化加快发展，整体上呈现出“未富先老”的状况。预计到2025年，我国65岁及以上的老年人将超过2.1亿，占总人口的约15%。人口老龄化已成为我国经济社会发展面临的严峻问题和长期挑战。党的十九大报告明确指出，“我国社会主要矛盾已经转化为人民日益增长的美好生活需要和不平衡不充分的发展之间的矛盾”，“群众在就业、教育、医疗、居住、养老等方面面临不少难题……这些问题，必须着力加以解决”。

财政是国家治理的基础和重要支柱。财政活动涉及的领域广泛，而公共性是财政活动的一个天然属性。我们现今所强调的公共财政，是以市场经济为基础的一种财政模式，其目的主要是为社会公众提供公共商品和服务，满足社会共同性需要，发挥弥补市场配置不足的作用。老龄化社会中养老服务的有效供给具有一定的公共属性，需要在运用市场机制对养老资源进行配置的基础上，发挥政府及财政的引导和促进作用。当前，我国养老服务需求庞大且持续增长，与有限且结构失衡的养老服务供给能力之间的矛盾日益加深加剧。发挥财政政策“四两拨千斤”的功能与作用，引导和激励各类市场主体，增加养老服务和相关产品的有效供给，逐步实现养老服务的供需匹配，无疑是推进我国养老服务市场化、完善养老服务体系的进程中亟待解决的重大理论与实践课题。

《我国城市养老服务供给的财政支持政策研究》从城市养老服务供给问题出发，以解决我国城市养老服务供需结构失衡为目标，阐述了财政政策支持城市养老服务供给的理论基础和运行机制，分析了我国城市养老服务的需求与供给的总体结构和特征，梳理和评价了中华人民共和国成立以来支持城市养老服务供给的财政政策，按“居家和社区养老服务”及“机构养老服务”两条线索，系统探索了财政支持城市养老服务供给政策的现状、成效及问题，实证分析了我国财政政策对城市养老服务供给的影响，总结和借鉴了发达国家财政支持城市养老服务供给的经验，在此基础上，提出了城市养老服务财政支持政策设计的制度基础、政策框架和具体措施。该书主要的学术贡献在于，按照“需求侧→供给侧←支持政策”的研究思路，基本厘清了城市养老服务“需求侧→供给侧←支持政策”的内在逻辑，有机整合了财政、税收、民政、社保四大部门有关城市养老服务供给的政策举措，建立起逻辑路线清晰的多维财税支持路径，从而为当前我国财政支持城市养老服务供给的政策设计和具体实施，提供了较为系统、全面的方案。这本书的出版，对于新发展阶段下我国养老服务体系构建以及有效运用财政手段支持城市养老服务供给，具有较强的理论指导意义与实践参考价值。

张薇博士是中南财经政法大学2005届本科毕业生，十年后又考回母校攻读博士学位，而我有幸指导她的研究。多年的辛勤学习和探索，使她具备了较扎实的经济学理论功底，积累了较丰富的财税专门知识，掌握了多种有应用价值的经济分析方法。她的博士论文题目是“城市养老服务供给的财政支持政策研究”。尽管该研究有很强的挑战性，但经过艰苦的努力，她还是以较高的质量达到了研究目标。该论文的付梓出版，是她学术生涯的一项重要成就，作为论文指导老师，我甚感欣慰，也真心希望她在学术研究的道路上越走越宽、越走越顺、越走越好。

中南财政政法大学教授　**陈志勇**

2021年4月12日于武汉

目　录

导 论

第一节 选题背景、理论及现实意义

一、选题背景

德国社会学家乌尔里希·贝克（Ulrich Beck）在《风险社会》中指出："人类历史上各个时期的各种社会形态，从一定意义上说都是一种风险社会。"[①] 人口老龄化是世界人口发展趋势，也是全球面临的社会风险之一，会给一个国家的政治、经济、文化、社会制度等各个领域带来深刻而广泛的影响。彼得森（Peterson）指出：若一个国家或地区总人口中老年人口占比很高，对此准备不充分的话，即使这个国家或地区很富有发达，也会陷入崩溃的境地[②]。人口老龄化已是困扰众多国家发展的难题，其所带来的巨大而长期的养老压力和风险，已成为国际社会极为重视的公共问题。根据联合国对"老龄化"的明确界定：若一个国家或地区的总人口中，60岁及以上的老年人口占比超过10%，或65岁及以上的老年人口占比超过7%，则意味着这个国家或地区进入老龄化社会。1999年，我国60岁及以上的老年人口占比超过了10%，我国正式迈入老龄化社会行列。截至2019年年末，我国60岁及以上人口总数近2.54亿，占总人口的比重达到18.1%，其中65岁及以上人口为1.76亿，占总人口的比重为12.6%[③]。据预测，在"十四五"期间，我国

---

① 贝克．风险社会：新型现代的未来出路 [M]. 南京：译林出版社，2018.

② 波普诺．社会学 [M]. 李强，等译．北京：中国人民大学出版社，2007：268.

③ 国家统计局．中华人民共和国2019年国民经济和社会发展统计公报 [R/OL].（2020-02-28）[2021-01-08].http://www.stats.gov.cn/tjsj/zxfb/202002/t20200228_1728913.html.

老年人口将突破3亿，意味着我国社会老龄化程度将从轻度迈入中度。显而易见，人口老龄化已成为我国经济社会发展面临的严峻问题和长期挑战。

与西方发达国家人口老龄化的情况不同，一方面，我国人口老龄化的速度远超西方发达国家。发达国家进入人口老龄化阶段一般需要几十年甚至一个多世纪，而我国仅用了18年（1981—1999）就进入了人口老龄化阶段。另一方面，我国人口老龄化是在经济尚不发达的国情下出现的。西方发达国家进入老龄化阶段时，人均国民生产总值一般为5 000~10 000美元，而我国进入老龄化阶段时，人均国民生产总值还不到1 000美元[①]。此外，我国人口老龄化加速的同时，家庭规模缩小，养老功能式微。西方发达国家的老龄化与自然生育率降低有关，而我国于20世纪80年代初开始实施计划生育基本国策，使传统的大家庭模式瓦解。相比农村，计划生育政策在城市实施得更为严格，“4-2-1”逐渐成为城市家庭结构的主流模式。子女成年后离家工作，使得空巢家庭日益增多，家庭规模日趋小型化。根据前瞻数据库的统计，2002年我国城镇居民平均每户家庭人口为3.04，已基本形成三口之家的小型家庭格局，子女对老年父母的养老照护负担和机会成本大大提高。再加上从2013年起二胎政策逐渐放开，“4-2-2”家庭结构新模式加重了城市家庭的抚养压力，由此导致城市家庭的空巢化进一步加剧，城市家庭养老供给能力进一步减弱。老龄化速度快的人口学特征、我国经济社会发展的阶段性特征、传统家庭养老功能弱化的社会性特征三者叠加，加剧了我国城市养老问题的复杂性和艰巨性。

党的十九大报告明确指出，“我国社会主要矛盾已经转化为人民日益增长的美好生活需要和不平衡不充分的发展之间的矛盾”，“群众在就业、教育、医疗、居住、养老等方面面临不少难题……这些问题，必须着力加以解决”[②]。为应对老龄化问题的严峻挑战，解决新时期人民日益增长的养老需要和现实中养

---

① 中国人口与发展研究中心课题组．中国人口老龄化战略研究 [J]. 经济研究参考，2011（34）：22-30.

② 习近平．决胜全面建成小康社会　夺取新时代中国特色社会主义伟大胜利：在中国共产党第十九次全国代表大会上的报告 [M]. 北京：人民出版社，2017.

老服务供给不平衡不充分的发展之间的矛盾，我国政府早已开始着手制定相应的政策。但由于政策支持相对乏力以及相关社会力量发育不足等问题的存在，我国庞大且持续增长的城市养老服务需求难以得到及时有效的供给承接，城市养老服务供给与需求之间的矛盾日益凸显。

二、理论及现实意义

人口老龄化是人类历史进程中必然的趋势，也是社会发展到一定阶段的标志和现象，更是一项涉及经济、社会、政治的复杂社会问题。当前，城市养老服务需求庞大且持续增长，与有限且结构失衡的城市养老服务供给之间的矛盾日益加深加剧。本书以解决我国城市养老服务供需结构失衡为逻辑起点，研究如何通过发挥财政政策“四两拨千斤”的功能与作用，来引导和激励各类市场主体，增加城市养老服务和相关产品的有效供给，逐步实现城市养老服务的供需匹配。这无疑是推进我国城市养老服务市场化和完善城市养老服务体系的进程中亟待解决的重大理论与实践课题，将对我国养老服务体系的建立和完善起到一定的指导作用。

其理论与现实意义主要体现在：一方面，当前我国城市养老服务供需总量和结构双失衡，但养老服务供给主体多、内容繁杂，单纯依靠市场力量并不足以满足城市养老服务的现实需求，为此政府必须进行适当干预。正是基于这种逻辑，本书选择从养老服务供需有效匹配的角度，基于公共产品理论、福利经济学理论、新供给经济学理论及新公共服务理论等经典理论，重点厘清当前我国城市养老服务供需与财政支持方式路径之间的内在关联，分别构建城市居家和社区养老以及城市机构养老服务有效供给的财政支持政策框架。这不仅为科学制定城市养老服务有效供给的财政支持政策提供了清晰的分析逻辑与理论依据，对新供给经济学理论、新公共服务理论研究也有一定的深化与拓展。

另一方面，围绕促进养老服务业的健康快速发展，这些年国家多部门都出台了相应的支持政策，这些政策取得了一定的成效，但同时也存在前瞻性不够、落地难等现实困境。为此，针对政策前瞻性不够的问题，本书对我国公共服务体系、财政税收体制等相关领域的改革方向与发展趋势进行科学研判与系统梳理，以期为城市养老服务的财政支持政策设计提供制度与政策依据，确保提出的政策建议具有一定的前瞻性。针对政策落地难的问题，本书厘清了城市养老服务"需求侧→供给侧←支持政策"的内在逻辑，找出了政策难落地的关键症结，有机整合了财政、税收、民政、社保四大部门的政策，进而建立起逻辑路线清晰的多维财税支持路径，为我国财政支持城市养老服务有效供给的政策设计、出台，提供了系统化解决方案，对于充分发挥政策"四两拨千斤"的功能与作用，激励各类市场主体围绕我国城市养老服务的真实需求开展有效供给，进而加快纾解新时代我国城市养老服务领域的"新的主要矛盾"具有重要的现实意义。

第二节　国内外研究述评

一、养老服务、养老服务体系及模式研究

（一）养老服务及养老服务体系

我国自古对养老就比较重视，以尊老、敬老、养老为核心的孝文化在西周时期就极受推崇，传承至今。董红亚认为养老是一种文化现象，包括物质保障、精神抚慰和服务方式，特别是照护服务，贯穿了养老的全过程①。国内外学者对养老服务的定义各有千秋，但基本是根据养老服务的主要内容界定其概念，定义有狭义和广义之分。比如广义的养老服务，王石泉认为是给老年人在生活方面提供全方位服务支持的系统，是服务项目、服务政策、服务设施等各种养老服务资源的有机结合，等同于"养老服务体系"②。而大部分学者提出的是养老服务的狭义概念，仅指服务内容本身。坎托（Cantor）认为养老服务内容应

① 董红亚．住房对养老及服务方式变化的影响探析 [J]. 浙江学刊，2010（3）：207-211.

② 王石泉．中国老年社会保障制度与服务体系的重建 [M]. 上海：上海社会科学院出版社，2008.

涵盖个人社会化与发展、日常生活协助、健康就医协助三方面[①]。董红亚认为养老服务以照护为核心，包括各类照料和护理服务，内容上既有物质性的，也有精神性的，具有综合性、人文性、科学性等特点[②]。方亮将养老服务界定为满足老年人物质和精神两个层面的基本需求的服务内容本身[③]。张岩松等人认为养老服务是为满足老年人物质和精神的基本需求而提供的生活服务[④]。

关于对养老服务属性的认定，学者们普遍从公共产品理论角度出发，认为养老服务总体具有准公共产品属性，但从具体的服务内容和服务对象来看，有一部分属于公共产品，还有一部分属于私人产品。刘晓梅指出，养老服务具有福利性、公益性[⑤]。董红亚认为公益性是养老服务的首要属性，养老服务既是事业也是产业[⑥]。李萌提出要动态地辨别养老服务属性，因为随着经济社会发展，社会价值目标倾向发生变化，养老服务属性也相应变化；有了公益性目标后，有一定的私人产品特征的养老服务转化为公共产品[⑦]。

国内文献普遍认为化解老龄化风险，必须建立和完善多层次、多元化的社会养老服务体系。关于养老服务体系的主流表述主要源于政府文件。国务院2011年在相关文件中清晰界定：社会养老服务体系是与经济社会发展水平相适应，以满足老年人养老服务需求、提升老年人生活质量为目标，面向所有老年人，提供生活照料、康复护理、精神慰藉、紧急救援和社会参与等设施、组织、人才和技术要素形成的网络，以及配套的服务标准、运行机制和监管制度。我

---

① MARJORIE C, LITTLE V. Aging and social care[J]. Handbook of aging and the social sciences, 1985:745-781.

② 董红亚 . 中国社会养老服务体系建设研究 [M]. 北京：中国社会科学出版社，2011.

③ 方亮 . 养老服务市场化中政府角色研究 [D]. 南宁：广西大学，2014.

④ 张岩松，等 . 社会养老服务体系建设研究 [M]. 大连：东北财经大学出版社，2016（11）：24.

⑤ 刘晓梅 . 我国社会养老服务面临的形势及路径选择 [J]. 人口研究，2012（36）：104-112.

⑥ 董红亚 . 住房对养老及服务方式变化的影响探析 [J]. 浙江学刊，2010（3）：207-211.

⑦ 李萌 . 支持我国养老服务体系发展的财税政策研究 [D]. 北京：财政部财政科学研究所，2015：30.

国的社会养老服务体系主要由居家养老、社区养老和机构养老等三个有机部分组成[①]。学术界对于养老服务体系的定义大多采用政府的提法，也有少部分学者对其重新界定。如刘畅认为养老服务体系应由个人、家庭、社会、企业和政府共同构建[②]。

（二）养老服务模式

1. 养老服务模式类型及内容

西方发达国家的养老服务业起步较早，在20世纪60年代“就地养老”（Aging in Place）的养老服务模式理论在北欧国家即应运而生。随着养老服务的发展和学者们研究的深入，对养老服务的模式划分也日趋细化。萨拉•奥尔登（Sarah Alden）和艾伦•沃克（Alan Walker）认为如果按是否社会化划分，养老服务模式分为正式照料和非正式照料；如果按服务对象的自主性划分，养老服务模式分为社区照料和机构照料两大类，而社区照料包括居家照料、日间照料和庇护住宅及额外照料住房[③]。布鲁贝克（Brubaker）等则将社区照料模式划分为家庭照顾和外部照顾：家庭照顾包括家政、送饭、暂托等服务；外部照顾包括日间照护、交通服务、日间照料、辅导和支持[④]。我国学术界主要依据政府文件的相关表述，对养老服务模式的类型认定有居家养老服务、社区养老服务和机构养老服务这三类。但也有学者对养老服务模式的类型划分与此有别。杨宜勇、杨亚哲将我国主要养老服务模式归为机构养老和居家养老两种，机构养老即社会

---

① 国务院办公厅．国务院办公厅关于印发社会养老服务体系建设规划（2011—2015年）的通知（国办发〔2011〕60号）[R/OL].（2011-12-16）[2021-01-08].http://www.gov.cn/xxgk/pub/govpublic/mrlm/201112/t20111227_64699.html.

② 刘畅．我国养老服务体系的构建：基于系统论的视角 [J]. 兰州商学院学报，2010，26（1）：89.

③ 国务院发展研究中心社会部课题组．养老服务体系发展的国际经验与中国实践 [M]. 北京：中国发展出版社，2019：151-152.

④ BRUBAKER T H, BRUBAKER E.Family care of the elderly in the United States: an issue of gender differences?[M]//KOSBERG J I. Family care of the elderly: social and cultural changes. California: Sage Publications, 1992.

养老，老年人入住到机构内，由社会专业化养老机构为其服务；而居家养老是老年人居家养老，由社区提供养老服务①。张翠将养老服务模式分为家庭养老和社会养老两种，其中社会养老包括社会化居家养老和机构养老，而社会化居家养老又可分为社区养老和居家养老②。罗飞军、廖小利认为我国目前存在家庭养老、机构养老、社区养老和居家养老这四种养老服务模式③。

2. 应以何种养老服务类型为主

国务院办公厅指出，我国城市养老服务应“以居家养老为基础、社区服务为依托、机构养老为补充”④。《中国老龄事业发展“十二五”规划》提出要建立以居家为基础、社区为依托、机构为支撑的养老服务体系⑤。《“十三五”国家老龄事业发展和养老体系建设规划》指出，养老服务体系建设的目标为“居家为基础、社区为依托、机构为补充、医养相结合的养老服务体系更加健全”⑥。梳理相关精神可知，机构养老的定位出现了“补充—支撑—补充”这样一个变化过程，也说明我国原来大力发展机构养老服务，之后更加重视发展居家、社

---

① 杨宜勇，杨亚哲．论我国居家养老服务体系的发展 [J]. 中共中央党校学报，2011，15（5）：94-98.

② 张翠．重庆市社会养老服务问题研究：基于公共领域介入公共性问题的视角 [M]. 重庆：西南交通大学出版社，2016.

③ 罗军飞，廖小利．社会治理视角下我国养老服务体系建设研究 [J]. 广西社会科学，2016（4）：144-149.

④ 国务院办公厅．国务院办公厅转发全国老龄委办公室和发展改革委等部门关于加快发展养老服务业意见的通知（国办发〔2006〕6号）[R/OL].（2006-02-09）[2021-01-08].http://www.gov.cn/zwgk/2006-02/17/content_202553.htm.

⑤ 国务院．国务院关于印发中国老龄事业发展“十二五”规划的通知（国发〔2011〕28号）[R/OL].（2011-09-23）[2021-01-08].http://www.gov.cn/zhengce/content/2011-09/23/content_6338.htm.

⑥ 国务院．国务院关于印发“十三五”国家老龄事业发展和养老体系建设规划的通知（国发〔2017〕13号）[R/OL].（2017-03-06）[2021-01-08].http://www.gov.cn/zhengce/content/2017-03/06/content_5173930.htm.

区养老服务。我国学者们的观点和政府文件趋于一致。如董红亚认为，从承担养老的数量来看，机构养老在整个福利体系中处于补充性地位，居家养老是核心和主导，而社区为居家养老的依托；从担负养老的作用来看，福利服务体系则以养老机构为骨干[①]。

3. 居民对于养老模式的选择

国内外大多数学者认为居家养老更符合社会的传统和结构，也符合老年人的养老偏好，应以居家社区养老模式为主、机构养老为补充。龚静怡认为，最符合我国国情的城镇居民养老模式是居家养老和社区养老，该模式既能减轻家庭照料负担，又能维系老年人的社会网络[②]。谢里•安•查普曼（Sherry Anne Chapman）认为居家社区养老模式相对机构养老而言，能为老年人提供更为安心、舒适、便利的照料服务[③]。美国审计署认为老年人偏好居家养老，因为家中舒适无障碍，有使用权保障，而且可以依靠社区环境、交通便利性、社会支持力量等条件，保障较好的生活质量[④]。陈友华指出，居家社区养老模式是生活能自理或半自理老年人的首选，机构养老模式是身体欠佳、生活自理能力低下的老年人首选，两者适用不同健康状况的对象[⑤]。赵娜、方卫华则认为机构养老能更好地应对日益增加的养老服务需求，是家庭养老和社区养老的有力补充，可分担家庭养老负担，为生活自理能力低下的老年人提供更为专业的服务[⑥]。

---

① 董红亚．中国社会养老服务体系建设研究 [M]. 北京：中国社会科学出版社，2011.

② 龚静怡．居家养老—社区养老服务：符合中国国情的城镇养老模式 [J]. 河海大学学报（哲学社会科学版），2004（4）：72-74.

③ CHAPMAN S A. Client-centred, community-based care for frail seniors[J]. Health and social care in the community, 2002, 11(3):253-261.

④ Audit Commission.Older people-independence and well-being:the challenge for public services [R]. London: Audit Commission, 2004.

⑤ 陈友华．居家养老及其相关的几个问题 [J]. 人口学刊，2012（4）：51-59.

⑥ 赵娜，方卫华．人口老龄化、养老服务需求与机构养老取向 [J]. 重庆社会科学，2016（5）：56-65.

4. 城市居民选择养老模式的影响因素

赵迎旭、王德文发现经济状况是影响老年人选择非家庭养老的决定因素，老年人的经济条件越好，越倾向于选择机构养老①。王莉莉利用中国老龄科学研究中心的数据研究发现，我国老年人有着强烈的居家养老意愿，性别、年龄、社会、经济、生理等因素对选择居家养老均有影响②。张郧、黄晓瑞研究2012年中国综合社会调查数据库中的“中国老年社会追踪调查”数据后发现，身体状况不佳、年龄在65岁到75岁之间、对现在的生活满意度较低的被调查者都倾向于选择机构养老③。纪竞垚基于2014年“中国老年社会追踪调查”数据研究发现，具有机构养老意愿的老年人有31.95%，老年人入住养老机构的主要原因是健康水平下降④。

二、城市养老服务需求和供给研究

（一）养老服务需求

国外发达国家进入老龄化社会较早，关于养老服务需求的研究多集中在20世纪70年代至20世纪90年代，而我国是在进入老龄化社会后，对老年人养老服务需求方面的研究才逐渐增多。

1. 养老服务需求内容的研究

1975年美国杜克大学创立的“美国老年人资源与服务”（The Old Americans Resources and Service，OARS）量表从社会资源、经济资源、精神健康、身体健康和日常行动5个维度，将老年人服务需求划分为家政、交通、照护、心理

---

① 赵迎旭，王德文．老年人对非家庭养老方式态度的调查报告 [J]. 南京人口管理干部学院学报，2006（4）：30-32.

② 王莉莉．基于“服务链”理论的居家养老服务需求、供给与利用研究 [J]. 人口学刊，2013（2）：49-59.

③ 张郧，黄晓瑞．机构养老服务需求影响因素的实证研究 [J]. 统计与决策，2016（4）：103-105.

④ 纪竞垚．家庭照料对老年人机构养老意愿的影响：基于 CLASS 数据的实证分析 [J]. 调研世界，2019（1）：17-22.

健康等24项内容[①]。周秋光等通过对长沙市的实证研究发现，城市老年人的养老服务需求的内容主要有经济供养需求、日常照料需求、精神慰藉需求、医疗护理需求这四大方面[②]。侯冰指出，养老服务需求在整体层面呈现层次性、动机差异性特征，群体之间存在明显的梯次性变化特征[③]。

2. 养老服务需求的影响因素

哈林顿（Harrington）等[④]、沃尔夫（Wolf）[⑤]分析了政策及社会体系对机构养老服务需求的影响，发现影响老年人机构养老服务需求的因素主要包括性别、年龄、是否有人照顾及身体状况。詹姆斯（James）等分析医疗救助计划和经济因素背景下，老年人对机构养老服务需求的影响因素，结果发现，由医疗救助计划提供入住养老机构费用、子女人数少、无配偶、生活不能自理及存在认知缺陷等因素，会让老年人更愿意入住养老机构；对于由自己支付养老机构费用的老年人，除以上因素外，性别也是影响因素，男性较女性更倾向于入住养老机构[⑥]。李文君对洛阳市320名老年人进行抽样调查，发现老年人的精神赡养需求最为强烈，对于家政服务的需求越来越大，居家养老是首选[⑦]。王琼

---

① 侯冰 . 城市老年人社区居家养老服务需求层次及其满足策略研究 [D]. 上海：华东师范大学，2018.

② 周秋光，蒋雯雯，马少珍 . 养老服务需求现状及发展趋势：基于长沙市的实证分析 [J]. 中国劳动，2012（5）：13-16.

③ 侯冰 . 老年人社区居家养老服务需求层次及其满足策略研究 [J]. 社会保障评论，2019，3（3）：147-159.

④ HARRINGTON C, SWAN J H.The impact of state medicaid nursing home policies on utilization and expenditures[J].Inquiry, 1987(8):157-172.

⑤ WOLF R S. A social systems model of nursing home use[J].Health services research, 1978(8): 111-128.

⑥ RESCHOVSKY J D. The roles of medicaid and economic factors in the demand for nursing home care[J]. Health services research, 1998, 33(4):787-813.

⑦ 李文君 . 城市老年人养老服务需求及洛阳市养老机构的分析 [J]. 中国老年学杂志，2011，31（13）：2541-2543.

认为影响老年人居家养老和社区养老服务需求的因素包括身体机能、文化因素、经济社会地位和家庭因素等，其中，身体机能是养老服务需求产生的根源，家庭因素也影响着养老服务需求[①]。

3. 养老服务需求水平的影响因素

田北海和王彩云研究发现，身体机能是影响养老服务需求水平的硬性指标，经济状况是重要因素；文化程度也会对养老服务需求水平产生影响，与养老服务需求水平成正比[②]。张继荣、李兆君基于宁夏城乡居民的数据研究发现，年龄、患慢性病数量和个人收入是影响养老服务需求水平的正相关因素[③]。

（二）养老服务供给

1. 养老服务供给模式及主体

陈友华、徐愫认为，政府、市场和社会组织三方共同构成我国养老公共服务的供给主体；为实现资源配置最优，可以按照政府主导、社会组织参与、市场运作的原则为老年人提供养老服务[④]。陈英姿、满海霞认为，养老服务供给主体为政府、市场和社会组织三方，有三种供给模式：政府提供公共养老服务；政府和市场联合供给，按照市场招标的程序招标并订立契约，由营利组织生产和提供养老服务；非营利组织供给，通过社会慈善等途径或组织志愿者提供养老服务[⑤]。吴玉韶、王莉莉等认为，具有纯公共产品属性的养老服务由政府提供；市场或非营利组织提供准公共产品属性的养老服务，政府补贴购买或

---

① 王琼．城市社区居家养老服务需求及其影响因素：基于全国性的城市老年人口调查数据[J]. 人口研究，2016，40（1）：98-112.

② 田北海，王彩云．城乡老年人社会养老服务需求特征及其影响因素：基于对家庭养老替代机制的分析[J]. 中国农村观察，2014（7）：2-17.

③ 张继荣，李兆君．城乡居民养老服务需求及影响因素研究：以宁夏为例[J]. 调研世界，2016（7）：33-36.

④ 陈友华，徐愫．中国老年人口的健康状况、福利需求与前景[J]. 人口学刊，2011（2）：34-39.

⑤ 陈英姿，满海霞．中国养老公共服务供给研究[J]. 人口学刊，2013（1）：22-26.

老年人自主购买；具有私人产品属性的养老服务由市场提供，经济条件较好、支付能力较强的老年人自主购买①。张岩松等认为政府提供养老服务的纯公共部分，政府、社会组织和市场共同提供养老服务的准公共部分，而私人养老服务主要由市场和社会组织来提供②。

2. 居家和社区养老服务供给

学者们研究的角度各有不同，有区域差异、存在的问题、供给特征等角度。李萌研究发现，受地方财力水平的影响，居家和社区养老服务供给的地区差异较明显，从社区服务机构覆盖率和社区养老覆盖率两项指标来看，东部地区的养老服务供给明显优于中部、西部地区③。张文娟在多个城市社区实地走访发现，社区养老服务的覆盖率、使用率和服务质量有待提升；提供社区养老服务的托老所、日间照料室等设施和场所利用率、知晓度较低，社区照料的作用未充分发挥，服务定位不清④。王震认为居家和社区养老服务的供给特征有：成本高，需要公共筹资和公共干预；以人力投入为主；有“关系型”产品特征⑤。彭青云指出要构建政府、市场、社会组织、家庭四大主体相互依赖的发展路径，要求政府对养老服务市场进行引导，放权不越位，充分发挥社会组织的专业特长，坚持市场在服务配置中的基础性作用，培育老年人及其家庭的主动消费意识⑥。

3. 养老服务机构及设施供给

根据2004年美国国家卫生统计中心对美国养老护理机构的调查数据，养老护理机构入住率为86.3%，自己付费入住的老年人占46%，付费要依靠医疗

---

① 吴玉韶，王莉莉，等．中国养老机构发展研究报告 [M]. 北京：华龄出版社，2015.

② 张岩松，等．社会养老服务体系建设研究 [M]. 大连：东北财经大学出版社，2016：33.

③ 李萌．支持我国养老服务体系发展的财税政策研究 [D]. 北京：财政部财政科学研究所，2015.

④ 张文娟．中国社会养老服务体系建设 [M]. 北京：社会科学文献出版社，2017.

⑤ 王震．居家社区养老服务供给的政策分析及治理模式重构 [J]. 探索，2018（6）：116-126.

⑥ 彭青云．多元主体视角下社区居家养老服务路径探索 [J]. 浙江工商大学学报，2019（3）：101-108.

保险计划和医疗救助计划的老年人约占35%；私营企业（61.5%）和非营利组织（30.8%）兴办了大部分机构，由政府和其他实体兴办的机构占极少部分（7.7%），45.8% 的养老机构独立经营，54.2% 的连锁经营①。约翰·奈曼（John Nyman）研究发现，机构收费与服务质量没有显著关系，建议对养老服务机构以政策激励为主②。国内学者关于机构养老服务供给方面的研究也较多，主要集中在发展现状、存在的不足、供给质量效率评价方面。许爱花认为我国机构养老服务供给存在问题，与老年人的实际需求和发达国家的标准存在差距，如机构建设没有达到国际认可的"照料型设施"标准、专业服务人员严重短缺、机构运营管理理念不完善③。杨彦等对甘肃省14个市（州）的养老服务机构进行调研后发现，这些地区养老机构资源发展不平衡、硬件设施不完善、缺乏专业的服务人才④。赵娜、方卫华运用层次分析法（Analytic Hierarchy Process，AHP）计算指标权重综合评价北京市机构养老服务质量，得出结论为，机构养老服务供给的质量不符合老年人的期望，其中老年人最不满意的是医疗护理服务，比较不满意的是精神慰藉服务⑤。

（三）城市养老服务供需失衡

学者们普遍认为我国养老服务的供给和需求存在失衡。如王莉莉认为，目前我国的居家养老服务的对象、内容、模式方面还存在明显的以"计划性的服务为导向"的特点，导致服务供给与需求不匹配，既浪费养老服务资源，又不

---

① 吴敏．基于需求与供给视角的机构养老服务发展现状研究 [D]. 济南：山东大学，2011.

② NYMAN J A. Improving the quality of nursing home outcomes:are adequacy or incentive-oriented policies more effective?[J]. Medical care, 1988(12): 1158-1171.

③ 许爱花．社会工作视阈下的机构养老服务 [J]. 江淮论坛，2010（1）：128-133.

④ 杨彦，李惠菊，卜小丽，等．西部地区机构养老服务发展的现状及对策研究：以甘肃省为例 [J]. 护理研究，2019，33（12）：2109-2112.

⑤ 赵娜，方卫华．供给侧改革背景下城市机构养老服务评价及优化：基于服务质量差距模型的视角 [J]. 河南师范大学学报（哲学社会科学版），2017，44（6）：37-42.

能有效满足老年人的需求①。张文娟研究2015年中国老龄科学研究中心对12个城市养老机构的调查数据后发现，目前机构养老服务存在以下问题：供需存在错位，公办养老机构性价比较高但一床难求，民办中低档养老机构提供的服务大部分低于老年人预期，高端民办机构服务质量较高但大部分老年人无力承受其高价；公办养老机构等位制度不清且政府的资金投入和政策扶持比民办机构的多，民办养老机构因收费标准高于公办养老机构而缺乏市场竞争力；床位资源配置结构不合理，医疗与康复设施配置比例较低，护理型养老床位严重不足；机构内医护人员配置比例较低，护理人员收入水平相对较低②。

（四）养老服务供给侧结构性改革

学者们均认为我国养老服务供给侧存在问题，需要进行供给侧结构性改革。李志明认为我国养老服务供给侧存在重机构养老、轻居家养老的误区，对社区养老服务平台的重视和利用不够；应该发展“立足社区、服务居家”的综合养老服务体系，为生活在社区和家庭中的老年人提供全方位的居家和社区养老服务③。甄炳亮则指出了养老服务供给侧结构性改革的方向和重点：养老服务应通过多种方式保基本兜底线，需要政策引导和必要的资金支持，按老年人的自理能力分级建立养老服务设施等④。陈远提出以“创新发展”优化养老服务供给手段，以“协调发展”优化养老服务供给结构，以“绿色发展”增加养老服务可持续供给，以“开放发展”提高养老服务有效供给能力，以“共享发展”更新养老服务供给理念，以新思路推进养老服务供给侧结构性改革⑤。

---

① 王莉莉．基于“服务链”理论的居家养老服务需求、供给与利用研究 [J]. 人口学刊，2013（2）：49-59.

② 张文娟．中国社会养老服务体系建设 [M]. 北京：社会科学文献出版社，2017.

③ 李志明．中国养老服务“供给侧”改革思路：构建“立足社区、服务居家”的综合养老服务体系 [J]. 学术研究，2016（7）：99-104.

④ 甄炳亮．养老服务供给侧改革的方向和重点 [N]. 中国社会报，2016-09-12（2）.

⑤ 陈远．以新思路推进养老服务供给侧改革 [N]. 中国人口报，2019-01-31（3）.

三、养老服务供给中的政府职责研究

凯恩斯（Keynes）早在《就业、利息和货币通论》中就指出政府应承担起更多的公共服务责任，强调政府干预的重要性和必要性[①]，为西方国家建设福利国家、发展养老服务奠定了理论基础。西方国家福利理论认为对弱势人群的救助、关怀、支持的制度性安排是政府的基本职能之一；作为公共福利一个重要内容的养老服务的提供，是政府的首要职责。西方学者普遍赞同政府应该承担保障和提供养老服务的责任。布坎南（Buchanan）等指出，保障作为准公共产品的养老服务供给，是政府基本责任的体现；实现有效供给和需求平衡不能完全依靠市场机制，优化养老服务资源需要政府的宏观调控。[②] 西方学者普遍认为，尽管养老服务的变革趋势是市场化和供给主体多元化，但政府在其中的作用不可替代，责任强度也不可弱化。

国内学者关于政府参与养老服务供给的研究，主要集中在政府的必要性和具体职责两个方面。国内文献均认为政府参与养老服务供给必不可少。赵婷婷研究发现，养老机构服务市场化运作削弱了养老服务的福利性，也未有效提高服务质量和效率，因此，应该重新发挥并强化政府在机构养老服务中的作用[③]。关于政府在养老服务供给中的具体作用，各类文献均认为政府应当起到主导作用。祁峰、刘海军认为筹集资金、提供养老服务、规划监管是政府在养老服务供给方面的主要责任[④]。甄炳亮指出，在养老服务供给侧改革中，政府应首先通过向养老机构购买床位、发放服务补贴等多种方式，保基本兜底线，执行社会保障职能；其次，政策引导社会力量运营养老机构并提供必要的资金

---

① 凯恩斯．就业、利息和货币通论 [M]. 陆梦龙，译．北京：商务印书馆，1999.

② BUCHANAN J M. The pure theory of government finance: a suggested approach[J]. Journal of political economy, 1949 (57): 496-505.

③ 赵婷婷．我国城镇养老服务机构的问题研究：福利混合经济的三维分析框架 [D]. 天津：南开大学，2013.

④ 祁峰，刘海军．我国政府承担养老责任的理论阐释与完善 [J]. 生产力研究，2012（11）：111-112.

支持；最后，降低养老机构的许可门槛，加强监管和服务①。易艳阳、周沛基于元治理理论，指出在养老服务供给领域，要充分发挥政府的核心与主导作用；政府作为养老服务供给的首要责任主体，应将具体的服务传递职能让渡于养老服务的社会组织与商业企业，在更高层面上承担起养老服务规划、法规与政策制定、财政支持与财务激励、社会组织培育、市场主体规范、监督管理评估等责任②。朱冬梅、曹延雯基于委托—代理视角，认为政府有责任进行制度设计与规范，提供财政支持并加以监督③。

上述研究都肯定了政府在养老服务供给中的主导作用，政府具体承担政策设计、引导调控、兜底保障、资金支持和管理监督等职责。

四、财政支持养老服务供给研究

在此方面国内外学者的研究主要集中在老龄化对财政的影响、财政支持的总体作用、财政支持的具体方式及作用等多个方面。

（一）老龄化对财政的影响

大卫•海曼（David Hyman）指出，人口老龄化对公共财政和政府预算有深远的影响。美国社会保障养老金的税率很可能随着人口老龄化而提高，向老年人提供转移支付（通过社会保障和医疗保险制度）在未来可能面临资金压力，如果不马上改革，会导致大量联邦预算赤字。他也强调，中国等国家因为目前老年抚养比为40%~50%，退休年龄一直保持在55岁到65岁，除非接纳更多的移民以扩充劳动力或延迟退休，否则老龄化对其财政及经济的影响都将是灾难性的④。罗伯特•霍尔兹曼（Robert Holzmann）认为人口老龄化是造成政府长期财

① 甄炳亮．养老服务供给侧改革的方向和重点 [N]. 中国社会报，2016-09-12（2）.

② 易艳阳，周沛．元治理视阈下养老服务供给中的政府责任研究 [J]. 兰州学刊，2019（4）：184-193.

③ 朱冬梅，曹延雯．我国养老服务供给中的政府责任研究：基于委托—代理视角 [J]. 汕头大学学报（人文社会科学版），2019，35（3）：76-80.

④ 海曼．财政学 [M]. 张进昌，译．北京：北京大学出版社，2015：24-28.

政压力的重要因素之一，在国家全部的社会福利支出中，社会养老保障支出占到一半左右；在社保各子项目福利费用中，社会养老福利费用占国内生产总值的比例最高，可以证明老龄化导致财政资金在社会养老福利方面的投入较多①。

（二）财政支持的总体作用

白景明指出，养老服务供给是公共服务体系的重要内容，财政应承担起社会基本养老托底服务②。李萌认为我国目前支持养老服务发展的财税政策，已经从单纯的补缺性政策转变为面向大众的普惠性政策，财政对我国养老服务体系的建设和完善有着巨大的推动作用③。杨翠迎等认为财政支持是引导和调节养老服务资源投入的重要手段和工具，也是养老服务发展的助推器④。

（三）中央与地方政府事权和财权的责任划分

李乐指出，中央政府负责宏观层面规划，设立专项补助支持地方养老社会化服务体系发展；地方政府不仅要在责任范围内提供具体的养老服务，还要积极引导和扶持社会部门参与养老服务供给并进行相应的规划布局及监督管理⑤。陈然认为，中央和地方在养老服务发展中要明确各自的事权，中央政府负责顶层制度设计，更贴近民生的地方政府负责更为具体的执行和管理监督工作；在财权责任方面，中央政府对发达地区的财政资金投入应低于地方政府，而在经济落后地区则相反⑥。余亮提出了我国的央地财政事权的总体框架：应当根据外部性程度在中央与地方之间进行划分；应同时明确央地政府的事权和

① HOLZMANN R. Fiscal policy and public debt sustainability in the EMU[J].Empirica, 2006, 33 (6): 61-62.

② 白景明 . 健全我国养老服务体系的财税政策思路 [J]. 中国财政，2014（3）：16-17.

③ 李萌 . 支持我国养老服务体系发展的财税政策研究 [D]. 北京：财政部财政科学研究所，2015.

④ 杨翠迎，鲁於，杨慧 . 我国养老服务发展中的财政政策困境及改进建议：来自上海市的实践与探索 [J]. 陕西师范大学学报（哲学社会科学版），2018，47（5）：15-24.

⑤ 李乐 . 养老服务社会化中的地方政府职能优化研究 [D]. 上海：复旦大学，2013.

⑥ 陈然 . 促进养老服务供给的财政政策研究 [D]. 大连：东北财经大学，2017.

相应的支出责任，保证各级政府有财力履行职责；构建一套完善合理的考核激励体系，激发基层政府的积极性和能动性①。

（四）财政支持的具体方式及作用

1. 财政支持方式的创新

希勒尔·施密德（Hillel Schmid）认为，随着人们生活方式的变迁及老年人福利的发展，财政支持养老服务供给的方式也应该多元化，政府可以通过代理、委托、购买服务等市场化的方式来让私人机构提供一些养老服务②。斯文·海因里希（Sven Heinrich）等提出政府应采取公私合营（Public-Private Partnership，PPP）的方式，与第三部门共同参与养老服务供给，有效弥补政府与市场的不足③。西山（Nishiyama）认为社会老龄化带来的负外部性，可以通过增加财政支出、优化税收手段、鼓励社会力量参与等方式来消除④。

2. 财政补贴方式

学者们一致认为，财政补贴是支持养老服务供给最常见的财政手段，也是最主要的工具和方式。坎贝尔（Campbell）等认为在直接出资兴建和资助私人建立养老院等方面，财政应该重点补贴⑤。董红亚认为，政府可以通过建立老年津贴制度、发放养老券等办法，解决养老服务供给不足的问题⑥。米红、杨贞贞认为必须建立居家养老服务补贴制度，设置最高补贴限额，使可选择的补

① 余亮．我国央地政府间财政事权划分的理论分析 [J]. 经济研究导刊，2019（14）：117.

② SCHMID H. Comparative welfare analysis of social security system selection[J].Asia-Pacific journal of risk and insurance, 2003(1).

③ HEINRICH S, LUPPA M, MATSCHINGER H, et al. Service utilization and health-care costs in the advanced elderly[J]. Value in health, 2007(4).

④ NISHIYAMA. The design of social security information management system[J].Applied mechanics and materials, 2015(347).

⑤ CAMPBELL J C, IKEGAMI N. Japan’s radical reform of long-term care[J].Social policy and administration, 2003(2):21-34.

⑥ 董红亚．中国社会养老服务体系建设研究 [M]. 北京：中国社会科学出版社，2011.

贴方式增多，按比例补贴[①]。唐钧认为可以将政府补贴划到需要服务的老年人名下，但直接将资金支付给服务供给主体，包括家庭成员、提供服务的社区组织和专业养老服务机构[②]。陈志勇、张薇从财政补贴养老服务需方和供方两个维度，利用目标规划决策等方法，进一步修正完善了两类财政补贴的量化测度模型，为养老服务市场化财政补贴政策的实施提供可应用的测算公式[③]。

3. 购买养老服务

马丁 • 纳普（Martin Knapp）和安妮特 • 鲍尔（Annette Bauer）认为，政府购买养老服务制度的改革是提高养老服务供给质量和效率的核心[④]。张艳芳通过测算我国养老服务供求失衡水平，建议完善我国政府购买养老服务制度，如规范财政预算程序和机制，优化经费分担机制，建立专业服务人员培养机制[⑤]。曹立前、王君岚提出完善政府购买居家养老服务的路径的建议，如建立目标群体甄别机制、规范购买流程、优化社会组织发展的政策环境、加快养老服务队伍建设、健全评估机制等[⑥]。

4. 税收支持

国家税务总局税收科学研究所课题组认为，税收政策的主要功能是引导、激励社会力量参与养老服务事业，为提高社会群体自主养老保障水平创造条

---

① 米红，杨贞贞 . 老年残疾人居家养老服务补贴模式创新与实证研究 [J]. 残疾人研究，2011（2）：17-21.

② 唐钧 . 失能老人护理补贴制度研究 [J]. 江苏社会科学，2014（2）：75-82.

③ 陈志勇，张薇 . 我国养老服务市场化中的财政补贴方式及标准测度 [J]. 求索，2017（1）：144-148.

④ KNAPP M, BAUER A. Building community capital in social care:is there an economic case?[J]. Community development journal, 2013, 48(3):313-331.

⑤ 张艳芳 . 促进养老服务供求均衡的中国政府购买养老服务政策研究 [J]. 西北人口，2016，37（1）：87-93.

⑥ 曹立前，王君岚 . 政府购买居家养老服务的完善路径 [J]. 经济研究参考，2019（12）：120-123.

件，优化老龄产业制度环境[①]。庞凤喜指出税收是政府支持养老服务的基本保障，其既可从收支两方面支持养老服务，又可借助税收优惠促进企业与个人为补充养老保险投资，并促进社会资本进入养老服务业[②]。

五、研究文献述评

纵观国内外研究文献，它们均从不同的角度对养老服务、养老服务体系及模式、城市养老服务需求与供给、养老服务供给中的政府职责、财政支持养老服务供给的必要性与具体方式等方面，进行了多维度、多层次的研究。这些成果有利于养老服务供给相关理论研究的深入与创新，对促进养老服务业的健康发展具有重要的指导作用和实践意义。但随着我国进入高质量发展的新阶段，公共服务包括养老服务领域的发展与改革也面临了一系列新情况、新问题和新要求，城市养老服务供给的大环境发生了较大变化。财政政策如何在新的形势下发挥“四两拨千斤”的功效，促进城市养老服务的高质量发展，显然是一个崭新的时代命题。鉴于此，城市养老服务有效供给的财政政策支持问题，在新的发展语境下，无论是研究的角度、研究的内容和分析的思路与方法，均有进一步调整、拓展和提升的空间。具体而言，有这两方面的不足：

（1）在研究视角上，很多文献没有把近年来中央关于推进供给侧结构性改革的精神很好地融入养老服务业发展与改革的研究中，也没有对与养老服务改革和发展紧密相关的如财税、公共服务体系等领域的发展趋势与改革动态进行全面的梳理、研判与跟踪，导致提出的政策建议缺乏前瞻性。

（2）在研究思路上，以往的研究缺乏对我国养老服务供需结构失衡与财政支持方式、路径、政策设计之间内在关联的逻辑分析，因此很难找到当前财政支持政策难落地的关键症结，一般只是笼统地提出加强财税支持的相关政策建议，政策建议的针对性与操作性有待进一步加强。

---

① 国家税务总局税收科学研究所课题组．建议完善税收政策促进养老服务发展 [N]. 中国税务报，2012-06-20（7）.

② 庞凤喜．论税收与养老服务支持的关系 [J]. 税务研究，2018（1）：31-35.

第三节　基本思路与研究框架

针对当前我国养老服务中存在的供需总量与供需结构的双失衡问题，本书提出以养老服务供给侧结构性改革为突破口，强化政策的支持与引导，加快提升我国养老服务供给的质量和水平，逐步解决双失衡问题的基本思路。本书研究的基本框架见图0-1。出于对数据资料可得性的现实约束及本书研究拓展深度的考虑，本书选择以我国城市养老服务供给的财政支持政策为研究对象。

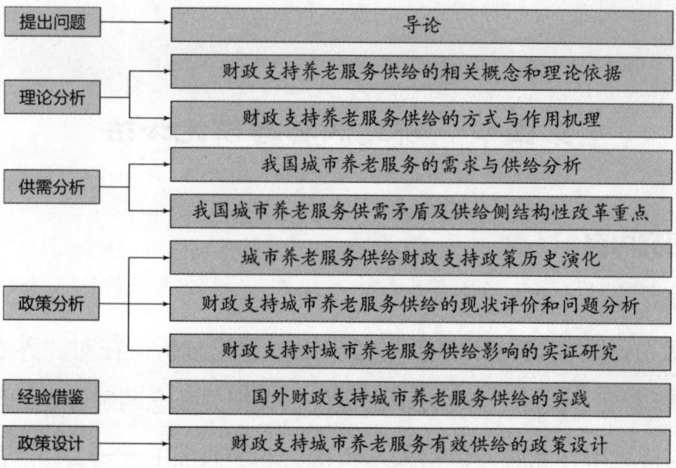

图0-1　本书研究的基本框架

本书按照“提出问题→理论分析→供需分析→政策分析→经验借鉴→政策设计”的逻辑进路，首先，在对城市养老服务供给中相关概念明确界定的基础上，综合运用公共产品理论、福利经济学理论、新供给经济学理论、新公共服务理论进行解析，并分析财政支持养老服务供给的作用机理，为后文研究奠定理论基础；其次，从供需两侧对我国城市养老服务的现状、结构及特征进行实证分析，指出当前我国城市养老服务供给存在的主要矛盾、养老服务供给侧结构性改革的方向与重点，为未来城市养老服务供给的财政政策支持重点领域指明方向；再次，对中华人民共和国成立以来城市养老服务供给的财政支持政策，分阶段进行系统梳理和评述，按居家和社区养老、机构养老模式两条线，对财政支持城市养老服务供给的政策现状、成效以及存在的问题进行了全面剖析；又次，对财政支持给城市养老服务供给带来的影响，财政支持政策的变化造成的城市养老服务供给的数量、效率、质量的显著差异，进行探索性实证分析；又次，重点选取几个有代表性的欧美及亚洲发达国家，分析这些国家财政支持城市养老服务供给的模式与政策，为我国财政支持的政策设计提供参照与借鉴；最后，基于前面各章的研究分析，重点从基本原则、政策框架与具体政策建议三个方面，对我国城市居家和社区养老、城市机构养老服务实现有效供给，进行财政支持政策设计，提出具体的针对性建议。

第四节　研究内容与研究方法

一、研究内容

本书除导论外，共有6章内容。

第一章为财政支持城市养老服务供给的理论分析。在对“养老及养老服务”“城市养老服务供给”“政府职责定位”等相关概念明确界定的基础上，选择与财政支持城市养老服务供给关系较密切的经典理论——公共产品理论、福利经济学理论、新供给经济学理论、新公共服务理论作为理论依据。具体分析支持养老服务供给的财政直接投资、政府购买养老服务、财政补贴、社会养老保险、税收优惠这五种方式及其作用机理，为后文的研究奠定理论基础。

第二章为我国城市养老服务的需求与供给分析。笔者首先梳理了我国城市居民养老方式的变迁，初步回答了三个方面的问题，即：养老方式为什么会发生变迁？养老方式变迁的内容是什么？变迁过程中产生了什么样的问题？其次，将我国城市养老服务分成居家和社区养老、机构养老两大类，分生活照料服务，居住空间以及医疗，精神慰藉服务三个领域，分析城市居家和社区养老以及城市机构养老服务的需求特征；从城市居家和社区养老服务的准公共产品属性、行业特性、供给管理、供给主体等维度，分析城市居家和社区养老服务供给的主要特征及存在的问题；从床位供给、建设管理及公办养老机构运营等方面，分析城市机构养老服务供给的主要特征及存在的问题。最后，针对我国城市两大类养老服务的需求特征，结合当前服务供给的主要特征及存在的问题，提出我国城市两大类养老服务供给侧结构性改革的重点与方向。

第三章是财政支持城市养老服务供给政策梳理及现状评价。首先，以我国财政制度和城市养老制度的变迁为线索，分阶段对中华人民共和国成立以来城市养老服务供给的财政支持政策进行系统梳理，并对城市养老服务供给的财政支持政策的方式与效果进行评析。其次，采取文献资料梳理及实地调研走访等方式，重点对财政支持城市居家和社区养老以及城市养老机构的政策现状、存在的问题进行了全面的剖析，以期为本书后面的章节构建针对性的财政支持政策体系提供依据与方向。具体而言，从生活照料服务供给、适老性住宅建设及社区硬件设施配套、医疗卫生服务供给三个方面，系统梳理财政支持城市居家和社区养老服务供给的政策，分析当前财政支持政策存在的主要问题；从财政政策、税收政策、福利彩票公益金等其他政策三个方面，分析财政支持城市养老机构的政策，找出当前财政支持政策存在的主要问题。

第四章为财政支持对城市养老服务供给影响的实证研究。相对西方发达国家，中国养老服务发展时间较短，在近一二十年经济的市场化转型过程中，我国养老服务内容及支持政策变化的幅度非常大，势必造成养老服务数据的连续性与可获得性存在较大的问题，也是导致目前理论界关于养老服务供给宏观层面与中观层面实证研究文献较少的主要原因。该章围绕财政支持对城市机构养老、居家和社区养老服务供给的影响分别进行实证研究。关于财政支持对城市机构养老服务供给的影响，首先通过对目前政府统计口径中的相关数据进行全面搜集与整理，对财政支持对于城市机构养老服务供给的影响进行初步的探索性实证分析；其次，采取 t 检验方法，分析财政支持政策变化对城市机构养老服务供给质量、数量及效率的影响。关于财政支持对城市居家和社区养老服务供给的影响，选择 S 市作为研究对象，通过问卷调查、半结构化访谈等方式，着重围绕财政支持对居家和社区养老服务供给效果以及供给主体行为的影响进行实证分析。

第五章是国外财政支持城市养老服务供给的实践。研究国际先进经验，对我国在经济社会转型背景下，政府应该处于什么地位，财政政策如何支持优化和提升城市养老服务供给，建立和完善养老服务体系具有较强的现实借鉴意义。该章根据居家和社区养老服务以及机构养老服务两条线，重点选取几个有代表性的欧美及亚洲发达国家，梳理这些国家城市养老服务供给的财政支持模式与政策，为我国财政支持政策的设计提供参照与借鉴。

第六章为财政支持城市养老服务有效供给的政策设计。首先，对我国公共服务体系、财政税收体制等相关重点领域的改革方向与趋势进行研判与梳理，在此基础上，分别提出财政支持居家和社区养老、城市机构服务有效供给的基本原则。其次，基于以上基本原则，着手构建较为系统完整，且兼具前瞻性和可操作性的政策体系框架。具体的研究目标任务包括三个方面，即厘清“需求侧→供给侧←支持政策”的框架逻辑，整合财政、税收、民政、社保四大部门政策，以及建立多层次的财税支持路径。最后，分别提出实现城市居家和社区养老、城市机构养老服务有效供给的财政支持的具体政策建议。

二、研究方法

（一）文献资料研究法

（1）利用学校和单位图书馆丰富的图书资源及“文献传递”服务搜集相关文献资料。

（2）购买公开出版的相关研究专著和研究报告。

（3）利用网络资源，查询国家统计局、民政部、各省级政府、民政厅等官网，以及中国知网、万方数据库、读秀学术、Wiley 在线平台、Calis 外文期刊网、IDEAS 网等数据库，搜集文献和数据。在此基础上，对所搜集的大量国内外相关文献、报告、数据等资料进行系统甄别与整理，为本书的后续研究奠定坚实的文献与数据资料基础。

（二）社会系统研究法

社会系统研究法是解决复杂系统问题的科学方法，提倡从事物的整体与部分、局部与全局以及内在的层次关系视角来研究客观世界。本书首先从全局的角度介绍我国城市养老服务的总体发展概况，从层次和结构视角，将我国城市养老服务分成机构养老服务、城市居家和社区养老服务两大类，然后从需求侧和供给侧两端分析这两大类服务的需求特征和供给特征。这有利于对我国城市养老服务发展的现状进行全面客观的评估，找出当前城市养老服务供需两侧存在的主要矛盾，为后面构建财政政策支持框架与提出政策建议提供强有力的支撑。

（三）规范定性研究法与实证定量研究法

本书综合运用财政学、福利经济学、管理学中的多种经典理论，采用规范的定性分析方法，规范分析财政政策的支持对城市养老服务供给的必要性和可行性。在分析我国城市养老服务供需现状、财政政策支持现状、财政支持对城市养老服务供给的影响及设计财政补贴标准时，通过使用调查问卷进行调查、半结构化访谈、构建计量模型以及运用目标规划决策方法进行定量分析，试图剖析当前我国城市养老服务供需特征及存在的主要问题，厘清我国城市养老服务供需结构失衡，和财政支持方式、路径与政策设计之间的内在关联，以及丰富财政补贴方式和提高补贴标准的科学性。

（四）纵向历史研究法和横向比较研究法

纵向历史研究法强调对研究对象的历史变迁的梳理，追溯事物发展的轨迹，探究规律。本书以我国财政制度和城市养老制度的变迁为线索，分阶段对中华人民共和国成立以来城市养老服务供给的财政支持政策发展演变历程进行系统梳理，试图厘清现有城市养老服务供给财政支持政策出台的制度背景、原因及演变的逻辑顺序，据此研判财政政策的前后关联、特征表现及发展趋势，为设计科学合理的财政支持政策提供历史依据。采用横向比较研究法，选取美国、英国、日本、瑞典、新加坡等发达国家，分析这几个国家的养老服务业发展的概况，并梳理这些国家居家和社区养老服务、机构养老服务的供给方式以及财政支持政策，为研究我国财政支持城市养老服务有效供给的方式、路径及政策设计提供参考与经验借鉴。

第五节　可能的创新与研究的不足

一、可能的创新

（一）研究视角的创新

已有文献研究养老保障的较多，研究养老服务的较少。研究养老服务又多从“需求端”或者“供给端”单一视角出发，且在养老服务供给模式上仅对社区养老、居家养老、机构养老中的某一种模式进行研究。本书从养老服务的需求侧、供给侧两端展开，针对城市养老服务供给的不同模式，按居家和社区养老服务、机构养老服务两条线，将财政支持城市养老服务供给的政策研究与供给侧结构性改革紧密结合，有利于拓宽城市养老服务供给财政支持政策的研究视角，深化对财政支持城市养老服务有效供给内在机理的认知。

（二）研究思路的创新

针对当前我国城市养老服务发展中存在的主要问题，本书认为只有在更加深入研究分析需求侧的基础上，找到供给与需求的契合点，然后从供给端着手，将改善供给结构作为主攻方向，通过政策支持与引导，才能实现由低水平的供需均衡向高水平的供需均衡跃升。本书按照“需求侧→供给侧←支持政策”的研究思路，基本厘清了城市养老服务“需求侧→供给侧←支持政策”的内在逻辑，有机整合了财政、税收、民政、社保四大部门的政策，建立起逻辑路线清晰的多维财税支持路径，从而为当前我国财政支持城市养老服务有效供给的政策设计、出台，提供了系统化解决方案。

（三）研究方法的创新

本书针对城市机构养老服务供给的财政政策影响进行了探索性计量实证分析。已有的类似实证研究主要存在两方面问题：一是被解释变量“城市机构养老年末床位数”构成比较复杂，在计量分析时，很难通过前后两年养老床位数相减把年度投资新建所产生的养老床位增量有效剥离出来，造成计量分析上的偏误；二是解释变量是中央和地方财政对养老机构和设施建设的投资，包括对城市养老机构的建设投资、对城市社区养老设施的建设投资、对农村养老机构与设施的建设投资，导致“政府财政建设投资”这个替代变量“不干净”。针对数据获取及当前同类问题研究中的普遍性问题，本书基于数据的可得性，将研究区间划分为前四年和后四年两个时间区间，采用t检验等统计方法，对城市机构养老服务供给的关键性指标以及财政支持力度进行统计对比分析，初步解决了此类实证分析过程中遭遇的技术难题，得出了较为可靠的实证研究结论。同时，采取案例实证方法，着重围绕财政支持对居家和社区养老服务供给效果以及供给主体行为的影响进行实证分析，得出了一些新的研究结论。

二、研究的不足

（1）财政支持我国城市养老服务供给的政策影响与效果分析，还需进一步加强。由于我国城市养老服务现有统计数据的缺乏及实证技术的问题，本书仅对该问题进行了初步的探索性实证分析，后续研究在数据样本容量、变量选取、计量方法选择等方面，均存在较大的改进与完善空间。

（2）财政支持我国城市养老服务有效供给政策建议的适用性与前瞻性，还有待进一步的实践检验。当前，我国公共服务体系、财税制度等关键领域，均在进行全面的深化改革，虽然本书通过梳理现有政策及中央有关文件精神，对未来相关领域改革的趋势进行了初步研判，但是在当前的社会大背景下，未来我国城市养老服务领域发展改革的走向也同样存在较强的不确定性。在此情形下，本书基于当前所掌握的信息做出趋势研判，进而提出相应的政策建议，其适用性与前瞻性确需发展与改革实践的进一步检验。

第一章 财政支持城市养老服务供给的理论分析

第一节 财政支持城市养老服务供给的相关概念

在研究城市养老服务供给的财政支持政策之前，首先要明确其涉及的相关概念及城市养老服务供给中的政府职责定位。在本书中，财政政策是广义的概念，具体包括狭义的财政支出政策和税收优惠政策。而城市养老服务供给的内涵与外延较广，受时代变迁的影响较大，涉及的基本概念较多。为了更好地理解和运用相关理论，更加集中深入地研究财政支持政策，在此对涉及的“养老及养老服务”“城市养老服务供给”“政府职责定位”等相关概念进行界定。

一、养老及养老服务

养老从字面而言有双重含义：一是“侍奉供养老年人”；二是“老年人自我休闲养生”。尊老养老是我们中华民族的传统美德。养老传承于古代的一种礼制，最初产生于原始社会末期，夏商两代继承之，直至西周，才在制度上臻于完善。古礼，对老而贤者按时享以酒食以敬礼之，谓之养老。《周礼》云：“以保息六养万民：一曰慈幼，二曰养老……六曰安富。”《礼记·王制》曰：“凡养老，有虞氏以燕礼，夏后氏以飨礼，殷人以食礼，周人修而兼用之。五十养于乡，六十养于国，七十养于学，达于诸侯。八十拜君命，一坐再至，瞽亦如之，九十使人受。”[①]可见，在西周时期养老就已经按照不同的年龄段划分，由政府来监管，把“国老”“庶老”安排在官学（学校）养老，让他们兼任学校的老师，利用他们的智慧和经验，传播知识，推广教化。可见当时不但重视养老，而且重视发挥老年人的余热，即“老有所养、老有所为”。虽然这是儒家的理想制度，但对历代都有很大影响。古人将养老和孝顺密切关联，《礼记·王制》曰：“养耆老以致孝。”[②]汉朝更是推行“以孝治天下”，对养老问题非常重视，在养老服务方面，除了物资供应，还有免除年长者家人的赋役、从精神层面优待老人等措施。魏晋南北朝时期，不仅实施了“存留养亲”制度，梁武帝还创办了“孤独园”，这是真正意义上的养老院，是中国养老历史上的一个大突破。“养老院”制度起源于南北朝，唐宋时期在全国推广开来，民间养老院也普遍兴起。如北宋的居养院，收养无亲属供养的孤寡老人，对收养老人的年龄、经济来源和生活都有相应标准[③]。元朝同样重视养老，设“养济院”救助和收养老弱病残、鳏寡孤独者。明代全国各地建立“惠民药局”和“养济院”，救济贫病老者。明清时期，人口剧增，投入至官办养老院的财力和人力均有限，中产阶级捐助兴建了绝大多数的养老机构，民办养老机构迅速发展。民间资金办养老院的兴起，既推动了养老院的发展，又接济了更多的贫苦老者[④]。梳理历朝历代的养老措施和制度，可以看出，养老及养老服务是物质赡养和精神照顾相结合，从古至今家庭都是最重要的养老服务主体。

现代学者对养老及养老服务的界定不尽一致。梁鸿和赵德余认为养老主要包含物质上的给予、情感上的慰藉和医疗上的服务[⑤]。余飞跃认为养老是指个体

---

① 古风．掌故大辞典 [M]. 北京：团结出版社，1990.

② 王文锦．礼记译解 [M]. 北京：中华书局，2001.

③ 杜本礼．北宋开封的慈善收容机构 [J]. 中州古今，2000（3）: 53.

④ 孙津华．中国古代养老制度及启示 [J]. 河南教育学院学报（哲学社会科学版），2017（2）: 99-10.

⑤ 梁鸿，赵德余．需求特性、组织供给与制度设计的逻辑：中国农村社会养老保障制度建设的新挑战、新试验与新思路 [J]. 公共管理高层论坛，2007（1）: 151-172.

进入老年后因劳动能力逐渐衰减而需要依靠家人、社会或者自身积蓄来提供生活必需品的一种生存状态①。穆光宗认为，养老有两层含义：一是老年人自我安排晚年生活；一是老年人依靠他人保障其晚年生活。养老服务大致有两类界定：第一类是将养老服务界定为满足老年人生活需求的服务内容本身，即狭义的养老服务，包括为满足老年人物质和精神两个层面的基本需求，为其提供诸如生活起居照料、医疗与保健卫生、家政维修、安全保障、文体娱乐、精神慰藉、法律援助等必要的服务活动②；第二类是广义的养老服务，是国家和社会为了发扬尊老敬老传统美德，安定老年人生活，维护老年人健康，充实老年人精神文化生活，以满足老年人的养老服务需求或者以提升老年人的生活质量为目标，而实施的相关政策措施以及提供的设施和服务的总称③。广义的概念是服务项目、服务政策、服务设施等各种养老服务资源有机结合，为老年人在生活方面提供全方位服务支持的系统，等同于养老服务体系。

基于已有的研究成果，本书对养老的界定是行为主体为处于老龄阶段的个体或群体安排晚年生活、提供生活保障的行为。其中，达到（或超过）法定退休或领取养老金的年龄是判断一个人进入老龄阶段的主要标准。行为主体是多元化的，包括老年人自身、老年人的家庭成员、政府、企业及社会团体。本书将养老服务界定为，为了满足老年人的特殊生活需求，保障其基本养老生活水平并提升其生活品质，而提供生活照料、医疗照护、精神慰藉、文娱活动等物质和精神方面多维度、多元化的服务内容和资源。

二、城市养老服务供给

城市养老服务是公共服务中的一项，也是社会福利的重要子系统。城市即

① 余飞跃．家庭养老的困境与出路：兼论孝与不孝的理性 [J]. 重庆大学学报（社会科学版），2011，17（5）：124-130.

② 方亮．养老服务市场化中政府角色研究：以南宁市市区为例 [D]. 南宁：广西大学，2014（6）：6.

③ 王石泉．中国老年社会保障制度与服务体系的重建 [M]. 上海：上海社会科学院出版社，2008.

城市聚落，是社会分工和生产力发展的产物，以非农业产业和非农业人口集聚形成的较大居民点，为一个国家的区域经济核心。巴顿（Button）将城市界定为“一个坐落在有限空间地区内的各种经济市场（住房、劳动力、土地、运输等）相互交织在一起的网络系统”[①]。赫希（Hirsch）认为城市是“具有相当面积、经济活动和住户集中，以致在私人企业和公共部门产生规模经济的连片地理区域”[②]。本书研究的我国城市范畴既包括按行政区认定的属省级行政区的直辖市、副省级市（含计划单列市）、属地级行政区的地级市、属县级行政区的县级市，也包括遍布于我国广大地区的县城、建制镇、工矿区。虽然后者人口未能达到设市建制的标准，但由于非农业人口比重较大，工商业比较集中，也是一种城镇型居民点，在本书中也归属于城市范畴。

弄清养老服务需求的内涵是研究城市养老服务供给的起点和前提。下文先探讨城市养老服务需求的内涵，再对城市养老服务供给进行界定。

（一）城市养老服务需求与供给界定

需求是人类经济生活、社会生活中的一种动力，是经济发展的原生动力[③]。马克思从辩证唯物史观的角度提出人的需求理论：人类的创造性历史活动都源于人的需求，人类为了保证基本的生存和发展而开展物质生产活动。马克思认为，社会共同需求是在个人需求被满足的同时，由社会发展与稳定的驱动产生的，具有社会性、共同性、共享性。城市养老服务需求属于社会共同需求，是个人养老服务需求被满足的同时由社会发展与稳定的驱动产生的集合。

马斯洛提出，人类的需求分五个层次：生理需求、安全需求、社交需求、尊重需求和自我实现需求。[④] 马斯洛的需求层次论将人的需求由简单到复杂、由低级到高级排列，指出人在满足较低层次需求以后，就会自觉追求较高层次的需求。引申到老年人的养老服务需求层次划分，它也可分为生理、安全、社

---

① 巴顿 . 城市经济学：理论和政策 [M]. 北京：商务印书馆，1986.

② 赫希 . 城市经济学 [M]. 刘世庆，译 . 北京：中国社会科学出版社，1990.

③ 贾康 . 供给侧改革十讲 [M]. 北京：东方出版中心，2016：99.

④ 马斯洛 . 动机与人格 [M]. 许金声，译 . 北京：华夏出版社，1987.

交、尊重和自我实现五个层次。不仅不同层次的养老服务需求可以按从低级到高级排列，而且每一层次都有简单到复杂的过程。从生理需求来看，温饱即可的基本生存需求，可上升为对饮食绿色、有机、营养以及居住环境舒适、卫生、便利等的需求。从安全需求来看，社会环境安全、生命财产得到保护的需求，可上升为退休福利、医疗服务、康复保健等需求。从社交需求来看，与子女家人邻里的交流需求，可上升为通过户外活动及通信网络等方式拥有自己的社交圈，以及心理慰藉服务如陪聊、陪游等需求。从尊重需求来看，老年人的生理机能退化导致心理情绪发生改变，由子女孝顺和他人对自己的人格的尊重，可上升到自主权得到尊重以及获得社会的爱抚和关怀等。从自我实现的需求来看，由才艺展示、自我认同，可上升到不断学习、更新观念、发挥余热服务社会。总体而言，老年人这五个层次的服务需求，是从物质需求发展到精神需求。物质上的服务需求，包括衣食住行医为主的生活照料、医养护理等需求；精神上的服务需求，包括获得以认同、关爱和安抚为主的心理慰藉以及权益维护、文体娱乐休闲活动等。层次不同的养老服务需求之间彼此关联、层层递进，只有较低层次的养老需求得到满足后，老年人才会关注较高层次的养老需求。

供给在经济学中的解释，是指市场中的生产者在一定价格的基础上愿意且有能力提供的商品或服务，其以满足需求为目的。结合上述对城市的定义和对养老服务需求的分析，可将城市养老服务供给定义为：以满足所有在城市范围内老年居民多层次、多元化养老服务需求为目的，包括政府在内的各种社会力量，为城市老年居民养老提供资金支持、各种服务本身、有形服务机构及设施、无形的服务资源、政策设计和制度安排。

如果按照具体服务对象的不同经济支付能力和消费档次划分，可以将城市养老服务供给分为三个层次：生存型供给、生活型供给和品质型供给。生存型供给，即兜底养老服务供给，由政府出资的公办养老机构为无经济来源或低收入，以及无家庭依靠的老年群体提供的生存保障型养老服务，是纯福利性质的。生活型供给，即中端（包括中低层次）养老服务供给，侧重于对全体老年人的保障服务供应，但实质的服务对象主要是既不属于政府兜底保障范围，又没有足够的经济支付能力或意愿去消费高端养老服务的老年群体。这样的老年群体在城市养老服务对象总量中的占比是最大的。生活型供给兼具福利性质和市场性质，养老服务供给主体的营利空间应当维持在较低水平。品质型供给即高端养老服务供给，服务对象是高收入、高学历、有经济实力、追求高品质养老生活的老年群体。品质型供给完全由市场配置资源，各供给主体追求提高竞争力以获取利润。按这种方式划分的三个层次养老服务供给，在城市养老服务供给总量中的占比类似于橄榄形，两端数量少，中间数量庞大。

本书认为财政支持的城市养老服务供给范围，主要是居家、社区、机构养老服务供给中非营利性层面的供给，因为非营利性层面的养老服务供给属于公共产品范畴，是社会福利性的重要体现，具有无偿性、低偿性和有偿性并存的“混合福利”特征。无偿性和低偿性养老服务供给属生存型供给，是选择性社会福利。享受选择性社会福利的对象是特定的极少数老年群体，如经济困难、无子女、高龄、失能失智的老年人。有偿性城市养老服务供给是指参照政府指导价格标准收费的生活型养老服务，即公办和非营利性的民办养老机构提供养老服务，以及政府购买养老服务机构生产的养老服务提供给老年人。有偿性养老服务供给属于适度普惠性社会福利，享受适度普惠性福利的对象是社会大多数老年人。

（二）城市养老服务供给主体

提供城市养老服务的各种社会力量，即城市养老服务的供给主体呈多元化。根据国情并结合国际经验，本书认为城市养老服务供给主要有四大主体：家庭、政府（国家）、非营利组织（Non-profit Organization，NPO）、市场机构。这四大主体共同协作、互相补充，实现城市养老服务的有效供给。

家庭由老年人本身及配偶、子女、亲友组成，是最早的，至今也是最主要、最基础的养老服务供给主体。家庭养老是将养老服务供给内部化，而后三种主体提供城市养老服务则是养老服务社会化、市场化的体现。

政府（国家）处于顶层设计的主导地位，不仅优先保障孤老优抚对象及低收入的高龄、独居、失能等困难老年人的养老服务需求，并为全社会提供基本生存底线之上的养老服务保障，同时兼顾提升社会老年人养老生活质量的责任；而且政府对家庭、非营利组织和市场机构提供的城市养老服务起导向作用，为这三大部门的养老服务提供多种形式的资金支持以及制度和政策保障。政府供给养老服务的范围分为直接供给和间接供给两大类：政府通过直接兴建运营养老机构承担社会养老的保底责任，是直接供给；对其他主体供给养老服务的行为和项目提供资金资助、政策支持等，是间接供给。

非营利组织是不以营利为目的，关注特定的或普遍的群体和公益事业，以开展志愿性公益活动作为其社会使命的非政府的民间团体，具有民间性、非营利性、公益性、自治性和志愿性[①]。非营利组织是介于政府和市场之间的一个重要主体，在家庭、政府、市场三者之间起着重要的桥梁作用。非营利组织参与社区养老在国外已普遍发展，现已在我国逐渐兴起，将成为城市养老服务供给的重要补充形式。因其具有非营利性，非营利组织除了可直接供给养老服务，也可作为体制外的监督评估部门，成立公正公平的第三方评估机构。第三方评估机构有两方面的作用：一方面，监督政府专项资金的使用，保证公共资金使用的公开透明；另一方面，评估养老服务机构设施、服务质量、服务水平，保障老年人的合法权益不受侵犯。

市场机构是城市养老服务供给的灵活的主体，遵循市场竞争原则和自由选择原则，通过市场化运作配置养老资源，以市场交易方式为老年人提供全方位的养老服务，满足老年人高层次的养老需求。以市场为主体供给城市养老服务除了有一定的福利性，还具有营利性、市场性、产业性、高效率、多样化特征。

（三）城市养老服务供给模式

在“十二五”期间，我国确立了建设以“居家养老为基础、社区服务为依托、机构养老为支撑的多元化社会养老服务体系”的目标[②]。以下对社会养老

① 王名，王超．非营利组织管理 [M]. 北京：中国人民大学出版社，2016：2.

② 国务院办公厅．国务院办公厅关于印发社会养老服务体系建设规划（2011—2015年）的通知：国办发〔2011〕60号 [R/OL].（2011-12-16）[2021-01-08]. http://www.gov.cn/xxgk/pub/govpublic/mrlm/201112/t20111227_64699.html.

服务体系的三种模式——居家养老服务供给、社区养老服务供给、机构养老服务供给的定义分别进行界定。

居家养老服务供给模式立足于家庭，但有别于传统家庭养老，是介于家庭养老和社区养老两者之间且依托社区将家庭和社会有机结合的养老方式。其供给主体多元化，以家庭为主，政府、非营利组织、市场均可参与。其供给对象是居住在家庭的老年人，以社区养老服务资源为支撑。狭义的居家养老服务，仅指由专业的养老服务机构和服务人员为居家老年人提供日常生活照顾、健康护理、探访慰问等上门服务。广义的居家养老服务与社区养老服务相融合，还包括在老年人居住的社区或者邻近社区，设立社区日间活动中心、托老所，为家人在工作时段不能陪伴的居家老年人提供老年饭桌、日托养老、文娱活动等服务。提供居家养老服务的养老机构可以由政府或非营利组织、市场各自投资兴办，或者政府与社会资本合办，在享受政府补贴的前提下由政府购买养老服务或者由家庭购买养老服务。居家养老服务供给模式是最符合老年人的养老意愿，也是最适合我国国情的养老服务供给模式。

社区养老服务供给模式有效弥补了家庭养老功能退化导致的养老服务供给缺失，以家庭日间暂时无人或者无力照护、居住在本社区或邻近社区的老年人作为服务对象。其中，社区是地域概念，是我国的基层行政单元，是由街道办事处领导的居民委员会辖区。社区养老服务供给有居家养老支持和社区日间照料两类功能。其供给主体以家庭为核心，以政府为主导，还有非营利组织或市场机构。其以街道社区服务中心为依托设立养老机构、便民利民网点或者服务平台，运用非营利组织的运作方式，免费或低价提供（政府购买或提供财政补贴）养老服务，以专业化养老服务为主、养老机构照料为辅，有效整合和利用各种社会服务资源，为老年人提供日常生活照料、托管照护、医疗保健、权益保障等养老服务。

机构养老服务供给模式是老年人离开原有生活的家庭及社区环境，入住养老机构并长期居住，享受养老机构提供的全方位的、量身定制的专业养老服务。养老机构包括养老院、敬老院、福利院、老年公寓、康养中心等场所，按照兴办运营主体的经济属性可分三类：一是公立性质的养老机构，由政府财政全额拨款建设，民政部门监管及运营，正式工作人员有行政事业单位编制。各城市公有制养老机构大部分都是这种类型，以收养“三无”老人为主，也面向全社会开放，具有社会福利性。二是非营利性民营养老机构，包括公建民营、公办民营、民办公助、公私合营等运营模式，政府不再包揽所有工作，而是由非营利组织运营的养老机构为老年人直接提供非营利性的养老服务，经费来源以入住者的缴费为主，还有来自政府的拨款、营运补贴、社会捐赠。三是私有制养老机构，即民办民营，是私人投资兴办的以营利为目的的养老机构。其养老服务供给的主体是营利性的民办企业，其为有一定经济能力的老年人提供中高端经营性的养老服务。营利性养老机构的运营资金主要靠收费来维持。由于养老服务的社会公益性，政府也会选择性地在特定范围内给予一定政策扶持。但与前两类养老机构相比，营利性养老机构不能享受同等待遇的财政补贴，甚至税收负担较重。

居家养老、社区养老和机构养老是拉动我国养老服务发展的三驾马车，三者不是排斥、竞争的关系，而是互补兼容、协同发展的关系①。社区养老与机构养老相兼容，社区养老的组织方可以与养老机构合作，在社区设立日间照料机构，也可以购买养老机构的服务项目为老年人提供养老服务。社区养老与居家养老的服务主体、服务对象、服务方式和服务项目相互交融，不能完全分清界限。虽然上文从定义上将居家养老和社区养老分别界定，但是在现实中，居家养老和社区养老互为依托、融合紧密。本书根据实际情况将居家养老和社区养老两者合并，按照城市居家和社区养老服务、城市机构养老服务两条线展开，进行城市养老服务供给财政支持政策的研究分析。

三、政府职责定位

政府是国家进行统治和社会管理的机关，是公共权力的执行者。从西方的柏拉图、亚里士多德、洛克、卢梭、霍布斯到现代的许多政治经济学家和学派，

---

① 杜鹏 . 从六普数据看中国人口老龄化新形势 [J]. 人口研究，2011（4）：32-33.

都认同“政府本质是服务”的观点，服务的对象与政府的阶级定位、国家性质密切相关。在阶级社会里，政府以统治阶级的利益为服务目标。在我国，政府的宗旨是为人民服务，对人民负责，为人民谋利益。“政府职责”也可称为“政府责任”，是政府行使职权和承担责任的内在统一。现代社会的基本结构框架由政治国家、市场经济和市民社会三方构筑，政府职责则相应被划分为政治统治、经济管理和社会管理三大领域。

纵观西方国家不同时期不同发展阶段关于政府职责的研究，行政法学术界、经济学派、公共管理学术界对政府的职责界定和范围划分具有相对历史性。但无论是作为自由主义思潮的“守夜人政府论”，还是国家干预主义的“政府干预论”，无论是民主社会主义思想下的“福利国家”，还是新公共管理主义理论“以市场为取向，重塑政府与公众的关系”推进了公共服务市场化，它们都始终强调政府在公共服务供给领域的职责不可或缺。养老是公民的基本权利，维护公民的权利是政府的宗旨之一。养老服务是公共服务体系的重要组成部分，养老服务的发展与政府在养老服务供给中的职责定位密切相关。

中华人民共和国成立以来，随着经济政治体制的变迁和社会的发展，政府属性由“全能管理型”向“服务型”转变。在养老服务供给中，政府职责呈现出不同的发展阶段：计划经济时期，政府和家庭共担养老服务责任，政府的职责为“福利慈善救济”；经济体制转型时期，政府倡导养老服务社会化、市场化，把养老服务供给的主要责任推给家庭和个人，政府职责缺位；市场经济体制下的社会老龄化新时代，政府将构建社会养老服务体系列入国家发展战略，出台了一系列关于推动养老服务发展的政策法规，不仅养老供给的财政资金直接投入增加，即更多的财政性资金投入到养老服务基础设施建设和运营项目中，而且通过公私合营、政府购买、财政补贴、税收优惠等方式大力引导社会资本参与养老服务供给，形成了多层次、多方位、多渠道保障全民养老权利、提高社会养老福利水平的局面，政府职责不仅回归且提升至主导地位。总体而言，从中华人民共和国成立初期至今，养老服务供给由“家庭内部化”变迁到“社会多元化”，政府养老服务供给职责的对象由“少数弱者”拓展到“全体老人”，政府职责目标由“单一生存救济”上升至“多元生活保障”。

在我国老龄化进程加速背景下，为了缓解甚至消除养老服务供给与需求不平衡的矛盾，以“满足老年人美好生活需求”为导向，政府必须承担起作为准公共产品的养老服务的供给责任。新时代背景下，养老服务供给中的政府职责具体包含这些层面：一是制度顶层设计，公共政策导向。中央政府和地方政府职责明晰，中央层面制定养老服务宏观层面的法规、政策等形成刚性制度体系，对全国性的养老服务工作进行普遍性统一指导。地方层面根据中央统一指导，结合实际条件设置个性化养老服务细则规章并实施执行，建立并完善中央到地方的社会养老服务大体系，对社会养老服务供给及养老服务资源的配置发挥政策导向作用。二是资金投入，财政扶持。一方面，以财政资金为支撑，直接投资于养老服务供给，确保低收入弱势老年群体也能获得养老服务，或按市场规则向社会养老服务供给者购买养老服务，提供给养老需求方；另一方面，以财政政策为保障，让养老服务供给者享有相应的税收优惠和补贴，以激励社会资本增加和优化养老服务供给，满足老年群体的养老需求。三是评估监管养老机构，规范行业秩序。政府通过建立跨部门的协同机制，划定各部门职责和协作分工范围，并设置制度和规则进行统筹协调。多部门共同参与可操作性强的监督评估，设立专属管理机构，统一制定养老服务机构的建设、运营管理、服务质量、机构等级等的考核标准；组织相关专家或委托第三方专业机构，对各种养老服务机构进行定期检查、综合评估；有效监督和管理养老服务行业，规范和引导养老服务市场良好运行。四是培育专业队伍，整合人力资源。养老服务是劳动密集型行业，养老服务人员扮演着核心角色，其综合素质直接影响养老服务供给质量，影响老年人养老生活的满意度。政府有责任建立专业服务人才培育体系，整合高等院校、职业技术学校等教育培训资源，鼓励和引导社会资本举办养老服务职业院校，支持校企合作，培养专业技术及管理人才；建立健全养老服务人才职业体系及服务人员信用评价体系，让养老服务从业人员有梯次晋升的依据和渠道，实现从业人员规范管理；保障养老服务人员的劳动权益，提升养老服务人员的社会地位，营造良好的从业环境，积极吸引和壮大养老服务专业人员队伍，有效整合养老服务人力资源。

第二节　财政支持养老服务供给的理论依据

养老服务在实际生活中涉及多个部门，多门学科都有相关理论研究。财政支持养老服务供给的理论依据是研究财政支持政策的前提和基础，从多学科的经典理论中找到其理论支撑。可以认为财政支持养老服务供给的理论依据是跨学科的。本书选择财政学、福利经济学、公共管理学中与财政支持养老服务供给的关系较密切的经典理论进行解析。

一、财政支持养老服务供给的公共财政逻辑

公共产品的供给及政府承担的责任是财政学研究的重要课题。研究财政支持城市养老服务供给，必须先阐述本书最重要的基础理论，即财政学的核心理论——公共产品理论，再根据公共产品理论界定城市养老服务的公共属性，并分析财政支持城市养老服务供给的依据。

（一）养老服务供给的公共产品特征

公共产品一词源自西方，也可译作“公共商品”“公共物品”“公共品”“共用品”等。根据公共程度差异，公共产品可分为纯公共产品和准公共产品两类。纯公共产品具有完全的非排他性和非竞争性，完全用于满足公共需求。准公共产品（混合产品）处于纯公共产品和私人产品之间，具有一定的排他性或一定的竞争性，既满足公共需求也满足一定程度的私人需求[①]。

由公共产品理论可知，整体而言，养老服务是准公共产品，既有公共产品的属性，也有一定的私人产品的属性，但不同的养老服务供给所体现的公共程度不一致。本章第一节按具体服务对象的经济能力和消费档次，将养老服务供

---

① 刘京焕，陈志勇，李景友 . 财政学原理 [M]. 北京：高等教育出版社，2011：17.

给划分为生存型、生活型和品质型三个层次。其中，为特定的极少数老年群体提供的生存型养老服务，更倾向于具有纯公共产品属性；面向有经济实力和追求生活品质的老年群体的品质型养老服务，更倾向于具有私人产品属性。若按本书研究的城市养老服务供给模式来看，居家和社区养老服务供给面向居家养老的老年人，以社区为服务辐射的地域范围，以家庭、政府、非营利组织和市场为养老服务供给主体，具有一定的排他性和竞争性，又有较强的正外部性和社会公益性，属于准公共产品范畴。机构养老服务则分为由政府部门提供和由非政府部门（包括非营利组织、市场机构）提供两大类。因为养老床位供给不足，一部分老年人占有了床位就意味着其他老年人不能享受入住养老服务。无论是哪种机构提供的养老服务都具有一定的竞争性：政府部门提供的机构养老服务排他程度最低，公益性最强，公共产品属性最明显；非营利组织提供的机构养老服务的公共产品属性次之；而市场机构提供的机构养老服务收费越高，排他程度越高，越倾向于具有私人产品属性，但因其具有一定的社会公益性，从这个角度来看，也归属于准公共产品。产品特征比较如表1-1所示。

表1-1　产品特征比较

产品类型	满足的需求	排他性	竞争性	外部性
纯公共产品	公共需求	完全无	完全无	较强
混合产品（准公共产品）	公共需求、私人需求	一定	一定	一定
私人产品	私人需求	完全有	完全有	极弱甚至无

外部性即外部经济，也是公共产品的特征属性。马歇尔（Marshall）最早在《经济学原理》中提出“外部经济”的概念，指企业活动从外部受到影响。[①] 庇古（Pigou）在其基础上扩充了“外部不经济”概念，系统性研究企业活动对外部的影响，指出对边际私人成本小于边际社会成本的部门实施征税即“庇古税”可以实现外部效应的内部化。[②] 很多经济学家也认为，因为外部性的存

① 马歇尔 . 经济学原理（上卷）[M]. 北京：商务印书馆，2011.

② 庇古 . 论失业问题 [M]. 北京：商务印书馆，1960.

在导致市场失灵，故政府通过征税或收费手段矫正负外部性行为，通过补贴或税收优惠手段激励正外部性行为。城市养老服务供给是典型的正外部性公共产品，除了能满足老年人个体多层次、多元化的养老需求，还会给经济社会带来额外效益。从微观层面来看，为老年人提供养老服务减轻了家庭负担，让其子女可以安心工作，促进家庭和谐。从宏观层面来看，老龄化进程的加快会引起社会经济结构变化，主要对消费、储蓄和劳动力市场方面产生影响[①]。养老服务在消费市场中有巨大的增长空间，并且随着生活水平和经济水平的提高，养老服务消费需求会上涨，社会总需求也相应增加。而储蓄率与消费、养老保障制度都是负相关的，即养老保障制度越完善，储蓄率越低。随着我国养老保险制度的发展，社会养老负担会降低，储蓄率也将呈下降趋势。老龄化程度的加深、生育率的下降导致人口红利减少，会直接影响劳动力结构，进而制约经济发展。养老服务的发展能间接影响劳动力市场。政府加大对城市养老服务政策的支持力度，特别是加大预防保健等基本卫生服务的投入，一方面，有助于老年人健康水平的提高，延长其为社会创造价值的劳动时间；另一方面，对社会和市场增加养老服务供给起导向作用，促进养老服务业的发展并增加大量就业机会。因此，政府通过财政政策支持城市养老服务供给，既可以弱化老龄化加剧产生的负面影响，又能激励对经济社会的发展具有正外部性的市场行为。

（二）作为公共产品的养老服务供给

作为人们本性的需求，总体可以分为私人需求和公共需求。与私人需求相比，公共需求的特征有：整体性、受益的外部性和无差别性、成员付出代价的不对称性或非直接偿还性。满足公共需求是政府的职责。公共需求的特征涉及公共产品市场均衡和供给问题，满足公共需求的公共产品主要由政府征收的税费支撑，由国家机关和公共部门提供，或者以政府为主导，采取市场化方式，

① 李萌．支持我国养老服务体系发展的财税政策研究[D]．北京：财政部财政科学研究所，2015：30.

引进民间资本来参与提供[①]。

公共产品研究初期，大多数学者都认为公共产品应该由政府供给。但随着经济学和公共产品理论发展到一定阶段，公共产品供给在实践中出现问题，经济学家发现政府干预也要考虑成本和效率。政府提供公共产品时，需要强制性征税或收费来弥补成本，有可能超过由市场提供服务所产生的交易费用，而且存在效率低下的可能。因此，人们对公共产品必须由政府提供的观点有了异议，私人供给公共产品的可行性问题逐渐得到重视。科斯（Coase）在《经济学中的灯塔》中，探讨灯塔案例，提出了在一定方式下可以由私人供给具有外部性的公共产品的思路。[②]德姆塞茨（Demsetz）则提出，产权的界定可以引导人们将外部性较大地内在化，在能够排他的技术条件下，私人能更有效地提供公共产品，可以通过价格歧视的方法来对不同偏好的消费者收费。这些扩展了的新公共产品理论都为市场或第三部门提供准公共产品，以及公共产品供给主体多元化提供了较有力的理论支持。[③]

根据前文对养老服务供给公共属性的界定，纯公共产品性质的生存型养老服务的非排他性和非竞争性较突出，正的外部效应较大。若通过市场机制提供，则不可避免地会存在“免费搭车”行为，以利润最大化为经营目标的供给者不可能营利，甚至无法收回成本。因此，市场机构将不愿意长期为低收入群体免费或以低于成本价的价格提供养老服务，困难老年群体的生存权利很难得到保障。政府必须承担保障弱势群体权益的职责，为低收入老年弱势群体提供最基本的养老服务，保障其生存权利。而且，政府在养老服务供给方面，无论以投资、购买还是补贴的形式，都要优先满足低收入群体的基本需求。生活型养老服务是典型的准公共产品，兼具公共产品和私人产品的性质，可以由政府

---

① 陈共．财政学 [M].9版．北京：中国人民大学出版社，2017：27.

② 罗胜强．公共物品到底由谁来供给：科斯《经济学中的灯塔》批判 [J]. 华中师范大学研究生学报，2006（2）：125-127.

③ 杜旭宇．外在性、效率与产权：H. 德姆塞茨的产权理论及其启示 [J]. 延安大学学报（社会科学版），1996（3）：31-34.

提供或市场提供，也可以由二者共同提供。但在目前我国经济所处的发展阶段及社会老龄化程度日益加剧的背景下，如果这个层次的养老服务供给依然由政府全部包揽，就会加重财政负担并出现政府失灵。如果完全由社会和市场提供，营利性较低甚至为零，会导致服务供给不足。因此，最有效的供给方式应该是政府、社会（非营利组织）和市场共同参与，可以由政府购买或补贴非营利组织、市场机构生产的养老服务项目，提供给中端养老服务需求方；也可以采用政策手段，引导民间资本通过 PPP 等模式提供养老服务，达到供需平衡的状态。品质型养老服务尽管也存在一定社会公益性，但私人产品特征更明显，其排他性和竞争性较突出，而且付费的消费者拥有其所购买的养老服务项目及商品（包括养老住宅）的所有权，所获得的效用可以分割。德姆塞茨认为，如果存在排他性技术，私人可以很好地提供这些公共产品[①]。因此，政府主要起引导、监督和激励作用，鼓励社会和市场提供品质型养老服务，通过市场机制配置养老资源，满足高收入老年群体的多方面需求，以提供高品质养老服务为核心竞争力来获得盈利，促进服务水平提升，同时也有利于形成养老服务产业链并优化产业结构，推动社会经济发展。表1-2列出了城市养老服务的供给主体。

表1-2 城市养老服务的供给主体

服务对象	供给主体		
	无、低收入群体	中等收入群体	高收入群体
生存型养老服务	政府	无	无
生活型养老服务	无	政府、非营利组织、市场	无
品质型养老服务	无	无	市场、非营利组织、政府

（三）政府干预与财政支持

政府干预理论是经济学中界定政府与市场关系的重要理论。约翰·斯图亚特·穆勒（John Stuart Mill）认为，公共产品领域中会出现市场失灵；政府职

① 杜旭宇.外在性、效率与产权：H. 德姆塞茨的产权理论及其启示 [J]. 延安大学学报（社会科学版），1996（3）：31-34.

能应多样化，国家可以强制征税，提供公共产品。[①] 查尔斯・沃尔夫（Charles Wolf）认为，政府公共政策干预的主要理由是市场经常失灵。按照这些学者的看法，政府制定公共政策是针对市场已经出现的或可能出现的失灵，这是政府进行经济干预的逻辑起点[②]。斯蒂格利茨（Stiglitz）进一步完善了政府干预理论。他的政府干预理论主要包括市场失灵理论和政府的经济职能理论。他认为不能通过价格体系分配，意味着竞争性市场不能带来帕累托效率数量的公共产品；如果要提供这种产品，政府责无旁贷[③]。他承认政府因某些原因而严重缺乏效率，即政府失灵存在，但他认为政府失灵可以被缓解乃至消除，不会比市场失灵更糟；如果采取适当的政策，政府干预可带来帕累托改进[④]。

养老服务作为准公共产品，具有不完全的竞争性、排他性、外部性特征。如果完全由市场这只看不见的手引导养老服务资源的配置和供给，政府不进行干预，可能会出现过度市场化。一方面，养老服务的公共产品特性会使养老服务供给难以达到帕累托最优状态，而且市场上的养老服务机构为达到利益最大化，会偏离最初的公益性目标，甚至可能导致部分弱势老年群体丧失最基本的生存权利。另一方面，供给方和需求方信息不对称，会导致养老服务逆向选择的出现，使养老服务的平均质量下降，老年人的正当权益受到侵害。而且，养老服务是社会福利事业和社会保障体系中的重要组成部分，会对社会稳定、经济发展产生重大影响。鉴于这些因素，政府必须进行公共政策干预，通过财政手段支持养老服务供给，保障老年人的养老权益。财政除了可以直接出资投入养老服务基础设施建设和运营，或者通过补贴、税收优惠等方式保障养老服务供给，还可以采用政府购买养老服务和 PPP 模式这两种方式，政府和市场建立新型合作伙伴关系，引入政府因素的同时也引入市场竞争机制。这样既能调动

---

① 张喆，连婷．自然垄断行业行为不当，消费者权益亟待保护 [J]. 经营与管理，2015（5）：16-17.

② 刘京焕，陈志勇，李景友．财政学原理 [M]. 北京：高等教育出版社，2011：59.

③ 斯蒂格利茨．公共部门经济学 [M].3版．北京：中国人民大学出版社，1999：113-115.

④ 杨天宇．斯蒂格利茨的政府干预理论评析 [J]. 学术论坛，2000（2）：24-27.

市场积极性、有效增加养老服务供给，也能提高财政资金使用效率；既能避免市场供给不足的情况，也能降低办事效率低下、寻租等政府失灵的发生概率。

二、财政支持必要性的福利经济学逻辑

研究社会经济福利的福利经济学，是研究各种经济状态下社会合意性的一个经济学分支，其根本目的是评价资源配置，提供评价公共政策和经济体系运行的系统框架，并研究如何改善社会福利。本书为了简化分析，选择比较简明的传统效用主义社会福利函数表达方式，把社会福利看作是个人福利的加权的总和，将个人 i 的福利表示为效用水平 U_i，$U_i=U(q_1, q_2, q_3, \cdots, q_n)$。假设社会上共有 n 人，则社会福利函数 $W=f(U_1, U_2, \cdots, U_n)$。如图1-1所示，假设有某种产品有两名消费者 A 和 B，W_1、W_2、W_3 为三条不同的等福利曲线，与某种产品的消费者效用曲线 A^*B^* 的关系分别呈现三种态势：相交、相切、相离。E 点是在一定条件下经济效用和社会福利同时可以达到最大化的均衡点。C、D 点虽然可以达到效用最大化，但是不能实现社会福利最大化。

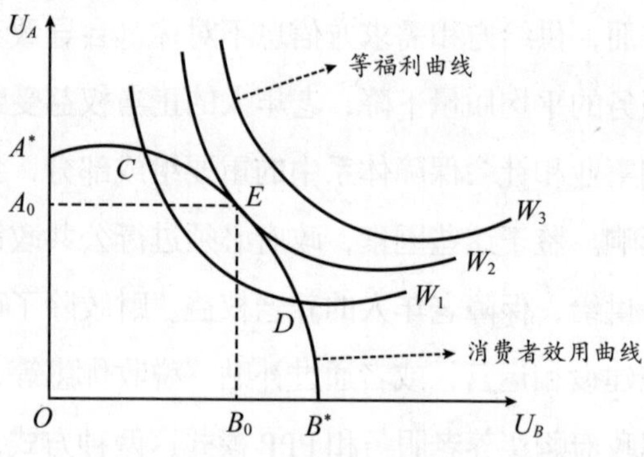

图1-1　社会福利最大化

福利经济学第一定理表明，如果经济是竞争的，运行良好的竞争制度会使某种资源配置的效用较大，可能达到帕累托效率状态，但不一定能使社会福利最大化。哈维·罗森（Harvey Rosen）认为，即使经济能产生帕累托效率的资源配置，但为了实现“公平的”效用分配，基于公平或其他某种标准，社会也

许倾向于无效率的配置，为政府干预经济提供一个可能的理由[①]。福利经济学第二定理认为，在完全竞争的市场条件下，政府唯一要做的事情是对按个人禀赋形成的初始财富进行再分配，其余的一切都可以由市场来解决，那些具有帕累托效率的资源配置都可以通过市场机制实现。该定理说明效率和公平的问题可以分开解决，如果出现市场失灵，政府会进行再分配干预经济。市场失灵是政府干预的第二个理由。哈维·罗森也指出，市场配置资源失效，不一定意味着政府能做得更好，具体情况具体分析。每提出一项政府活动，要求回答三个重要问题：一是能否产生合意的分配结果；二是能否提高效率；三是完成成本是否合理。如果答案是否定的，就应该让市场自行发挥作用；如果答案是肯定的，政府的干预就是有必要的。

根据福利经济学第一定理，如果在完全竞争的市场条件下，由市场提供养老服务假使能达到帕累托效率状态，即增加任何一个消费者效用的同时会减少其他至少一个消费者的效用，市场配置的养老服务资源产生的经济效益最大。但是因为养老服务是社会共同需求，一部分有经济能力的老年群体可以通过市场机制运作获得他们需要的养老服务，而一部分无经济来源或低收入的老年群体无能力在市场上购买能够维持他们生存的养老服务，必然不能使社会福利最大化。所以为了达到公平的目标，当社会供给不足时，政府需要出手干预和支持养老服务供给，以满足每个公民的基本养老服务需求，维护每个公民的生存权利。根据福利经济学第二定理，养老服务因为存在正外部性和社会公益性，其市场失灵是难免的。所以，在市场按照个人禀赋进行财富分配的基础上，以公平为目的，政府应该对市场失灵、市场供给养老服务不足的部分，以直接投资、购买、补贴、税收等为主要财政支持手段，进行养老服务资源再分配。政府和市场各执其能、互相配合，才能使养老服务供给在一定条件下，既能实现社会经济效益最大化，又能达到社会福利最大化的均衡状态。

① 罗森．财政学（第七版）[M]．北京：中国人民大学出版社，2006：46.

三、财政支持养老服务供给端的新供给经济学逻辑

传统供给学派认为，需求和供给的关系中，处于首要决定性地位的是供给。经济活动中，政府需要重点干预的不是需求，而是供给，比如主张干预石油价格以降低企业的原材料成本以及支持经济的民营化和自由化。其提出的干预措施比较接近自由主义提倡的做法，但并没有提出具有完整体系的经济理论和政策建议。

近五年来，中国的经济学家根植于中国实践，衍生出“新供给经济学”。该学派兼具传统经典与创新色彩，从对立走向融合，肯定需求是经济发展的原生动力。新供给经济学派提出了新供给创造新需求、新供给经济周期理论及新供给主义的公平分配等理论主张，形成了系统理论体系。新供给经济学的微观理论基础是引导新供给创造新需求，其宏观理论核心是从新供给经济周期出发优化产业结构。由于产业发展和技术进化、供给与需求循环交替的相互作用，供给经济周期波动形成。从供给端出发，新供给形成、供给扩张、供给成熟、供给老化这四个阶段构成一个完整的新供给经济周期[①]（见图1-2）。

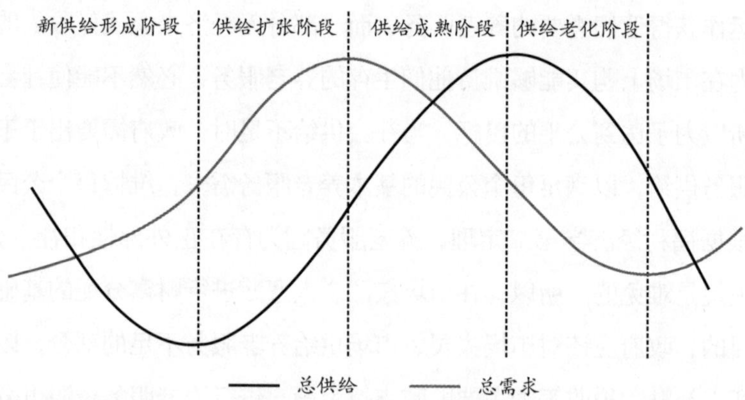

图1-2 新供给经济周期

新供给经济学理论不仅适用于宏观经济层面，也适用于微观经济层面。城

① 滕泰，刘哲．供给侧改革的经济学逻辑：新供给主义经济学的理论探索 [J]. 兰州大学学报（社会科学版），2018，46（1）：1-12.

市养老服务供给侧结构性改革的原因，既有现实因素，也有理论依据。从现实来看，养老服务供给与养老需求严重失衡，存在着总量失衡与结构错位的问题，需要通过养老服务供给侧结构性改革来“对症下药”。从理论来看，应该从政府和市场两个供给主体角度进行分析。

（1）从政府供给养老服务角度，结合政府失灵理论来看，政府干预市场行为时也存在失灵的可能。如果沿用传统的政府权威模式兜底养老服务、调配养老服务资源，存在浪费和滥用的弊端，容易加剧社会、市场与政府所占资源的冲突与对立，致使支出规模过大或低效率，不仅无法有效地满足当前的养老需求，也很难实现政府职能，而且社会福利的成本较高。

（2）从市场供给养老服务角度，结合市场失灵理论来看，追求利益的市场主体愿意提供的一般是中高端的养老服务，养老服务总体具有准公共产品属性，而且养老服务市场信息不充分，服务的定价和品质不匹配，容易导致养老服务供给与需求出现结构性失衡。

目前我国的城市养老服务是“朝阳产业”。本书认为，从养老服务行业整体来看，我国的城市养老服务处于新供给经济周期的前两个阶段，但具体的服务方式处于不同阶段。比如，传统居家、社区服务、养老床位服务等属于供给扩张阶段，而“医养结合”“智慧养老”“养老地产”“候鸟式养老”等是近几年创新的养老服务概念，新的养老需求随之源源不绝地涌现，这个阶段属于新供给形成阶段。即使原先的养老服务方式以后进入成熟、老化阶段后可能会被淘汰或消失，但只要不断创造新的养老服务方式，整个养老服务业会出现新的均衡，开启新的增长模式。构建和完善新的养老服务供给模式时，需要回答一系列问题：什么样的养老服务供给会创造和满足社会的养老需求？这个过程该由谁来主导？政府扮演什么角色？显然，根据之前描述的公共产品理论，城市养老服务为混合产品，政府在其整个供给环节中不可或缺，只是在不同阶段或者不同类型的养老服务供给中，工作重心有所不同。整体而言，政府除了承担养老服务的主要供给主体角色，对其他供给主体的行为也要起到引导、支持作用。以往讨论较多的是需求管理，更多是从养老服务的需求侧发力，盲目地进行投资建设，导致供给与需求相脱节，既浪费了大量的社会资源，又没有达到预期的发展目标。新供给经济学理论提供了解决这种困境的依据：如果能创造有效率的供给，相应就会衍生出需求，新的需求又会带动新的供给，这种供需良性循环互动的机制是一种非常理想的市场运行机制[①]。为促使养老服务供给在新供给形成和扩张阶段保持良性循环状态，当前最直接有效的办法，就是政府在供给端要更好地发挥引导和扶持作用，激发创新的精神和改革的决心，解除供给抑制，放松供给约束[②]，为各类经济主体提供良好的制度和市场环境；同时，也要通过财政政策，吸引社会资源和民间资本投入到养老服务中，提供足量优质的养老服务并创造新供给，如此方能既满足原本的需求，也释放新的需求潜力。

四、养老服务供给中政府职责的新公共服务逻辑

20世纪七八十年代，面对各种更加复杂的公共问题及政府运作的行政环境，新公共服务理论应运而生。该理论认为政府在公共领域应被定位为服务者，而非“掌舵者”，公民也不是“投票人”“顾客”；政府的职责应该是致力帮助公民更好地表达和实现其共同利益；政府与公民之间应建立互相协作和信任的关系[③]。

新公共服务理论强调实现公共利益应该是政府和公民共同追求的目标，政府应当以实现公共利益为己任，以公民为整个治理体系的核心，尊重民意和民权；主张政府要协调好社会的不同组织和利益集团之间的关系，支持多元主体积极参与公共事务，充分发挥多元主体在公共管理中的作用，强调治理主体间对话协商的重要性。新公共服务理论让人们意识到公共利益的共有性、公共服

---

① 韩蕴琪．“医养结合”养老服务供给侧改革中的政府行为研究 [D]. 南宁：广西大学，2017.

② 滕泰．更新供给结构、放松供给约束、解除供给抑制：新供给主义经济学的理论创新 [J]. 世界经济研究，2013（12）：4.

③ 登哈特．新公共服务：服务，而不是掌舵 [M]. 丁煌，译．北京：中国人民大学出版社，2004：33.

务的公共性及公共服务主体的多元性。在当今日益繁杂的社会事务中，越来越多的市场主体参与其中，政府要扮演的角色不再是服务的直接供给者，而更倾向于是公共服务多元化供给主体的引导者、协调者、中介人、服务者。

该理论对本书的研究具有一定的适用性，要认清政府在城市养老服务供给中的职责范围，包括养老服务体系的建设者、政策和制度的制定者、资金和服务的直接提供者、居家社区养老服务的购买者、养老服务业的监督者等。首先，养老服务需求是居于核心地位的公共利益，家庭、政府、非营利组织（包括社区）和市场都要以满足公民的养老服务需求为目标和责任。其次，政府要重视公民权，服务于公民。在城市养老服务供给过程中，政府必须关注并带动其他主体关心老年人的养老需求和利益，对老年人的诉求做出及时有效的回应，以保障养老服务供给优质优量。最后，要发挥市场机制配置养老资源的优势，政府则主要承担顶层设计的宏观调控作用，鼓励社会各主体共同履行实现公共利益的责任。政府供给效率低下的养老服务设施和项目应让渡给社会和市场，并采取一系列的激励机制和财政政策，支持其他主体提供养老服务。政府在加大对养老服务的直接资金投入、提供必要的财政保障的同时，实施财政补贴、税收优惠等措施，创造良好的环境，引导越来越多的社会资本参与。政府还要协调各供给主体之间的关系，促进多方合作，有效供给养老服务。

第三节　财政支持养老服务供给的方式与作用机理

财政政策是政府宏观调控干预经济的重要手段。支持养老服务供给的财政政策，可以分为支出政策支持和收入政策支持两大方面，前者有购买性支出和转移性支出两类政策，后者主要有税收政策。其中，购买性支出的方式主要包括财政直接投资、政府购买养老服务；转移性支出的方式主要包括财政补贴、社会养老保险；税收政策主要指减税、免税、退税等税收优惠政策。选择不同的财政支持方式支持养老服务供给，会产生不同的影响效果。但现实中往往是几种支持方式同时应用，如政府购买养老服务、财政补贴和税收优惠经常捆绑在一起，分别产生多大的效用很难从量上验证。以下将从理论上，对财政支持养老服务供给的方式和作用机理进行规范分析。

一、财政直接投资

财政直接投资是指以政府为投资主体，将财政资金直接投入养老服务的基础设施建设和运营，财政投资建设和运营的公立养老院是典型代表。在我国计划经济时期和市场经济初期，这种财政支持方式为增加养老服务供给、建立养老服务体系起了关键作用。但随着社会老龄化的加剧，经济的转型和发展，以及生活水平的提高，城市老年人养老服务需求的数量和品质也相应提高，若完全依赖财政投资，政府会产生高额债务负担。因此，在我国现阶段市场经济体制下，财政既有完全的资金投资方式，也有注入部分资金与社会资本合作投资方式，如 PPP 模式。财政直接投资主要影响的是养老服务资源配置和供给，会产生四种效应：一是引致效应。政府对养老服务供给的财政投资，影响了养老服务业的发展方向。一方面，这为私人部门投资创造了良好、稳定的营商环境；另一方面，政府具有信息优势，政府投资让私人部门对养老服务业发展前景预测较好，愿意追随政府的行为，转向或扩大对养老服务业的投资。二是供给效应。哈罗德（Harrod）和多马（Domar）指出投资具有双重效应，即投资创造收入，产生对产出的需求效应；投资增加资本存量、提高生产能力，产生供给效应[①]。财政投资的增加会提高养老服务的生产能力，从而提高养老服务供给。如图1-3所示，假设政府未投资前，养老服务供给量为 S_1。政府投资后，供给曲线向右移到 S_2。相应地，均衡点由 E_1（Q_1, P_1）变动为 E_2（Q_2, P_2）。社会养老服务供给量在提高的同时，平均价格也会相对下降。三是投资乘数效应。根据凯恩斯的投资乘数理论，财政资金投入养老服务基础设施的建设和运营，不仅能提高养老服务供给总量，而且会使养老服务业的相关行业增加投入和生产，

① 赵志耘，吕冰洋．财政投资的外溢效应分析 [J]. 财贸经济，2007（10）：55.

随之产生一系列连锁反应，其他相关经济部门的投资与收入也相应增加，最终使国民收入成倍增长。四是挤出效应。我国养老服务资源有限，政府占据优势地位，其投资建设的养老服务基础设施及运营的价格，会低于市场竞争条件下的价格。价廉质优的养老服务正好符合需求者的消费偏好，市场上的其他供给主体容易处于竞争劣势。所以长期来看，政府投资对民间投资产生一定程度的挤出效应。

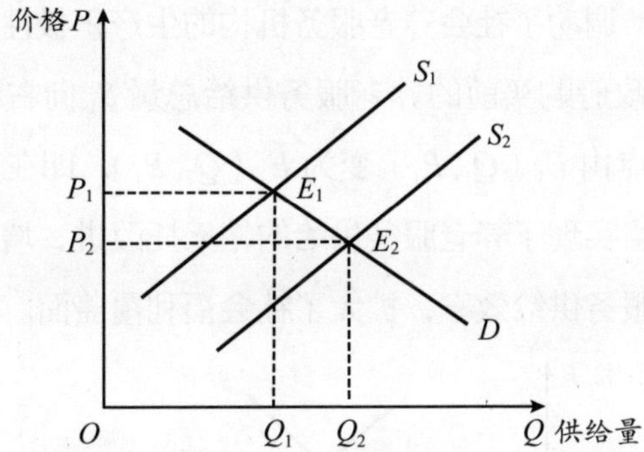

图1–3　财政直接投资对养老服务供给的影响

二、政府购买养老服务

政府购买养老服务是指按照一定的方式和程序，政府通过公开招标，以根据合同签约付费或定向直接拨款资助的形式，从财政的社会福利预算中拿出经费，向社会各类养老服务机构购买养老服务，提供给居家和社区养老的老年人。财政预算的约束性与政府职能的有限性，使政府购买养老服务成为必然的财政支持方式之一，是政府解决社会养老难题的一种创新。通过委托—代理机制，政府作为委托人，将养老服务外包给作为代理人的社会组织，两者订立契约，分离了养老服务的生产与提供环节。在养老服务的“供给—购买—使用”的新链条中，社会服务机构成为供给方，承接生产具体的专业化养老服务，政府由传统的供给方变成了需求方即购买者。政府需要充分调查养老服务使用者——老年人的养老需求，扮演资金提供者与监督管理者的角色。这种方式既能减轻政府直接提供养老服务的负担，又可以满足养老服务的多元化需求；既提高了政府工作效率和财政资金使用绩效，又提升了养老服务的供给效率和质量。

政府购买养老服务存在购买支出乘数效应，会拉动相关行业，激发社会力量投入养老服务的积极性，提高养老服务供给总量和效率。而且，政府购买养老服务后，再免费或低价提供给符合条件的老年人，相对提高了老年人对养老服务的消费能力，从而增加了养老服务的需求。如图1-4所示，政府购买前的养老服务需求总量 D_1 曲线会向右移到 D_2。而政府向社会养老服务机构出资购买它们生产的服务，调动了社会养老服务机构的生产积极性，使得养老服务供给量也得以提高，政府购买前的养老服务供给总量 S_1 向右移到 S_2。此时，社会养老服务的均衡点由 E_1（Q_1, P_1）变为 E_2（Q_2, P_1），即在养老服务价格不变的条件下，政府购买实现了养老服务供给的帕累托改进，增加了养老服务供给数量，提高了养老服务供给效率，扩大了社会福利覆盖面。

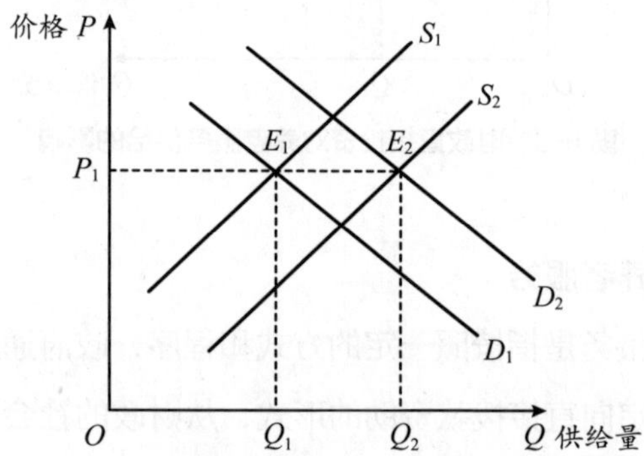

图1-4　政府购买服务对养老服务供求的影响

三、财政补贴

养老服务的财政补贴属于政府的转移性支出之一，是政府为老年人享受居家和社区养老服务以及入住养老机构提供的财政资金支持，由财政安排专项基金向养老服务的供给方或需求方提供的一种补贴。目前，我国对供给方的补贴，主要是对养老服务供给机构（包括老年产品生产企业）的建设、运营的补贴；对需求方的补贴，主要是对老年人的补贴。财政补贴可以影响养老服务业的供需结构：对供给的影响，主要是通过改变供给方的生产成本和盈利水平来实现的；对需求的影响，主要是通过改变需求方的支付能力和养老服务（包括老年产品）的相对价格来实现的。

如图1-5所示，P 轴和 Q 轴分别表示养老服务的价格和供给量。因为养老服务是准公共产品，在已有的养老设施可以承受的消费者数量和使用限度内，具有非竞争性和非排他性的前提条件下，假定边际成本 MC 不变，而且边际私人成本与边际社会成本一致，都是 MC。边际私人收益 MPB（Marginal Private Benefit）等于边际私人成本，即 $MPB=MC$ 时，市场均衡点为 E_1，养老服务企业为了获得最大化的利益，在价格水平 P_0 下提供的服务量为 Q_1。因为养老服务具有正外部性，产生的边际社会收益 MSB（Marginal Social Benefit）要大于边际私人收益 MPB，且边际社会收益应为边际私人收益与边际外部收益 MEB（Marginal External Benefit）之和，即 $MPB+MEB=MSB$。根据社会边际成本等于社会边际收益即 $MSB=MC$，养老服务社会效益最大化的供给量则应该是 Q_2。

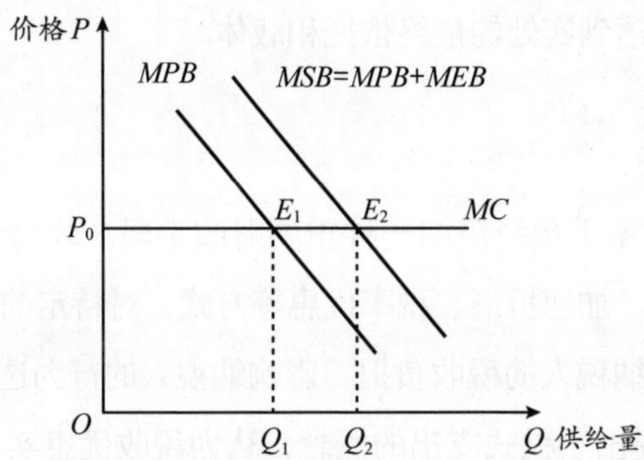

图1-5　养老服务供给的市场均衡和正外部性

可见，养老服务的正外部性会导致市场配置无法达到帕累托最优，企业提供的养老服务不能满足社会效益最大化的供给量。若要提高养老服务供给量，需要补偿养老服务企业的生产成本。政府可以通过矫正性补贴将正的外部性内在化，比如，给予企业和老年人财政补贴，降低养老服务的边际成本，提高养老服务的供给量和私人收益水平。

四、社会养老保险

社会养老保险即公共养老金，是国家立法强制征收的社会保险费（税）形成的养老基金，由社会统筹基金支付的基础养老金和个人账户养老金组成，旨在保障和解决劳动者在达到法定退休年龄后的基本生活，为老年人提供基本养老支持。社会养老保险和养老服务供给都是社会养老保障体系的有机组成部分，共同影响老年人的养老生活质量和福利水平。两者的共同之处是：最终责任主体都是政府，并需要家庭、社会共同配合支持；主要功能和目的都是为老年人的养老基本生活提供保障，并且随着经济的发展和制度的完善，保障水平不断提高。两者的不同之处是：社会养老保险属于财政转移性支出，是政府对收入进行再分配，划定了养老最低保障标准，经济意义较强；养老服务供给是政府公共服务职能的体现，社会意义较强①。两者相互影响、相辅相成：社会养老保险为老年人获得需要的养老服务提供了保障制度和经济基础；养老服务供给是社会养老保险落到实处的最终依托和载体。

五、税收优惠

税收优惠是国家干预经济的一种重要财政手段。政府运用税收减免、税收抵扣、延期纳税、加速折旧、税率优惠等方式，对特定的纳税人或征税对象给予照顾，以减轻纳税人的税收负担、影响纳税人的行为选择。斯坦利 • 萨里（Stanley Surrey）提出了税式支出的概念，认为税收优惠实质是一种隐性的政府支出。②税式支出的理论将政府收入和政府支出有机结合，指出税收优惠不仅是政府让渡一部分财政收入，而且是政府的一种间接财政支出，量化的税收优惠要纳入政府支出预算管理。税收优惠对养老服务供给的支持，包括对养老服务需求方和供给方的税收优惠两类。我国对养老服务需求方的税收优惠，主要体现在征收个人所得税时对老年人的应纳税收入进行减免，以及对赡养老年

---

① 孙曼娇 . 探索构建社会养老保险与社会养老服务协同机制 [J]. 江淮论坛，2014（2）：147.

② SOSIN J M . New France: the last phase. 1744–1760 by George F. G. Stanley (review)[J]. Canadian historical review, 1969(50).

人的子女收入在税前抵扣一部分[①]。对老年人的税收优惠，相当于增加其可支配收入，提高养老服务消费能力和需求。对养老服务供给方的税收优惠，主要体现在减免养老服务机构的企业所得税、增值税、房产税、城镇土地使用税、车船税等。税收优惠不仅可使养老服务机构的运营成本下降，从而降低养老服务的相对价格，让老年人受益，而且能吸引更多的社会资本投入，提高社会养老服务供给能力和水平。

税收优惠支持的机理作用如图1-6所示，X轴表示养老服务及产品的数量，Y轴表示老年人生活需要的其他产品数量。假设老年人的可支配收入固定，能购买的养老服务及产品和其他产品的最初预算约束线为AB。在效用相同的情况下，两大类产品不同的购买数量组合形成无差异曲线U_0。老年人效用最大化的均衡点E_0，即预算约束线AB与无差异曲线U_0的切点。此时，老年人购买养老服务及产品的数量为X_0，购买其他产品的数量为Y_0。如果税收优惠为减免老年人的个人所得税，老年人的可支配收入相对增加，购买能力整体提升，则AB向右平移至DE。无差异曲线U_1与DE相切于E_1，E_1为此时效用最大化的均衡点，养老服务及产品和其他产品的购买数量分别为X_1和Y_1。对老年人的税收优惠会产生收入效应，养老服务及产品增加的购买量为X_0X_1，其他产品增加的购买量为Y_0Y_1。如果税收优惠为减免养老服务及产品供给方的企业所得税等，可以减少养老服务及产品的生产成本，养老服务及产品的相对价格下降，此时，老年人会增加对养老服务及产品的购买量，其他产品的购买量不变，预算约束线由AB变为AC。无差别曲线U_1与AC相切于E_2，E_2为此时效用最大化的均衡点，养老服务及产品和其他产品的购买数量分别为X_2、Y_2。对养老服务机构的税收优惠则产生替代效应，养老服务及产品的购买量增加了X_0X_2，

---

① 我国自2019年1月1日起施行《个人所得税专项附加扣除暂行办法》，规定纳税人赡养60岁（含）以上父母以及其他法定赡养人的赡养支出按以下标准扣除：独生子女纳税人，按24 000元/年（2 000元/月）的标准定额扣除；非独生子女纳税人，按24 000元/年（2 000元/月）与兄弟姐妹分摊（分摊方式有平均摊、约定摊、老人指定摊），每人分摊额度不能超过1 000元/月。

其他产品的购买量减少了Y_0Y_2。在税收优惠的收入效应与替代效应综合作用下，养老服务及产品增加的购买量为$X_0X_2+X_0X_1$，即税收优惠支持的总效应。

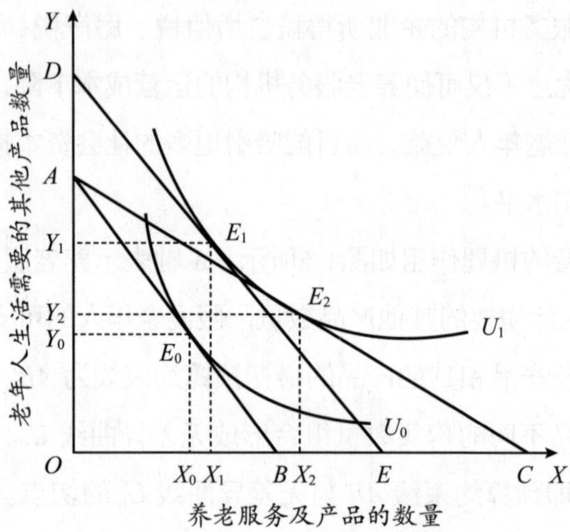

图1–6　税收优惠支持的机理作用

第二章　我国城市养老服务的需求与供给分析

第一节　我国城市居民养老方式的变迁

中华人民共和国成立后的几十年时间里，我国城市老年人的养老方式经历了剧烈的变革，这本质上是由我国城市经济社会发展水平决定的。在梳理我国城市养老方式变迁的过程中，至少需要回答以下三个方面的问题：一是养老方式为什么会发生变迁；二是养老方式变迁的内容是什么；三是变迁过程中产生了什么样的问题。

为此，首先需对养老方式进行概念界定。关于这个问题，穆光宗曾提出应该区分“养老资源的提供者”和“养老职能的承担者”，这是有效区分三种基本养老方式（家庭养老、社会养老和自我养老）的前提条件。首先，从养老资源的提供者角度来看，由家庭提供的就是家庭养老，由社会提供的就是社会养老，既不依靠家庭又不依靠社会保障的为自我养老。其次，从养老职能的提供者角度来看，家庭养老是由家庭成员承担老年人的生活、经济和精神等方面赡养的职责，而社会养老则是由社会提供生活、经济和精神等方面赡养的职责[①]。在他的分类框架内，以上三种基本养老方式，严格意义上应该是“养老资源的提供者”和“养老职能的承担者”二者的统一。但是，随着养老功能的转移和社会分工的细化，养老的内容和形式逐渐分离，“养老资源的提供者”和“养

① 穆光宗．中国传统养老方式的变革和展望 [J]. 中国人民大学学报，2000（5）：39-44.

老职能的承担者”开始分割。比如，“居家养老”“在家养老”并不一定是“家庭养老”，“机构养老”并不一定是“社会养老”。

家庭养老是人类社会最古老、最被广泛认可也最具生命力的养老方式。费孝通认为，“乡土性”是近代中国社会最显著的特征之一，也是其社会延续不断发展的基础。在这种背景下，父母有抚养子女的义务，而子女成年后也必须赡养年迈的父母，回报父母的养育之恩；家庭养老成为一种代与代之间的反馈模式①。按照穆光宗的分类方法，我国传统的、形态完备的“家庭养老”实际上是在家养老和子女养老的结合，“在家养老”是形式，“子女养老”是内容，子女既是“养老资源的提供者”，又是“养老职能的承担者”，属于典型的家庭养老方式②。

1949年中华人民共和国成立后到改革开放初期，我国基本沿袭了这种传统的家庭养老方式，家庭成为养老服务的供给主体。在当时的城市里，职工及家属的福利由单位包办，单位负责职工退休后的生老病死。无单位的未就业人员年老后由家庭提供养老服务，城镇“三无”（无生活来源，无劳动能力，无法定赡养人和抚养人）老年人则由政府送至公办养老院集中供养。按照穆光宗的分类方法③，改革开放后，我国城市养老服务虽然沿袭了传统家庭养老方式，但是“养老资源的提供者”和“养老职能的承担者”开始出现分离，单位负责职工退休后的生老病死，相当于子女的“养老资源的提供者”的责任开始由单位承担，总体属于家庭养老和社会养老的混合体。

改革开放后，计划经济时期建立的城镇单位福利体制被打破，养老的社会化改革应运而生。1984年，民政部首次提出社会福利化的构想。1994年，民政部等十部委联合制定《中国老龄工作七年发展纲要（1994—2000年）》，提出促进老龄事业发展的资金需要多渠道筹措。1996年出台的《中华人民共和国老年人权益保障法》进一步指出，国家要鼓励、扶持社会组织或者个人兴办养老福

① 费孝通．乡土中国 [M]. 上海：上海人民出版社，2006.

② 穆光宗．中国传统养老方式的变革和展望 [J]. 中国人民大学学报，2000（5）：39-44.

③ 同②.

利院、敬老院、老年公寓、老年医疗康复中心和老年文体活动场所等设施①。需要指出的是，此阶段的养老社会化改革并不意味着社会开始替代家庭来为老年人提供养老资源，本质上只是养老责任从家庭开始转向社会②。相对于上一个阶段养老由国家和企业包干提供，这一阶段开始实施社会统筹，大量企业退休职工和下岗人员的养老工作被推向社会，养老资源由国家、企业和个人三者共同提供，社会养老、家庭养老、自我养老这三种养老方式并存。根据国家统计局1994年10月进行的人口抽样调查结果，在三种养老方式的分布上，我国城市老年人的主要经济来源为离退休金，社会养老的比重最高，达到48.5%，家庭养老的比重为34.9%，而自我养老的比重最小。

我国于1999年正式进入老龄化社会，为了应对日益突出的老龄化形势，国家采取了一系列措施推动养老服务的发展。针对养老金社会统筹时期养老资金短缺等问题，国家加大了养老基金的统筹力度，提高了个人缴费比例。2014年，我国通过了养老金并轨方案，解决了长期以来存在的不同养老群体养老待遇存在较大差距的问题。李军、王丽民基于第四次中国城乡老年人生活状况抽样调查数据分析，发现在我国城镇老年人的收入来源中，养老金收入占比已经提升至71%，家庭的子女亲戚给予的收入占比为9.9%，老年人的工作收入、房租、利息、各类津补贴及其他收入占19.1%③。随着社会养老服务供给数量与质量的提升，老年人经济自主性增强，子女赡养老人在经济与时间支出上的压力不断增大。在我国广大城市中，传统的家庭养老方式开始弱化，养老责任加速由家庭转向社会。伴随着社会保障水平和老年人自我保障水平的提升，社会养老、自我养老的比重呈现不断上升的态势。

① 韩艳．中国养老服务政策的演进路径和发展方向：基于1949—2014年国家层面政策文本的研究 [J]. 东南学术，2015（4）：42-48.

② 穆光宗．中国传统养老方式的变革和展望 [J]. 中国人民大学学报，2000（5）：39-44.

③ 李军，王丽民．我国老年人的收入状况：基于第四次中国城乡老年人生活状况抽样调查数据的分析 [J]. 老龄科学研究，2018，6（6）：3-17.

第二节 我国城市养老服务的需求分析

一、我国城市养老服务总体需求现状

根据联合国2011年发布的《联合国世界人口老龄化（1950—2050年）》，老龄社会的发展包括进入老龄化社会、深度老龄化社会和超级老龄化社会三个阶段，具体标准分别是：当某个地区60岁及以上人口占比达到10%或65岁及以上人口达到7%，老年抚养比约为10%，即10个劳动力人口供养1个老龄人口时，则认为该地区进入老龄化社会；当某个地区65岁及以上老年人口占比达到14.3%，老年抚养比达到20%左右时，则认为该地区进入深度老龄化社会；而当某个地区65岁及以上人口占比达到21.2%以上，老年抚养比达到40%左右时，就认为该地区进入超级老龄化社会。截至2018年年底，我国共有139 538万人口，其中，65岁及以上老年人口有16 658万人，占全国总人口的11.9%。并且在2009—2018年，我国老年抚养比由11.6%快速攀升至16.8%（见表2-1）。值得注意的是，2010—2018年间，相对于老年抚养比，少儿抚养比整体呈下滑趋势，从25.3%下滑至23.7%。根据这个发展趋势，早已进入老龄化社会的中国，正在向深度老龄化社会快速迈进。

从2018年中国31个省市（自治区）的老龄化情况看（见表2-2）[①]，辽宁省、山东省、重庆市、四川省的老年抚养比已不低于20%，按照联合国老龄化社会划分的标准，这四个省市已进入深度老龄化社会；其他省市（自治区）只有西藏自治区的老年抚养比低于10%。换句话说，2018年，全国31个省市（自治区）已进入老龄化社会。

就我国各地的城市老龄化情况而言，根据第六次全国人口普查数据，2010年我国城市的老龄化率达到11.9%。如表2-3的抽样数据显示，福建、广东、海南、西藏四地的城市整体老龄化率尚低于10%，还没有进入老龄化社会；其他地区的城市均进入老龄化社会，最高的为辽宁，达15.56%。

① 由于数据获取存在问题，本书所述我国各地的数据未包含我国港澳台地区的数据。

表2-1　2009—2018年中国人口老龄化情况

年份	年末 / 万人	0~14 岁 / 万人	15~64 岁 / 万人	65 岁及以上 / 万人	总抚养比	少儿抚养比	老年抚养比
2009 年	133 450	24 659	97 484	11 307	36.9%	25.3%	11.6%
2010 年	134 091	22 259	99 938	11 894	34.2%	22.3%	11.9%
2011 年	134 735	22 164	100 283	12 288	34.4%	22.1%	12.3%
2012 年	135 404	22 287	100 403	12 714	34.9%	22.2%	12.7%
2013 年	136 072	22 329	100 582	13 161	35.3%	22.2%	13.1%
2014 年	136 782	22 558	100 469	13 755	36.2%	22.5%	13.7%
2015 年	137 462	22 715	100 361	14 386	37.0%	22.6%	14.3%
2016 年	138 271	23 008	100 260	15 003	37.9%	22.9%	15.0%
2017 年	139 008	23 348	99 829	15 831	39.2%	23.4%	15.9%
2018 年	139 538	23 523	99 357	16 658	40.4%	23.7%	16.8%

注：数据来源于2010—2019年中国统计年鉴。

表2-2　2018年中国31个省市（自治区）的老龄化情况

地区	总抚养比	少儿抚养比	老年抚养比
北京市	27.75%	13.37%	14.38%
天津市	26.89%	13.03%	13.85%
河北省	45.28%	26.85%	18.43%
山西省	34.99%	21.05%	13.94%
内蒙古自治区	30.08%	17.27%	12.81%
辽宁省	33.56%	13.56%	20.00%
吉林省	32.73%	16.31%	16.42%
黑龙江省	29.49%	13.67%	15.82%
上海市	32.96%	13.08%	19.88%
江苏省	38.94%	19.08%	19.86%
浙江省	36.39%	18.68%	17.71%
安徽省	46.61%	27.25%	19.35%
福建省	35.51%	22.66%	12.86%

续表

地区	总抚养比	少儿抚养比	老年抚养比
江西省	42.90%	28.99%	13.91%
山东省	49.64%	26.95%	22.69%
河南省	47.84%	31.49%	16.34%
湖北省	38.59%	21.27%	17.31%
湖南省	47.00%	28.65%	18.36%
广东省	33.64%	22.60%	11.04%
广西壮族自治区	46.81%	32.09%	14.72%
海南省	37.72%	26.42%	11.30%
重庆市	45.77%	24.68%	21.09%
四川省	45.67%	23.84%	21.83%
贵州省	50.56%	33.49%	17.08%
云南省	38.23%	24.99%	13.24%
西藏自治区	41.27%	33.23%	8.04%
陕西省	34.30%	19.31%	14.99%
甘肃省	40.66%	24.74%	15.92%
青海省	37.25%	26.83%	10.42%
宁夏回族自治区	40.96%	28.29%	12.67%
新疆维吾尔自治区	42.42%	32.22%	10.19%

注：数据来源于《中国统计年鉴 -2019》，以上数据均为人口抽样调查的结果。

表2-3　第六次人口普查长表抽样数据显示的我国城市老龄化情况

地区	总人口	60 岁及以上人口	老龄化率
全国	37 900 129	4 510 405	11.90%
北京市	1 460 988	195 284	13.37%
天津市	738 104	110 470	14.97%
河北省	1 374 251	170 407	12.40%
山西省	913 637	93 621	10.25%
内蒙古自治区	743 231	82 457	11.09%

续表

地区	总人口	60 岁及以上人口	老龄化率
辽宁省	2 120 011	329 963	15.56%
吉林省	937 651	134 585	14.35%
黑龙江省	1 268 801	187 773	14.80%
上海市	1 728 415	267 912	15.50%
江苏省	2 854 574	374 452	13.12%
浙江省	2 018 557	204 405	10.13%
安徽省	1 056 968	128 978	12.20%
福建省	1 173 597	105 880	9.02%
江西省	692 803	82 133	11.86%
山东省	2 678 028	322 377	12.04%
河南省	1 734 205	193 350	11.15%
湖北省	1 600 106	203 710	12.73%
湖南省	1 151 445	142 925	12.41%
广东省	5 002 805	362 901	7.25%
广西壮族自治区	791 112	85 899	10.86%
海南省	216 333	18 891	8.73%
重庆市	800 559	109 443	13.67%
四川省	1 489 596	210 964	14.16%
贵州省	509 457	56 574	11.10%
云南省	589 897	69 005	11.70%
西藏自治区	24 355	1 517	6.23%
陕西省	834 243	103 337	12.39%
甘肃省	490 681	60 903	12.41%
青海省	128 181	14 580	11.37%
宁夏回族自治区	194 503	20 288	10.43%
新疆维吾尔自治区	583 035	65 421	11.22%

注：数据来源于第六次全国人口普查长表抽样数据。

根据第六次全国人口普查长表数据，从身体健康状况看，我国城市失能老人占比较高。如表2-4所示，全国城市80岁及以上老年人中，健康的占比为24.47%，基本健康的占比为46.79%，不健康但生活能自理的占比为19.60%，生活不能自理的占比为9.15%。其中，80~84岁老年人健康的占比为26.39%，基本健康的占比为48.33%，不健康但生活能自理的占比为18.50%，生活不能自理的占比为6.78%；85~89岁老年人健康的占比为21.95%，基本健康的占比为45.46%，不健康但生活能自理的占比为21.37%，生活不能自理的占比为11.22%；90~94岁老年人健康的占比为17.70%，基本健康的占比为40.10%，不健康但生活能自理的占比为22.75%，生活不能自理的占比为19.45%；95~99岁老年人健康的占比为17.96%，基本健康的占比为36.24%，不健康但生活能自理的占比为21.35%，生活不能自理的占比为24.45%；100岁及以上老年人健康的占比为15.92%，基本健康的占比为32.93%，不健康但生活能自理的占比为20.51%，生活不能自理的占比为30.64%。

表2-4 第六次人口普查长表数据显示的我国城市老年人分年龄组健康情况

年龄	健康	基本健康	不健康但生活能自理	生活不能自理
80 岁及以上	24.47%	46.79%	19.60%	9.15%
80~84 岁	26.39%	48.33%	18.50%	6.78%
85~89 岁	21.95%	45.46%	21.37%	11.22%
90~94 岁	17.70%	40.10%	22.75%	19.45%
95~99 岁	17.96%	36.24%	21.35%	24.45%
100 岁及以上	15.92%	32.93%	20.51%	30.64%

注：本表数据由第六次全国人口普查长表数据整理而得。

二、我国城市养老服务的需求结构分析

本小节的分析主要基于2014年中国人民大学组织的“中国老年社会追踪调查”（China Longitudinal Aging Social Survey，CLASS）数据[①]。这个项目通过对

① 参考引用资料为中国人民大学中国调查与数据中心发布的《2014年中国老年社会追踪调查（CLASS）报告》。

全国各地的老年人的社会、经济背景数据进行定期、系统的收集，掌握老年人的身体状况、经济条件、社会保障、养老需求等各方面的情况，评估那些针对老年人生活质量提升的各项社会政策的实际效果，为我国养老服务体系建设及相关政策的出台提供理论与事实依据。CLASS 的调查范围覆盖了除我国澳门特别行政区、香港特别行政区、台湾地区、西藏自治区、海南省和新疆维吾尔自治区之外的全国其他28个省市（自治区），最终项目的样本有11 511人，分布于134个县、区，462个村、居委会[①]。本书根据研究对象的需要，重点对项目样本中的城市老年人进行单独分析，也会涉及与农村老年人相关情况的对比。

（一）项目样本的基本情况

在样本中，城市老年人占比为46.9%。在这些城市老年人的子样本中，从年龄分组的情况看，60~64岁的占比为29.6%，65~69岁的占比为20.4%，70~74岁的占比为17.3%，75~79岁的占比为15.6%，80~84岁的占比为11.5%，85~89岁的占比为4.0%，90岁及以上的占比为1.6%。从婚姻状况看，城市老年人已婚有配偶的占比为68.9%，丧偶的占比为29.2%，离婚的占比为1.5%，未婚的占比为0.4%。从文化程度看，不识字的占比为14.6%，上过私塾或扫盲班的占比为2.3%，小学文化程度的占比为24.5%，初中文化程度的占比为28.4%，高中及中专文化程度的占比为18.0%，大专及以上文化程度的占比为12.2%。从身体健康状况看，城市老年人中失能老人占比为8.5%，73.0% 的老人患有至少一种慢性病；在精神健康方面，城市老年人中有4.4% 对生活比较不满意或很不满意。

（二）城市老年人的经济状况与社会保障

城市老年人的经济状况和社会保障是影响其生活质量的关键因素。根据2014年的 CLASS 的城市老年人生活来源数据（见表2-5），我国城市老年人生活的主要来源是自己的离退休金和养老金，其比重高达82.1%，其他依次是子

① 引自中国人民大学中国调查与数据中心发布的《2014年中国老年社会追踪调查（CLASS）报告》。

女的资助（7.4%）、政府 / 社团的补贴和资助（3.0%）、自己劳动或工作所得（3.0%）、配偶的收入（2.9%）、其他收入（0.7%）、以前的积蓄（0.6%）、土地房屋等的租赁收入（0.2%），具体如表2-5所示。从不同年龄组来看，随着年龄增加，城市老年人接受子女的资助、政府 / 社团的补贴和资助的比例趋于上升，而其他来源所占的比例均呈下降趋势。

住房是老年人养老的一个重要保障。根据调查，我国城市老年人拥有1套住房的占比为80.2%，拥有2套住房的占比为6.9%，拥有3套及以上住房的占比为1.4%，没有自有住房的城市老年人占比为11.5%。从社会保险的调查数据看，城市老年人养老保险的覆盖率为92.3%。如果从性别来看，城市男性老年人的养老保险覆盖率为94.6%，城市女性老年人的养老保险覆盖率为89.9%。

表2-5　城市老年人生活来源数据

生活来源	年龄组							总占比
	60~64岁	65~69岁	70~74岁	75~79岁	80~84岁	85~89岁	90岁及以上	
自己的离退休金和养老金	42.7	45.5	49.0	50.1	49.0	45.5	46.4	82.1%
子女的资助	15.8	21.3	25.8	31.6	34.3	39.6	38.7	7.4%
自己劳动或工作所得	27.5	18.9	11.1	4.8	3.3	1.3	1.2	3.0%
政府 / 社团的补贴和资助	3.4	5.8	6.8	7.9	8.5	10.0	9.5	3.0%
配偶的收入	5.8	4.4	3.9	2.2	1.6	1.5	0.6	2.9%
土地房屋等的租赁收入	2.5	1.8	1.3	1.0	0.8	0.2	0.0	0.2%
以前的积蓄	1.4	1.7	1.2	1.1	1.2	0.9	2.4	0.6%
其他收入	0.6	0.7	0.7	0.9	0.7	0.7	1.2	0.7%
其他亲属的资助	0.4	0.0	0.2	0.4	0.5	0.4	0.0	0.1%

注：数据根据《2014年中国老年社会追踪调查（CLASS）报告》整理。

（三）对养老服务的需求情况分析

CLASS 项目利用欧洲老年人评估系统量表中关于目前需求和优先需求评估事项的18个条目，对老年人日常照料和帮助的需求情况进行了测量和分析。

总体而言，日常活动需要照料和帮助的老年人占比为42.5%。从性别看，城市女性老年群体日常活动需要照料和帮助的占比为33.4%，城市男性老年群体日常活动需要照料和帮助的占比为24.0%，明显低于农村女性老年群体（63.4%）和农村男性老年群体（44.4%）。从年龄趋势看，城市老年人需要照料和帮助的比例随着年龄的增加逐步提高，如图2-1所示。

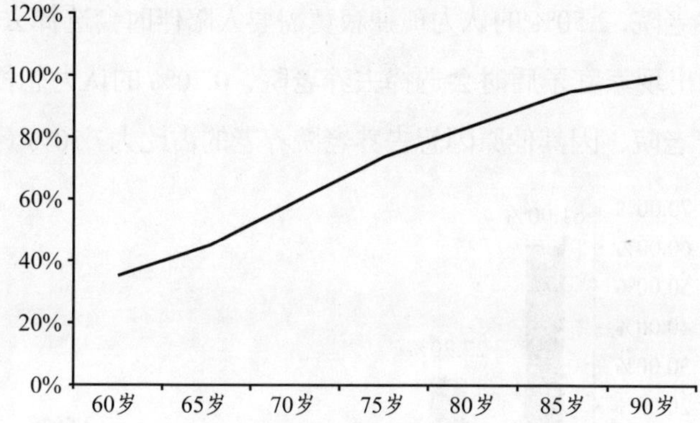

图2-1　不同年龄组城市老年人需要照料和帮助的比例

数据来源：根据《2014年中国老年社会追踪调查（CLASS）报告》整理。

关于照料的主要承担者，有35.70%的城市老年人认为由子女承担，有26.50%认为由老年人自己或配偶承担，有22.40%认为是政府、老人、子女共同承担，有13.60%认为由政府承担，只有1.71%认为是社区承担（见图2-2）。

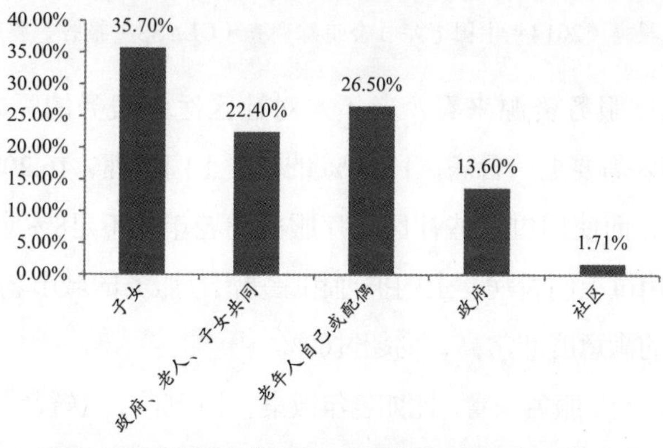

图2-2　我国城市老年人认为照料的主要承担者情况

数据来源：根据《2014年中国老年社会追踪调查（CLASS）报告》整理。

对于养老地点的选择，75.40% 的城市老人选择在自己家养老，14.60% 的选择在子女家养老，7.10% 的选择在养老院养老，0.80% 的选择日托站或托老所，选择其他养老地点的占比为2.10%。对养老院养老的意愿程度进一步调查，结果发现，城市老年人对养老院的接受程度比较低，有61.00% 的城市老年人表示无论如何都不会去养老院养老，27.20% 的认为身体不好且需要人照料时才会选择去养老院，2.50% 的认为孤独寂寞需要人陪伴时会选择去养老院养老，1.10% 的认为出现家庭矛盾时会选择去养老院，0.70% 的认为想换个居住环境时会选择去养老院，因其他原因想去养老院养老的占比为7.50%（见图2-3）。

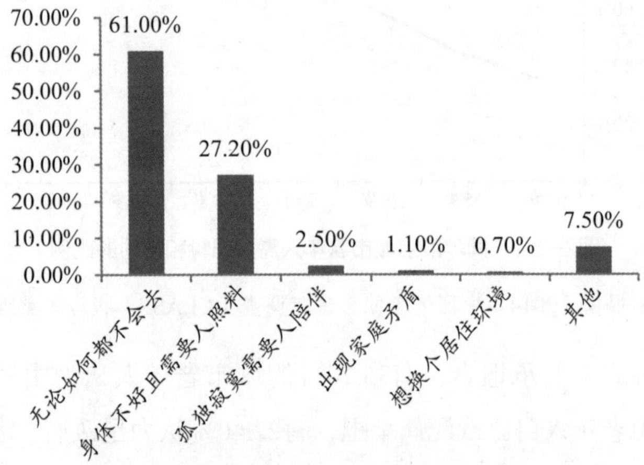

图2-3 我国城市老年人选择养老院养老的原因

数据来源：根据《2014年中国老年社会追踪调查（CLASS）报告》整理。

从社区医疗服务资源来看，老年人对社区医疗服务的需求偏低，只有21.20% 的老年人需要上门看病，17.00% 的需要上门护理，16.20% 的需要社区提供康复治疗，而使用过这些社区医疗服务的老年人不足8%（见图2-4）。但是对于曾经使用过上门看病、上门护理和康复治疗服务的城市老年人来说，他们对这些服务的满意度非常高，均超过60%。

从相关社区老年服务来看，比如老年饭桌、上门探访、送餐到家、陪同看病、家庭病床、上门做家务等项目，老年人需要服务的比例最高的是陪同看病（4.5%）和上门做家务（3.6%）。使用过各项社区老年服务的老年人均不到4%，比例非常低。使用过的比例最高的两项是上门探访和上门做家务，分别为3.9% 和2.0%。

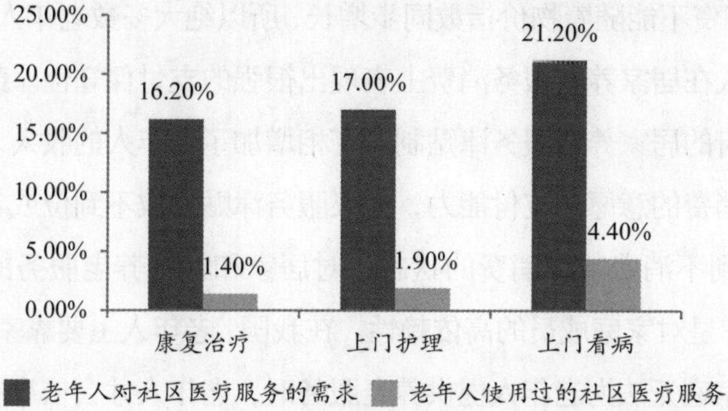

图2-4 城市老年人对不同类型社区医疗服务的需求与使用情况

数据来源：根据《2014年中国老年社会追踪调查（CLASS）报告》整理。

三、我国城市养老服务的需求特征分析

老年人选择居家和社区养老与机构养老的需求相比，尽管需求的层次相似，都有从基本的生活照料到高层次的精神慰藉等方面的需求，但具体的需求的内容、重点不大一致。下文对城市居家和社区养老服务、机构养老服务的需求特征分析，均从生活照料服务、居住空间、医疗及精神慰藉服务这三个方面的需求内容展开。

（一）城市居家和社区养老服务的需求特征分析

居家和社区养老是以老年人自己、子女或其他亲属的住房为养老长期居住地，配偶、子女或其他亲属等家庭成员为主要照料主体，主要负责老年人的生活、护理、精神慰藉等方面，社区可提供生活照料以及相对专业的康复、健康服务和文娱活动。

1. 城市居家和社区养老群体对生活照料服务的需求特征

一是对服务内容需求的差异性。老人的日常生活照料一般包括家政、就餐、个人卫生、外出陪同等服务。但是在具体项目的选择和需求上，不同的老年人表现出显著的差异性，这与老年人的年龄、生活习惯、个性特征、健康状况及个人经济能力均具有很强的相关性。二是对服务消费支付的保守性。在城市老

年人的收入结构里，其他福利和额外收入占比很小，主要收入来源是退休工资。而退休工资不能随着物价指数同步增长，所以绝大多数老年人舍不得花钱。因此，老年人在居家养老服务消费上表现出很强的支付保守性。彭青云调研发现，因为政府的居家养老服务津贴制度变相增加了老年人的收入，提升了老年人养老服务消费的意愿和支付能力，如果服务津贴发放不到位或者用完了，老年人又会回到不消费或少消费的状态，对居家和社区养老服务的发展产生不利影响[①]。三是对家庭成员的高依赖性。在我国，老年人主要靠家庭成员照料，所以只有当家庭无法为老年人提供养老服务时，老年人才会依靠社会的养老资源。孙鹃娟、冀云基于2014年中国老年社会追踪调查数据分析发现，94.96%的有照料需求的老年人的首要照料者为家庭成员[②]。

2. 城市居家和社区养老对居住空间的需求特征

城市居家和社区养老对居住空间的需求，包括私人空间和公共空间两部分。所谓私人空间，就是老年人自己的住房。随着年岁的增长，老年人的身体机能开始下降，其在住房的“适老性”方面有了更多的需求，包括对自有产权的需求、使用安全性的需求、生活无障碍需求及使用可持续性需求。

公共空间包括社区内公共空间和社区外公共空间，是指老年人开展必要性、自发性及社会性活动的场所。在一定程度上，社区的公共空间质量直接影响老年人的生活质量[③]。居家和社区养老对公共空间的需求，主要体现在以下三个方面：一是公共空间的安全性，体现在社区道路的设计、平整度及相关照明、应急报警设施的科学配置等各个方面。二是公共空间的可达性。由于老年人行动能力退化，活动空间的可达性很重要，所以公共空间的可达性成了一个必要的

① 彭青云．多元主体视角下社区居家养老服务路径探索 [J]. 浙江工商大学学报，2019（3）：101-108.

② 孙鹃娟，冀云．中国老年人的照料需求评估及照料服务供给探讨 [J]. 河北大学学报（哲学社会科学版），2017（5）：129-137.

③ 梁玮男，曹阳．基于社区养老模式的公共空间设计研究 [J]. 城市发展研究，2012（11）：8-10.

考量标准①。三是公共空间的舒适性，如良好的通风和采光条件，噪声较低，较好的绿化及洁净的卫生条件等。

3. 城市居家和社区养老对医疗及精神慰藉服务的需求特征

能否便捷地获得医疗照护与持续维护健康的体魄是我国养老领域中面临的最大难题之一。我国老龄化的加速使得医疗服务资源需求巨大，急需构建高质量的、综合的医疗服务体系满足养老需求②。城市居家和社区养老的医疗服务需求，主要有两大特征：

（1）以基本医疗护理服务需求为主。随着我国城市老年人经济支付能力的提升、国家医疗保障体系的日趋完善，当前中国城市居家和社区养老的老年群体，对医疗服务的大部分需求是基本的医疗护理服务，包括血压监测、肌肉注射、静脉注射、理疗等一般性健康监护服务。这背后主要有两方面原因：一方面，由于目前老年人的经济支付能力提高，他们对自身的健康愈加重视。病情较重的情况下，城市老年人一般会选择及时去医院看病治疗，而不会像农村老年人那样，留在家里拖延治疗或者不治疗。另一方面，由于基本的医疗护理一般持续时间长，老年人很难做到每天去大医院或社区医院，因此上门服务或者在小区医疗服务中心获得基本医疗护理服务，便成为城市居家和社区养老的老年人最想要的医疗服务方式。

（2）具有很强的“关系型”特征。大量的实践经验表明，提供给城市居家和社区养老老年人的医疗服务，在医患之间服务关系建立初期，服务对象的依从性一般较差。俗话说“久病成医”，这些患有慢性病且需要长期就医服药的老年人，随着时间的推移，自身对疾病也有了不少认知积累，也形成了一定的用药习惯。因此，如果提供医疗服务的医院和医护人员较陌生或用药与平常有区别，老年人可能会有不信任、不依从，甚至拒绝打针吃药的情况。

随着现代社会工作生活节奏的加快，作为老年人儿女辈的中青年一代能够

① 梁玮男，曹阳. 基于社区养老模式的公共空间设计研究 [J]. 城市发展研究，2012(11)：8-10.

② 张晓杰. 医养结合养老创新的逻辑、瓶颈与政策选择 [J]. 西北人口，2016（1）：105-111.

陪伴照护老年人的时间越来越少，家庭问题、陪伴问题、健康问题等多种问题交织，使得当前社区老人的心理精神问题日趋严重。2017年权威部门的抽样调研报告显示，我国大约有三分之一的老人经常感到孤独寂寞，有三分之二的老年人的文化精神生活缺失。城市居家和社区养老对精神慰藉服务的需求特征，主要体现在两个方面：一是老年人普遍感到孤独，渴望陪伴特别是儿女的守护；二是老年人普遍感到失落，希望在社交活动中寻找寄托。

（二）我国城市机构养老服务的需求特征分析

机构养老与城市居家和社区养老相比，最大的区别在于养老空间、照料主体和服务功能不同。机构养老以政府或社会机构提供的养老住所为长期居住地，照料主体为机构的服务人员，对入住的老年人可提供生活照料、康复护理、精神慰藉、文娱活动甚至医疗康养等全方位养老服务。

家庭养老是我国延续几千年的传统养老模式，目前老年人依然以居家养老为首选，但到机构养老的老年人在逐年增加。老年人为何会选择机构养老模式呢？综合已有的研究文献及结论，笔者认为，老年人选择入住养老机构的原因主要体现为两个方面：一是个人因素，包括年龄、健康状况（日常生活自理能力）、教育程度、收入水平等。其中，年龄、教育程度、收入水平均与机构养老意愿倾向成正比，健康状况（日常生活自理能力）与机构养老意愿倾向成反比。二是家庭因素，包括配偶、子女、与家庭成员的关系、住房条件等。其中，无配偶或配偶身体不好、子女无暇照料、与家庭成员的关系不融洽或住房条件差的老年人，倾向于选择机构养老。

1. 机构养老对生活照料服务的需求特征

大多数老年人入住养老机构，主要是因为其家庭无法提供其需要的生活照料。因此，生活照料服务是养老机构为入住老年人提供的最基本的服务，也是最重要的养老功能，包括膳食、起居照护等方面。

在膳食方面，首先，保证饮食科学卫生，从原料采购、贮存、加工到制成食物，要求全过程严格管控，食物成品要能让老年人容易进食，口感要求偏软、细、清淡。其次，菜品要丰富多样，营养要均衡合理，对于患有糖尿病、心血管疾病的老年人还得注意食物搭配以及食品油和调料味品分量，对于失能、半失能老年人要有专业的营养膳食搭配。最后，根据老年人的民族习惯和宗教信仰安排菜谱，注意部分老年人对食物的特殊需求。

在起居照护方面，由于入住养老机构的老年人的身体健康程度不一，生活自理能力有很大不同，对生活照料的需求程度也存在一定差异。吃饭穿衣、自身清洁（如洗头、洗澡、洗衣服、排泄等）和房间整理（如收拾房间、叠被子等）是日常最基本的生活需求，对于可自理的老年人而言，是能够自己完成的。但入住养老机构的大部分老年人健康状况欠佳，生活半自理和完全不能自理的居多，需要依赖护理员的协助和照顾才能处理好这些事务。还有部分老年人处于大病后恢复期或慢性疾病调养期，除了这些日常生活照料外，还需要专业的康复训练和不同等级的护理服务。比如，长期卧床的老年人需要护理员每隔一两个小时翻身一次，无法自理进餐的老年人需要专业喂食或特殊喂食（鼻饲、输营养液）。

2. 机构养老对居住空间的需求特征

机构养老居住空间包括外部的居住位置和环境以及内部的居住结构和条件，是除了收费标准、生活照料之外，老年人考虑是否入住养老机构的决定因素。

由于对家庭根深蒂固的依恋和长期的生活习惯，老年人选择养老机构时对外部的居住位置和环境会有要求，更倾向于入住比较熟悉的区域里的养老机构，最好离家庭住址或子女住处较近。一方面，子女看望更方便，与子女相聚的机会更多；另一方面，能维持原有的人际交往圈，入住机构后还能与友人往来，不至于太孤独。出行交通便利、周边环境适宜也是老年人偏好的居住位置和环境特征。

内部的居住结构和条件是养老机构的基本硬件设施，以满足和照护老年人的基本需求为主。老年人对房间布置和装饰的档次多无过多要求，但需要舒适方便，有家的感觉。老年人的脾气性格、生活习惯迥异，一般不太愿意与他人同住一室，且长期住在一起难免会有摩擦，故老年人喜欢单独的私人空间。老年人腿脚不够利索，行走要小心谨慎，房屋地面尤其是卫浴里面需要作防滑处理，公共场所需要设置残疾人轮椅通道，楼房要有上下电梯，走廊和楼梯要配备扶手。考虑到老年人突发疾病和摔跤等意外事件的发生概率较高，床头和卫生间都要装置按钮呼叫器，以防急需。

3. 机构养老对医疗及精神慰藉服务的需求特征

老年病常发、易发、突发的特殊性，导致单一生活照料的养老服务已不能适应健康老龄化的社会需求。入住养老机构的老年人都希望生病时，能在养老机构内得到便捷的、及时的诊断与有效的治疗服务。在机构养老的老年人的健康状况和自理能力不同，医疗护理需求的层次和内容也不同，但无论健康状况和自理程度如何，对基本的医疗和护理都有较大需求，如测血糖、量血压等服务。身体状况良好或稳定的老年人需要定期体检，有健康管理、保健讲座等预防保健类服务需求。健康状况较差的老年人还需要日常的基础护理、常见病慢性病的诊治、康复训练、安全用药指导等服务。失能、半失能老年人需要在专业人员的指导下，进行肌力练习、健肢带动患肢的活动、双人或单人扶行、靠墙站立、关节活动等康复训练，以及拐杖助行器使用训练等。阿尔茨海默病老年人需要进行功能训练，如认知能力训练、吞咽功能锻炼、关节功能训练、手部精细动作训练等，以预防废用综合征，提高生活质量。

相对于选择居家和社区养老的老年人，选择机构养老的老年人离开了原有的生活圈、社交圈，对于亲人陪伴与探望的情感需求会更加强烈，容易产生孤独感、失落感、遗忘感等负面情绪。养老机构相对封闭，人际圈狭小有限，文娱生活较单一，老年人渴望获得关心、被理解、被倾听，需要较专业的心理疏导和沟通。

第三节　我国城市养老服务的供给分析

一、我国城市养老服务供给总体现状

近年来，随着我国老龄化程度不断加深，政府和社会对于老龄事业发展的关注度日益提高，当前我国城市养老事业呈现快速、良性发展的态势。截至2018年年底，全国60周岁及以上老年人口24 949万人，占总人口的17.9%，

其中65周岁及以上老年人口16 658万人，占总人口的11.9%；享受高龄津贴的老年人达2 972.3万人，比上年增长10.8%；享受护理补贴的老年人达74.8万人，比上年增长22.0%；享受养老服务补贴的老年人有521.7万人，比上年增长47.2%；享受其他老龄补贴的老年人有3.0万人。

（一）城市养老机构、养老床位、养老从业人员快速增长

如图2-5所示，2011年我国城市养老服务机构数量达到5 616个，2017年增长至9 618个，6年时间增长71.26%；2011年城市养老机构中的社会工作师（包括社会工作师和助理社会工作师）总数为972人，2017年增长至3 767人，增长287.55%。

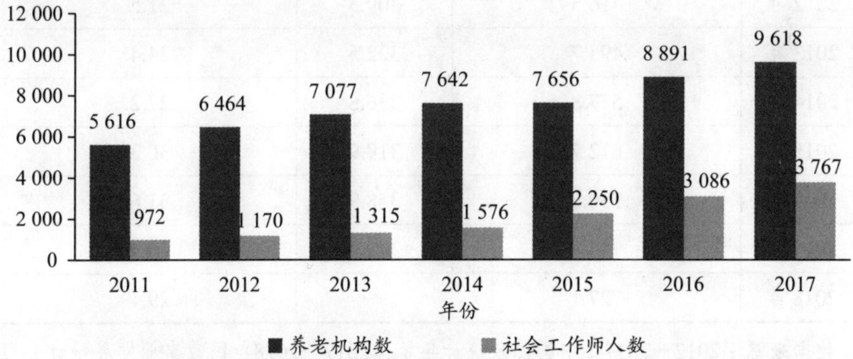

图2-5　2011—2017年我国城市养老机构与社会工作师人数

数据来源：2012—2018年中国民政统计年鉴。

如表2-6所示，2011年我国养老机构和设施床位数共计353.2万张，2018年增长至727.1万张，增长105.9%；每千名老年人口养老床位数，由2011年的19.1张增长至2018年的29.1张，增长52.36%；老年人的收养人数，由2011年的293.4万增长至2017年的379.9万，增长29.48%。

（二）社会养老投入力度不断加大

根据历年中国民政统计年鉴提供的数据，“八五”时期国家预算内对社会服务事业基本建设投资总额为10.3亿元，“九五”时期投资21.3亿元，“十五”时期投资47.9亿元，“十一五”时期投资210.8亿元，“十二五”时期投资499.9亿元。

“十三五”时期的2016年与2017年共投资162.2亿元[①]。其中，为“老年人与残疾人提供服务机构”的国家预算内基本建设投资，2016年为46.7亿元，2017年为40.4亿元。中央集中彩票公益金是国家社会养老投入的重要来源之一，中央集中彩票公益金用于“养老”这一项的转移支付，2016年达到13.1亿元，2017年达到13.2亿元。此外，为推动居家和社区养老服务改革试点，2016年和2017年中央集中彩票公益金投入的资金都为10.0亿元。

表2-6　2011—2018年我国养老机构床位情况

年份	养老机构和设施床位数 / 万张	收养人数 / 万人	每千名老年人口养老床位数 / 张
2011 年	353.2	293.4	19.1
2012 年	416.5	309.5	21.5
2013 年	493.7	322.5	24.4
2014 年	577.8	336.8	27.2
2015 年	672.7	319.9	30.3
2016 年	730.2	348.9	31.6
2017 年	744.8	379.9	30.9
2018 年	727.1	—	29.1

数据来源：2012—2017年中国民政统计年鉴，2017—2018年民政事业发展统计公报。

（三）城镇居民养老保险业快速发展

如表2-7所示，全国城镇职工基本养老保险2011年共覆盖28 391万人，到2018年覆盖人数规模扩大至41 902万人，7年增长47.59%。其中，参保职工人数达到30 104万人，7年增长8 539万人；参保离退休人员人数达11 798万人，7年增长4 972万人。制度赡养率由2011年的31.65% 提高到2018年的39.19%。全国城镇职工养老保险基金总收入和总支出稳步增长，总收入持续大于总支出。全国城镇职工基本养老保险基金收入稳步增长，2018年年底达到51 168万元，年均增长17.15%；2018年年底基金累计结存额达到50 901万元。

① 因为公布的中国民政统计年鉴目前只有到2017年的数据，因此“十三五”时期的投资情况只统计2016年和2017年。

表2-7　我国城镇职工基本养老保险参保情况

指标	2011 年	2012 年	2013 年	2014 年	2015 年	2016 年	2017 年	2018 年
全国城镇职工基本养老保险参保人数 / 万人	28 391	30 427	32 218	34 124	35 361	37 930	40 293	41 902
全国城镇职工基本养老保险参保职工人数 / 万人	21 565	22 981	24 177	25 531	26 219	27 826	29 268	30 104
全国城镇职工基本养老保险参保离退休人员人数 / 万人	6 826	7 446	8 041	8 593	9 142	10 103	11 026	11 798
全国城镇职工基本养老保险制度赡养率	31.65%	32.40%	33.26%	33.66%	34.87%	36.31%	37.67%	39.19%
全国城镇职工基本养老保险基金总收入 / 亿元	16 895	20 001	22 680	25 310	29 341	35 058	43 310	51 168
全国城镇职工基本养老保险基金总支出 / 亿元	12 765	15 562	18 470	21 755	25 813	31 854	38 052	44 645
全国城镇职工基本养老保险基金累计结存 / 亿元	19 497	23 941	28 269	31 800	35 345	38 580	43 885	50 901

数据来源：2011—2018年的人力资源和社会保障事业发展统计报告。

作为养老保障的第二支柱，我国企业年金在2004年劳动和社会保障部颁布《企业年金试行办法》后进入了规范发展阶段，2011年全国建立企业年金的企业户数为4.49万户，到2018年已增长至8.74万户，全国企业年金基金累计结存总额由2011年的3 570万元增长至2018年的14 770万元。此外，作为第三支柱的商业养老保险已经启动，2017年国务院发文①，提出支持商业保险机构开发多元化商业养老保险产品，满足个人和家庭在风险保障、财富管理等方面的需求②。

① 国务院办公厅.国务院办公厅关于加快发展商业养老保险的若干意见（国办发〔2017〕59号）[R/OL].（2017-07-04）[2021-01-08]. http://www.gov.cn/zhengce/content/2017-07/04/content_5207926.htm.

②《中国城市养老指数蓝皮书》课题组.中国城市养老指数蓝皮书2017[M].北京：中国发展出版社，2017：87.

二、我国城市养老服务的供给结构分析

（一）我国城市居家和社区养老的供给情况

截至2018年年底，我国社区养老照料机构和设施有4.5万个，比上年增长4.7%；社区互助型养老设施共9.1万个，比上年增长9.6%；社区留宿和日间照料床位达到347.8万张，比上年增长2.7%。

根据北京大学健康老龄与发展研究中心组织的中国老年健康影响因素跟踪调查（Chinese Longitudinal Healthy Longevity Survey，CLHLS）提供的数据，也可以分析出当前我国城市居家养老服务的供给情况。CLHLS 目前共有三次跟踪数据（2005年、2008年和2011年），从这三次的跟踪数据看，当前我国城市社区提供居家和社区养老服务的覆盖率，整体呈现上升趋势。其中，上门看病、送药及提供保健知识等服务项目的覆盖人群比例快速上升，但是起居照料、精神慰藉、聊天解闷等服务项目的覆盖人群比例有所下降（见表2-8）。

表2-8　我国城市居家养老服务的供需情况（CLHLS 数据）

服务项目	2005 年		2008 年		2011 年	
	社区有该项服务老年人占比	希望得到该项服务的老年人占比	社区有该项服务老年人占比	希望得到该项服务的老年人占比	社区有该项服务老年人占比	希望得到该项服务的老年人占比
起居照料	6.8%	52.4%	6.9%	60.4%	5.6%	59.9%
上门看病、送药	12.5%	67.0%	10.2%	68.8%	25.4%	77.7%
精神慰藉、聊天解闷	11.8%	61.3%	9.6%	64.1%	8.7%	64.8%
日常购物	6.8%	47.8%	5.6%	55.7%	6.9%	56.5%
组织社会和娱乐活动	18.4%	58.6%	14.9%	60.7%	19.0%	65.4%
提供法律援助（维权）	11.0%	53.9%	8.6%	57.4%	13.7%	60.5%
提供保健知识	16.6%	62.8%	12.0%	63.3%	34.0%	73.2%
处理家庭邻里纠纷	20.7%	55.4%	16.6%	57.7%	24.7%	62.4%

注：根据郭丽娜、郝勇的《居家养老服务供需失衡：多维数据的验证》[①] 一文中整理的 CLHLS 数据整理。

① 郭丽娜，郝勇 . 居家养老服务供需失衡：多维数据的验证 [J]. 社会保障研究，2018（5）：44-55.

整体而言，我国城市居家和社区养老服务供给十分有限，如果把“社区有该项服务老年人占比”与“希望得到该项服务的老年人占比”进行比较，这一点体现得更为明显。如起居照料项目，2011年“社区有该项服务老年人占比”为5.6%，但是“希望得到该项服务的老年人占比”高达59.9%，供需差距为54.3个百分点；日常购物项目，2011年“社区有该项服务老年人占比”为6.9%，但是“希望得到该项服务的老年人占比”高达56.5%，供需差距为49.6个百分点；上门看病、送药项目,2011年“社区有该项服务老年人占比”为25.4%，但是“希望得到该项服务的老年人占比”高达77.7%，供需差距为52.3个百分点。

（二）我国城市机构养老的供给情况

（1）供给数量不断增长。根据《2018年民政事业发展统计公报》，截至2018年年底，全国各类养老机构和设施共有16.8万个，养老床位合计达到727.1万张，比上年增长3.3%，每千名老年人拥有养老床位29.1张。其中，全国共有2.9万个注册登记的养老机构、379.4万张床位，分别比上年增长10.0% 和3.9%。

（2）投资主体日趋多元。当前在国家养老服务业政策的支持下，各类社会资本包括央企、险资、外资等不断投入到养老服务市场，社会组织、民营企业甚至私人对养老机构建设与运营的投资不断增加。

（3）政策支持不断加强。2016年民政部、国家发改委发布《民政事业发展第十三个五年规划》，从政府层面开始推动养老服务产业的落地实施，并逐步强化自身兜底功能，加强多种形式、多个层面与社会资本的合作。此外，在相关制度保障方面，大部分地区已开始实施高龄服务补贴制度并试点探索长期护理保险制度，不断完善养老服务补贴制度，加快实施养老机构保险制度，从不同方面推动我国机构养老事业的发展。

（4）服务全方位多样化。从服务类型来看，主要有以日常生活照料服务为主、以护理康复服务为主、以临终关怀为主、提供综合性服务四种类型。从服务内容来看，主要包括起居照料、膳食服务、健康保健、医疗照护、康复理疗、精神慰藉等。从服务收费来看，构成主要有入住押金、床位费、餐饮费、护理费、水电费等。

三、我国城市养老服务的供给特征分析

（一）城市居家和社区养老服务供给特征分析

1. 属于准公共产品，容易发生市场供给失灵

根据第一章的理论分析，城市居家和社区养老服务以社区为提供服务辐射地域范围，以家庭、政府、非营利组织和市场为养老服务供给主体，具有一定的排他性和竞争性，兼具较强的正外部性，属于准公共产品范畴。根据福利经济学第二定理，作为准公共产品的城市居家和社区养老服务，因为存在正外部性和社会公益性，市场失灵是难免的。这也就是说，城市居家和社区养老服务供给过程中由于市场失灵导致的问题，市场本身无法解决，需要政府直接或间接干预，来调节资源配置[①]。

2. 属于劳动密集型行业，容易出现“成本病”

与其他服务业一样，城市居家和社区养老服务也属于劳动密集型行业，资本投入不高，主要是劳动力投入，而且无法实现集约型、流水线式的工业化生产，其总体利润率偏低，容易出现“成本病”。王震认为居家和社区养老服务出现“成本病”的主要原因是人工成本高。由于社会平均工资与社会劳动平均生产率挂钩，但护工单位时间内照护的老人数即护工的劳动生产率低于社会平均劳动生产率，护工工资则低于社会平均工资，护工会认为工资偏低，丧失工作积极性；而老年人却认为收费价格偏高，谨慎消费服务[②]，导致很多社区养老服务机构在亏本经营。

3. 供给管理具有“分割性”，容易出现服务的“碎片化”

城市居家和社区养老服务内容非常多样化，具体包括送餐服务、助浴服务、上门做家务、日间照料、上门探访、老年辅具用品租赁、健康保健服务、心理咨询、精神慰藉等。这种多样性的服务需求对应的服务供给主体来自各个领域与各个渠道。王震认为居家和社区养老服务内容较广、综合性较强，具有

---

① 赵乐 . 社区居家养老服务中政府与市场角色定位分析 [J]. 社会工作，2010（5）：52-55.

② 王震 . 居家社区养老服务供给的政策分析及治理模式重构 [J]. 探索，2018（6）：116-126.

连续性，应通过同一个居家和社区养老服务平台，让居家的老年人获得需要的所有养老服务。但当前我国对居家和社区养老服务的管理仍然是行政分割的，这种分割也导致了具体服务供给的“分割”[①]，最后造成城市居家和社区养老服务供给的“碎片化”现象。如当前我国城市养老服务机构由民政部门管理，医疗机构则由卫生部门管理，而医保业务由人社部门管理，养老、医疗由不同的行政机关管理，导致社会医养资源分散，人为造成资源统筹的“肠梗阻”，形成服务“分割”局面。

4. 供给主体功能冲突，社会和市场力量受抑制

政府、社会组织、企业及家庭，是城市居家和社区养老服务供给的四大主体。由于服务的准公益性，政府必须进行扶持与资助，通过购买服务的形式引导社会组织、企业参与到居家和社区养老服务供给中去。但是，在我国城市居家和社区养老服务供给实践中，政府主导功能强势，有越位包办之嫌。长期以来的直接行政管制，让政府与社会组织、企业之间一直存在管理与被管理关系，导致社会组织和企业等运营商的自主性、积极性较低，对政府投入和扶持的依赖性较高，运营项目的可持续性较差，盈利空间较小[②]。

（二）城市机构养老服务供给特征分析

1. 床位供给上“一床难求”与“床位空置”并存

当前，“一床难求”与“床位空置”并存是我国城市养老机构普遍存在的现象。主要是这两类养老机构容易出现“一床难求”的情况：一类是主要提供康复、护理服务的养老机构，比如康复医院、护理院，由于这类养老机构目前建设体量不大，存在供不应求的问题；另外一类是公办养老机构，特别是区位、环境、设施条件优良的公办养老机构，这类养老机构收费低、服务质量好，成为众多老年人的首选。容易出现“床位空置”的养老机构也可归结为两类：一

① 赵乐．社区居家养老服务中政府与市场角色定位分析 [J]. 社会工作，2010（5）：52-55.

② 彭青云．多元主体视角下社区居家养老服务路径探索 [J]. 浙江工商大学学报，2019（3）：101-108.

类是地处城市郊区的养老机构，由于距离市区较远，交通不方便，因此入住率不高；另一类是高端的民办营利性养老机构，这类机构收费贵，而有较强支付能力和支付意愿的老年人毕竟是少数。因此，高端养老机构的入住率普遍较低，床位空置率较高。

2. 建设管理上存在“重硬件、轻软件”现象

经过多年的建设与发展，我国城市养老机构的硬件设施建设取得了明显的进展，不仅有市场化的民营高档养老公寓，还有一些城市的公办养老机构，环境、基础设施条件都非常好，很多可以与星级宾馆相提并论。但是，城市养老机构的管理、服务等软件建设方面则相对滞后。这主要表现在：一是管理不到位。在调研中发现，一些城市养老机构制定的管理服务条例挂在墙上，但是服务人员对这些条例不是很了解。特别是对常见的老年人坠床、跌倒、噎食、晕厥等意外事件的应急处理程序与方案，缺乏规定时长的培训与学习。此外，大部分养老机构的管理人员并非科班出身，专业化程度低，缺乏养老服务管理的知识与背景。二是服务不到位。很多养老机构出于安全与成本的考虑，对入住老人提出了许多“管理要求”，比如作息时间上的统一规定、活动空间上的限制，很大程度上限制了老年人的个性化需求与自由，很多老年人感到被管理、被限制，认为养老服务缺乏应有的个性化、人性化与亲情化特征。

3. 公办养老机构存在“偏目标、超标准”倾向

根据公共产品理论，投资建设并运营公办养老机构，是城市政府履行公共服务职能的一种形式。城市公办养老机构最核心的职能目标是：为城镇“三无”、高龄、失能、经济困难的老年群体，提供保基本、托底线的公共养老服务。但是，随着社会福利社会化程度的提高，城市公办养老机构服务开始由救济性公共服务向福利经营性服务转变，服务的对象也开始由起初的城镇“三无”、高龄、失能、经济困难的老年群体扩展至社会普通老年人。这种服务对象目标的转变本身无可厚非，因为随着经济、社会发展与人口老龄化进程的加快，需要公办养老机构保基本、托底线的群体规模在缩减，但是社会普通老年人的养

老需求规模快速扩张，因此政府开始鼓励公办养老机构面向社会普通老年人提供服务。同时，很多地方政府出于政绩考虑等因素，超标准投资建设公办养老机构，使得原本只需要提供基本养老服务的机构提供了超出社会普遍水平的优质公共服务。在这个过程中容易出现偏离职能目标、服务对象错位的问题。由于公办养老机构在设施条件、人员素质、价格等方面有优势，在“一床难求”供需紧张的背景下，保基本、托底线的公办养老机构逐渐演化成服务社会“优势老年群体”的养老服务机构[①]。

第四节　我国城市养老服务供需矛盾及供给侧结构性改革重点

一、我国城市养老服务供需的主要矛盾分析

民政部根据“十三五”时期我国人口与社会事业相关指标的平均增长速度进行预测，全国60岁及以上老年人口总量2020年将达到26 543.9万人，2030年将达到37 627.7万人，2050年将达到75 612.0万人[②]。随着老年人口总量规模的不断扩大及其在人口总量中占比的快速提高，我国的养老形势日趋严峻。根据前几节的分析，养老服务有效供给不能满足老年人的实际养老需求是我国城市养老服务供给侧的主要问题，主要体现在两方面：一是养老服务供需总量上存在较大缺口；二是养老服务供需结构上存在明显的失衡。

（一）养老服务供需总量上存在较大缺口

从养老机构床位供给看，我国目前对养老事业发展的规划为“9073”或者“9064”，即90% 的老年人口居家养老，6%~7% 的老年人口依托社区养老，3%~4% 的老年人口在机构养老。这就意味着每千名老年人，至少应该拥有

① 王莉莉．供给侧结构性改革背景下的公办养老机构转制分析：以北京市为例 [J]. 老龄科学研究，2018（11）：28-37.

② 数据来源于《中国民政统计年鉴 -2017》。

30~40张的养老机构床位[①]。根据《2018年民政事业发展统计公报》，2018年我国每千名老年人的养老床位数为29.1张[②]，刚刚达到最低供给水平，并且未来养老机构床位将面临更大缺口，其主要原因在于我国城市居家养老功能将日趋弱化，导致未来“9073”或者“9064”规划格局中90%的比重将需要大幅调低。当前，我国家庭呈现规模小型化、成员老龄化以及流动、留守常态化等趋势[③]，传统的家庭养老功能明显削弱[④]，只有通过其他模式大量补充养老服务供给，才能满足从家庭养老中“挤出”的养老服务需求。在这种趋势下，若养老机构床位数增长缓慢，未来养老机构床位的供需缺口将进一步扩大。

从养老服务业从业人员的供给看，清华大学杨燕绥主编的《中国老龄社会与养老保障发展报告（2015）》预测，到2020年，我国需要养老护理人员的总规模将极大，服务完全自理老人的从业人员需219万人，服务部分自理老人的从业人员需374万人，服务完全不能自理老人的从业人员需281万人[⑤]。单就养老护理人员而言，目前他们面临社会地位低、工作强度大、薪酬待遇低、流动性高、专业技能低、年龄偏大等现实困境。当前养老护理人员供给也存在较大缺口。如果按照国际公认的失能老人与护理人员配比标准3：1计算，我国约需1 300多万名养老护理人员。但根据民政部2016年的统计，我国养老机构护理人员数量不到100万，不仅与需求相差甚远，而且持证上岗的专业护理人员不

---

①《中国城市养老指数蓝皮书》课题组．中国城市养老指数蓝皮书2017[M]．北京：中国发展出版社，2017.

② 引自《2018年民政事业发展统计公报》。

③ 新华网．中国家庭发展报告2015[EB/OL]．（2015-05-13）[2021-01-08]. https://baike.baidu.com/item/%E4%B8%AD%E5%9B%BD%E5%AE%B6%E5%BA%AD%E5%8F%91%E5%B1%95%E6%8A%A5%E5%91%8A2015/17564281?fr=aladdin.

④ 王向南．基于供给侧改革的养老服务业体系重构：一种治理的视角[J]．税务与经济，2016（4）：28-32.

⑤ 杨燕绥．中国老龄社会与养老保障发展报告（2015）[M]．北京：清华大学出版社，2017.

足10%[①]。

（二）养老服务供需结构上存在明显的失衡

在我国经济进入新常态和社会主要矛盾转变的大背景下，养老服务供需矛盾已成为我国重大的社会民生问题。我国城市养老服务供给既要缓解供给的总体不足，又要通过结构调整着力实现养老服务供需平衡。

从养老机构床位使用率来看，具体表现为公办养老机构“一床难求”与民营养老机构“床位空置”并存。很多城市公共投入较多、硬件较好的养老机构“一床难求”，位置偏、设施差的养老机构门可罗雀；服务好、价格低廉的公办养老机构是老年人的首选，但床位有限且非常抢手，甚至“排队十年等不到一张床”；一些高档民办养老机构，床位充裕，环境也好，但收费高昂，很多老年人住不起。从全国来看，2017年年末养老床位的空置率高达约48.99%[②]。其中，北京的养老床位空置率约为58.49%[③]，上海的养老床位空置率约为35.79%[④]，湖北省的养老床位空置率约为55.38%[⑤]。

进一步从不同类型养老床位的供给结构来看，当前我国城市的护理型养老床位缺口较大。前些年各地率先发展普通床位，而忽视了失能、半失能老年人的养老服务需求。根据我国《“十三五”推进基本公共服务均等化规划》中设定的建设目标，到“十三五”期末，全国护理型床位数要达到每千人10~12张。即便这些目标如期完成，全国护理型养老床位数也仍然达不到我国老年人口的3% 这个标准，护理型养老床位存在明显的结构性短缺[⑥]。

---

① 搜狐网 . 养老护理专业人员缺口数量巨大 [EB/OL].（2016-07-05）[2021-01-08].http://www.sohu.com/a/101280614_222493.

② 引自《2018年民政事业发展统计公报》。

③ 根据北京市民政局公布的《2017年北京市民政事业发展统计公报》数据计算。

④ 根据上海市民政局公布的《2017年社会服务统计月报（12月）》数据计算。

⑤ 根据湖北省民政厅公布的《2018年社会服务统计1季度季报表》数据计算。

⑥ 林宝 . 养老服务供给侧改革：重点任务与改革思路 [J]. 北京工业大学学报（社会科学版），2017（6）：11-16.

二、我国城市养老服务供给侧结构性改革的重点与方向

（一）城市居家和社区养老服务供给侧结构性改革的重点与方向

根据马歇尔的局部均衡理论，如果一种产品的市场需求发生了变化，该产品的生产供给必须进行相应的调整，这样才能重新达到新的市场均衡。本处主要针对城市居家和社区养老服务需求未来的变化趋势，同时结合当前服务供给过程中存在的相关问题，提出供给侧结构性改革的重点与方向。

1. 推进居家和社区养老生活照料服务质量提升与智慧化升级

穆光宗等认为，居家养老服务体系建设的关键是要建立起一个功能完备、运转高效的社区家政服务网络①。为此，一是要加强居家和社区养老服务机构运营机制创新。积极推动居家和社区养老服务中心（老年人照料中心）以及居家和社区养老服务站运营机制改革，通过政府购买服务、委托经营及公建民营等方式，引导和激励市场力量参与居家和社区养老服务的供给，让企业、社会组织等成为城市居家和社区养老服务的供给主体。二是强化居家和社区养老服务网络建设。政府要发挥规划引领作用，通过优化区域性老年人助餐中心规划布局，设立社区助餐点，切实解决好居家生活不便老年人的就餐难问题。加强街道日间照料服务机构的配套能力建设，为居家高龄、患病、失能及残障老人提供更优质的日常生活照料服务。三是加强居家和社区养老服务机构的连锁化、品牌化发展。四是加快居家和社区养老服务的智慧化升级，积极推动大数据、物联网、云计算等技术在养老服务中的应用，创新居家和社区养老服务新模式、新业态。整合养老服务综合信息资源，打造城市居家和社区养老服务信息服务平台，实现与相关公共服务信息平台的联网以及与社区服务网点及各类服务供应商的对接，为老年人提供各类居家和社区养老服务项目。

2. 加快适老性住宅及社区硬件配套设施的建设与改造

住房的品质和宜居性也决定着居家和社区养老服务的品质。一是推动新建

---

① 穆光宗，朱泓霏．中国式养老：城市社区居家养老研究 [J]. 浙江工商大学学报，2019（3）：92-100.

住宅的科学规划与建造设计。积极倡导老人与儿女同住或在同一个小区居住，住宅小区在户型设计上要有大中小各种户型选择，可以有父母儿女同住的“三代同堂”大户型，也有适合父母和儿女分开居住的中小户型，还有让父母和子女既能相互照顾、又有独立空间的“母子单元”和“藕式住宅”，使老人与子女之间做到“亲而不离，离而不疏”。二是加强小区的适老设施配套。对于新建居住（小）区的养老配套设施，要做到规划、建设及交付使用的同步；对于没有配套养老设施或者配套设施不达标的小区，应加快配套设施的建设与更新改造。

3. 推进居家和社区养老医疗卫生服务的供给方式创新

医养结合发展是大势所趋，也是新时代我国养老服务体系建设的重点领域。未来我国医养结合发展主要有四种途径：其一，原有医疗机构转型为护理院和康复院，为邻近社区的老年人提供医养综合服务；其二，原有社区养老机构升级为具有医疗资质的医养结合服务机构；其三，医疗机构与社区养老服务机构合作；其四，鼓励医疗网络向社区延伸，为居家老年人提供上门服务[①]。2015年国家卫计委等九部委印发的《关于推进医疗卫生与养老服务相结合的指导意见》为具体如何推动居家和社区养老与医疗卫生服务的有机融合提供了很好的指引。其中，着重提出要“推动医疗卫生服务延伸至社区、家庭”[②]；针对“医养结合”出现的服务“分割”问题，提出要加快医养领域的管理体制改革，建立多部门协同推进机制。

（二）城市机构养老服务供给侧结构性改革的重点与方向

养老机构是我国城市社会化养老服务的重要载体，养老机构的发展水平决定了城市机构养老服务供给的总体水平。未来我国城市机构养老服务供给侧结

① 建投研究院．投资新视野Ⅱ：养老服务 [M]. 北京：社会科学文献出版社，2016：185-186.

② 国务院办公厅．国务院办公厅转发卫生计生委等部门关于推进医疗卫生与养老服务相结合的指导意见的通知（国办发〔2015〕84号）[R/OL].（2015-11-20）[2021-01-08]. http://www.gov.cn/zhengce/content/2015-11/20/content_10328.htm.

构性改革的重点与方向，主要包括大力推进公办养老机构转制改革，推动机构养老与居家和社区养老融合发展，以及推动养老机构的医养结合发展等方面。

1. 大力推进公办养老机构转制改革

《国务院办公厅关于推进养老服务发展的意见》(国办发〔2019〕5号)提出，要继续深化公办养老机构改革，在坚持公办养老机构公益性的大前提下，"探索具备条件的公办养老机构改制为国有养老服务企业"。在这个转制过程中，根据2013年民政部开展的公办养老机构的改革试点情况看，未来我国公办养老机构转制改革总体要坚持分类改革、分步实施的原则，切忌一刀切，须根据公办养老机构的现有基础与条件进行综合评估，确定各公办养老机构转制的方向与类别。在具体方式上，既可以探索将具备条件的公办养老机构改制为市场化运营的国有养老服务企业，也可以推行公办（建）民营模式，在实现公办养老机构保基本、托底线的核心职能目标的同时，着力推进公办养老机构的市场化转型；还可以大力发展混合所有制的养老机构①。

2. 推动机构养老与居家和社区养老融合发展

《国务院办公厅关于推进养老服务发展的意见》(国办发〔2019〕5号)提出，未来还要推动居家和社区养老与机构养老融合发展。其实根据我国老年人养老需求的实际并结合国外养老机构发展的历程来看，在我国养老服务信息化水平不断提升的条件下，机构养老与居家和社区养老融合发展是必然趋势。未来机构养老与居家和社区养老融合发展的重点主要体现在：一是在服务内容与对象上，积极鼓励各类养老机构为社区内及周边老年人提供养老服务，鼓励物业服务企业拓展服务范围与领域，依托社区养老服务设施，为老年人提供助餐、保洁及定期探访等养老服务；二是在业态上，为了满足"就地养老"的现实需求，应大力支持养老机构朝小型化、专业化、社区化、连锁化及品牌化方向发展。

① 王莉莉．供给侧结构性改革背景下的公办养老机构转制分析：以北京市为例 [J]. 老龄科学研究，2018（11）：28-37.

3. 推动养老机构的医养结合发展

根据国外养老机构的发展历程与我国老年人养老需求的实际，未来医养结合发展将是机构养老服务供给侧结构性改革的重点。这既符合老年人服务需求的特点，也可以大大缓解城市医疗卫生服务机构的护理压力，同时可为养老机构中的老年人看病、日常医疗护理提供极大的便利。根据我国支持养老服务业发展的相关文件精神，支持的重点与方向主要有：一是为养老机构的医养结合发展提供制度与政策上的支持，包括审批流程的简化或取消、建设规划的优化布局、工商登记事项变更的便利，积极为医养结合型养老机构提供更好的环境。二是加强医养结合人才的培养，包括鼓励高职大专等院校开设与养老服务相关的康复护理、中医养生等专业及课程，并支持这些院校与养老服务机构合作，建设养老服务的实习基地，落实学生实习和就业的补贴政策。

第三章　财政支持城市养老服务供给政策梳理及现状评价

第一节　城市养老服务供给财政支持政策历史演化

我国城市养老服务供给的财政支持政策是随着我国城市养老制度、财政制度的变迁而演化的。中华人民共和国成立以来，我国财政管理体制先后经历了统收统支阶段（1949—1978）、财政包干制阶段（1979—1993）和分税制阶段[1]（1994年至今）三个阶段，与此基本对应的我国城市养老制度则先后经历单位负责制、养老社会化和多元主体共担三个阶段。

一、统收统支阶段（1949—1978）的财政支持政策

中华人民共和国成立初期，国家的首要任务是恢复正常的社会经济秩序，这个时期实行的是过渡型财政制度。从1953年起，国家开始进入大规模经济建设阶段，围绕国家经济建设这一总目标，财政支出主要是为了满足生产建设需要，实行生产建设型财政制度。总体而言，不管是过渡型财政制度（1949—1952）还是生产建设型财政制度（1953—1978），其主要特征为财政决策的唯一主体是中央政府，地方政府作为中央政府的派出机构而存在，不掌握实质性

[1] 又分为公共财政制度建设阶段和现代财政制度建设阶段，根据行文需要，本章将分税制分成这两个阶段进行政策梳理。

财政权力，地方收支要经中央政府核定[①]。在统收统支的财政体制下，包括养老在内的城镇居民社会保障体现为国家保障制和企业保障制两种形式。在这种社会保障制度下，财政支持城镇居民养老的主要形式是以提供养老补助费为主的经济支持。1951年颁布的《中华人民共和国劳动保险条例》是对建立城镇职工社会保障制度的首次立法，标志着我国职工养老制度的建立。

这个阶段，城镇养老服务实行的是单位负责制，国家、企业以退休金的形式为城镇居民的养老服务提供资金支持与保障，但是具体的养老服务还是由家庭提供。换句话说，财政统收统支阶段对城镇居民养老服务的财政政策支持，主要是通过一次性或按期发放离、退休金的形式进行资助。1978年，全国城镇职工离休、退休、退职费用支出共计达到17.3亿元，平均支出水平为551元 / 人 • 年[②]。就养老资金支持的力度和效果而言，资助标准高于我国城市居民每人每年的平均生活费用支出水平[③]，加上当时大部分城市居民享受了极具福利色彩的“公费医疗”或“劳保医疗”保障，因此这种养老资金支持基本能够满足老年人养老的费用需求。除通过离退休、退职费的发放为城市老年人提供养老保障外，政府还会通过民政部门为老年人提供养老补助、服务及基础设施。如国家财政辅助性地投资建设了少量城镇福利院、光荣院，为城市无劳动能力、无生活来源、无法定赡养人和扶养人的特殊老人群体提供少量的养老服务。

二、财政包干制阶段（1979—1993）的财政支持政策

改革开放后，随着企业市场化改革的启动，传统单位负责制的城镇养老制度面临了较大的挑战。特别是那些退休职工占比较高的企业负担越来越重，直接影响到在职职工的利益。为此，自1984年起，国家在广东、江苏、辽宁等省开展改革试点，探索解决全民所有制企业职工的退休费用社会统筹问题，具体

---

① 张强 . 现代财政制度建设之路：基于70年财政制度变迁的比较与综合 [J]. 中央财经大学学报，2019（3）：11-22.

② 数据来源于《中国劳动工资统计资料（1949~1985）》。

③ 1981年我国城市居民家庭平均每人每年的生活费用支出水平为456.84元，1978年数据缺失。

按照以收定支、略有节余的原则，实施养老金的统一收缴、发放和对职工养老的统一管理[①]。国务院1986年颁布了《国营企业实行劳动合同制暂行规定》，要求针对企业合同制员工实行社会养老保险制度。1993年印发的《中共中央关于建立社会主义市场经济体制若干问题的决定》，就城镇居民养老保障制度改革问题做了进一步明确，其最大的特点体现为企业和个人责任的凸显以及政府责任的缩减。这个阶段，对城市机关事业单位工作人员依然延续了以前的财政包干制，其离退休、退职的养老待遇全部由财政支持。退休养老金不敷使用时，国家财政给予适当补助。

三、公共财政制度建设阶段（1994—2013）的财政支持政策

1993年，我国正式启动社会主义市场经济体制改革，经济资源的配置方式发生了重大变革，逐步由有计划的商品经济转向市场经济。1994年伊始，中国政府便启动了一系列财税体制重大改革举措。中央决定在合理划分央地事权的基础上，设立地方税、中央税及共享税，中国财政体制正式由“包干制”迈入“分税制”阶段。与此相对应，政府职能也发生了根本性的变革，私人部门的资源配置基本交由市场机制，政府则主要运用财政机制对公共部门的资源进行配置，更多体现在为社会提供更多更好的公共产品和服务。

我国于1999年正式进入老龄化社会，在老龄化进程加快、养老任务日益加重的背景下，政府意识到了加快养老服务体系建设的紧迫性。因此，自2000年起，政府集中出台了一系列政策推动养老服务业的发展，如2006年的《关于加快发展养老服务业意见的通知》、2011年的《社会养老服务体系建设规划（2011—2015年）》、2012年的《民政部关于鼓励和引导民间资本进入养老服务领域的实施意见》、2013年的《国务院关于加快发展养老服务业的若干意见》。其主要目标是通过政策支持与引导，激发市场力量参与养老服务的供给，满足多样化养老服务需求。在财政补贴支持政策方面，该通知提出“要建立健全经济困难的高龄、失能等老年人补贴制度”。

① 李方舟. 中国社会保障体制变迁过程中的利益结构与政策取向 [D]. 西安：西北大学，2006：35.

在1993—1999年这个时间段，由于国民经济资源的配置方式发生了重大变革，养老服务领域也出现了明显的社会化、市场化趋势。政策制定的目标是“把解决老龄化问题的视角由家庭逐步转向社会”①，政策制定的重点是“多渠道筹措老龄事业发展资金”②。具体的资金筹措渠道包括四个方面：一是要求各级政府逐步增加对老龄福利事业的投入；二是鼓励社会资助和个人捐助；三是开展社会募集；四是鼓励创办老年福利企业创收。由于强调多渠道筹措资金，希望用社会化的手段解决养老服务的资金投入问题，在这种思路主导下，政府财政对养老服务的投资呈现弱化趋势。本书用国家社会服务事业费支出占财政总支出的比重变化情况印证这个观点。图3-1显示的是1986—2013年国家社会服务事业费支出占财政总支出的比重变化情况。不难发现，1993—2001年这个区间，国家财政对社会服务事业的投资力度明显偏小。张文娟把20世纪80年代到1999年国家这一阶段的养老服务供给政策界定为“政府责任收缩，家庭独担养老服务阶段”，认为政策的弊端是在养老服务市场还不成熟、社会供给不足的情况下，忽视了其准公共产品属性，将养老服务责任完全推给了家庭和社会，弱化了政府提供公共养老服务的职责③。

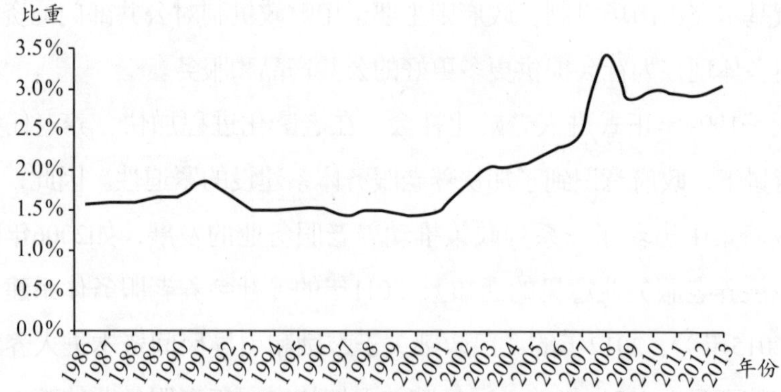

图3-1　1986—2013年国家社会服务事业费支出占财政总支出的比重变化情况④

① 张文娟.中国社会养老服务体系建设[M].北京：社会科学文献出版社，2017：8.

② 引自《中国老龄工作七年发展纲要（1994—2000年）》。

③ 张文娟.中国社会养老服务体系建设[M].北京：社会科学文献出版社，2017：8.

④ 数据来源于《中国民政统计年鉴-2017》。

自1999年我国正式进入老龄化社会后，政府意识到养老服务体系建设的紧迫性，陆续出台了一系列的政策文件，支持政策呈现出具体化和可操作性的特点。这个阶段财政政策支持养老服务事业主要有三个方向：

（1）加大财政直接投入力度，首次明确将老年福利事业经费纳入财政预算，从制度上保证了财政投入的经常化与可持续性，明确从福利彩票收入中划拨一定比例经费投入发展老年福利事业。图3-1中数据显示，2002年以后国家社会服务事业费支出占财政总支出的比重呈现快速上升趋势，政府财政对养老等社会服务事业的投资力度明显加大。到2013年，在国家预算内基本建设投资中，“为老年人与残疾人提供服务的机构”的建设投资达到66.5亿元，在国家对社会服务事业基本建设投资中的占比达到55.4%[①]。

（2）利用财政补贴、贷款贴息、税费减免等手段，引导社会资本进入养老服务业领域。2013年，在对社会服务事业基本建设的投资中，外资达到1.7亿元。2010—2013年，外资累计投资社会服务事业基本建设3.5亿元。

（3）建立了经济困难的高龄、失能老年人补贴制度，开始实施养老服务需方的财政补贴政策。

四、现代财政制度建设阶段（2014年至今）的财政支持政策

2014年，我国开始进入经济高质量发展阶段。此时，社会主要矛盾也由人民日益增长的物质文化需要同落后的社会生产之间的矛盾，转化为人民日益增长的美好生活需要和不平衡不充分的发展之间的矛盾。面对人民消费与公共服务需求层次的提升，财政制度也需要进行相应的调整。在财税体制改革领域，重点是建立现代财政制度，具体包括改进预算管理体制、完善税收制度以及建立事权和支出责任相适应的制度。在养老领域，2014年民政部等多部门联合发布《关于推进城镇养老服务设施建设工作的通知》，对推进城镇养老服务设施建设进行了部署。

为老年人提供安全、便利的无障碍设施，是完善社会养老服务体系的重要

① 数据来源于《中国民政统计年鉴-2017》。

工作。2014年，住房和城乡建设部、民政部等部门联合印发《关于加强老年人家庭及居住区公共设施无障碍改造工作的通知》，规定对纳入年度改造计划的贫困老年人家庭、居住区公共设施无障碍改造，“由民政主管部门会同财政主管部门确定资金补助标准”。2014年，民政部印发《关于民政部门利用福利彩票公益金向社会力量购买服务的指导意见》。2014年，商务部、民政部印发《关于鼓励外国投资者在华设立营利性养老机构从事养老服务的公告》，规定“外商投资营利性养老机构，与国内资本投资举办的营利性养老机构享有同等的税收等优惠政策和行政事业性收费减免政策”，大力支持外国资本进入养老服务领域。

2015年，民政部等多部委联合印发《关于鼓励民间资本参与养老服务业发展的实施意见》，在《关于加快发展养老服务业的若干意见》（国发〔2013〕35号）的基础上，进一步加大政策支持力度。2016年，国务院办公厅下发《关于全面放开养老服务市场提升养老服务质量的若干意见》。2017年，国务院办公厅下发《关于制定和实施老年人照顾服务项目的意见》，提出做好与长期护理保险的衔接。2017年发布的《国务院关于印发“十三五”国家老龄事业发展和养老体系建设规划的通知》，再一次明确财政支持养老服务发展的方向与措施。

应该说，自2000年开始，经过多年的投资与发展，我国城市养老事业与产业得到较快的发展，突出表现在养老服务供给“量”快速增加，但是随着我国社会主要矛盾的变化，养老领域也出现了新的发展形势和要求，体现在以下两个方面：一是养老机构的床位利用率持续下降。自2000年以来，我国养老床位的利用率一直稳定在80%左右，随后出现持续下降的态势，但从2013年开始，床位利用率出现断崖式下坠，由2012年的70.%下降到2013年的44.9%，2014年继续下降到39.2%。单就城市养老床位利用率而言，也是由2011年的62%左右下降至2013年的38%左右[①]。二是特殊城市老年群体的养老服务需求短缺。我国处于失能、半失能、失智状态和超过80岁、确需照料的老人约有5 000万人，

① 数据来源于智研咨询发布的《2017年中国养老行业发展现状及市场调查分析》。

这个群体是养老服务的刚需人群，但是目前养老机构收住这类老人的数量不超过这个群体的10%[①]。

正因为此，2014年政府出台的财政支持政策最大的特点是精准化，主要表现为：

（1）补贴方式的改变，新的运营补贴方式将依据养老机构实际服务的老年人数量来确定运营补贴额度，即常说的“补人头”，而不是“补砖头”。

（2）对于特殊老年群体的补贴方式更为精准，规定各地要建立健全针对经济困难的高龄、失能老年人的补贴制度，并要提高补贴政策的精准度，统筹规划、精准核对、分类施补。

（3）加大对养老服务业的补贴力度。政府购买服务目录包括了对社区养老服务项目的购买，培育和扶持合格的供应商开展社区养老服务。

第二节　财政支持城市养老服务供给的现状评价

在对我国现阶段财政支持政策的主要文件及重点内容进行梳理之后，现对财政支持城市养老服务的情况展开具体分析。

一、财政支持城市居家和社区养老服务供给的现状

（一）财政支持生活照料服务供给

当前，对城市居家和社区养老生活照料服务的财政支持，主要包括面向老年人、面向养老组织或机构以及面向养老服务从业人员的财政补贴政策。

1. 面向老年人的财政补贴政策

目前，我国针对老年人的财政补贴，主要包括高龄津贴和服务补贴，一般会依据老年人的经济状况、年龄及身体健康状况等考量因素进行分类施补，具体有以下几种补贴方式：一是直接发放现金。如长沙市规定从2018年1月1日起，

① 建投研究院．投资新视野（Ⅱ）：养老服务 [M]. 北京：社会科学文献出版社，2016：44.

针对年满80周岁的老年人，根据不同年龄层次发放不同标准的高龄津贴，如年龄在80~89周岁的老人，每人每月领取100元高龄津贴；90~99周岁的老人每人每月领取200元津贴；100周岁及以上老人每人每月领取500元津贴。二是直接购买服务。如上海长宁区针对全区90岁以上的高龄老人，采取政府购买服务的形式，为其提供免费的居家养老服务；南京市面向城镇的三无人员、经济困难的失能半失能老人、低保老人、70周岁以上计生特扶老人、百岁老人，为其购买服务，提供无偿的生活照料服务。三是发放服务券 / 卡。如合肥市包河区向本市户籍且年龄在90岁以上的老年人、年龄在70岁以上的低保老人或者年龄在70岁以上且没有子女的空巢老人，每人每月发放600元的居家养老服务券[①]，为居家老人提供日常生活照料、家政服务等基本服务。四是比例补贴方式。为了打破有效需求与有效供给不足的局面，浙江省嘉善县创新居家和社区养老的财政补贴方式，先对特困、低保、空巢及高龄老年人评估确定其需要的居家养老服务，鼓励老年人自行购买服务券，然后政府根据个人的购买费用支出，相应地提供30%~50% 的财政货币补贴[②]。

2. 面向养老服务组织或机构的财政补贴政策

当前，我国城市面向养老服务组织或机构的财政补贴政策主要有：

（1）为居家和社区养老服务供给组织或机构提供建设补贴、运营补贴以及相关的税收优惠政策。关于建设补贴，如《长沙市老年人日间照料中心和居家养老服务中心项目建设和资金管理实施细则》规定，老年人日间照料中心建设补助按照一类、二类的标准由市级财政一次性分别补助10万元、8万元。关于运营补贴，如长沙市老年人日间照料中心运营补助按照一类、二类的标准，每年由市级财政补助5万元、4万元。南京市针对75周岁以上的空巢独居老人和特困老人提供助餐服务，对于提供助餐服务的机构，政府会给予财政补贴，

① 针对服务券在使用过程中存在着不能找零、丢失损毁不能补办的问题，目前包河区已经将服务券升级为服务卡。

② 米红，杨贞贞 . 老年残疾人居家养老服务补贴模式创新与实证研究 [J]. 残疾人研究，2011（2）：17-21.

补贴标准共分为4档：年助餐人次在2 000~10 000区间的，给予每年3万元的财政补贴；年助餐人次在10 000~30 000区间的，给予每年4万元的财政补贴；年助餐人次在30 000~50 000区间的，给予每年6万元的财政补贴；年助餐人次在50 000以上的，给予每年10万元的财政补贴。税收优惠政策方面，目前全国各城市的居家和社区养老服务组织或机构一般会享受免征营业税的优惠政策；如果非营利性养老服务组织的收入满足免税条件，将享受企业所得税减免的优惠政策；同时，土地使用、房产方面也有相应的税收优惠，运营过程中的水、电、气价格按照居民生活费价格执行；在行政事业收费方面，机构建设根据属性免征或减半征收行政事业性收费等。

（2）向居家和社区养老服务供给组织或机构购买服务。按照有关学者的划分，政府购买公共服务在形式上可以大致分成三类，即委托性购买、形式性购买及契约性购买[①]。委托性购买是由政府采用非竞争方式，将居家和社区养老服务委托给独立的公益性社会组织进行运作，政府和社会组织是各自独立的关系。在我国城市政府购买居家和社区养老服务的实践中，目前大部分采用的是委托性购买形式。如南京市鼓楼区自2003年开始实施“居家养老服务网”工程，该工程主要以项目委托的形式委托社会组织对“心贴心老年服务中心”进行具体运作，主要任务是为满足相关条件的居家老人提供买菜做饭、卫生清洁、陪同购物看病等服务。形式性购买是社会组织依附于政府，在政府的扶持下设立居家养老服务中心，在经济上受政府的完全控制。如宁波海曙区政府采用形式性购买形式，通过财政预算每年向星光敬老协会拨付相应的工作经费，且其办公设施与场地是由政府免费提供的，协会负责人也由退休的政府官员担任，本质上是政府相关职能的转移。契约性购买对市场化程度要求较高，要求政府通过公开招标选择符合条件的社会组织，为社区老年人提供居家养老服务。如长沙市积极探索养老服务市场化运营、养老服务机构向社区延伸，建立居家养

① 王成，赵东霞，李冰杰．财政支持视角下政府购买居家养老服务探析 [J]. 地方财政研究，2016（8）：90-95.

老信息平台，通过契约性购买方式，公开招标养老服务机构为社区居家的老年人提供老年饭桌、上门推拿等服务，并综合评估中标机构，按合同约定对其提供的服务项目进行补贴。

3. 面向养老服务从业人员的财政政策

当前，面向养老服务从业人员的财政政策主要有两个方面：

（1）支持人才培养。教育部等相关部委支持各高职院校增设养老服务相关专业，并增加招生名额、扩大招生规模，加强对养老服务人才的培养；同时，在养老服务专业师资培训、招生就业等方面提供相应的支持。

（2）支持养老服务人员从业。由于养老服务业容易出现“成本病”问题，为此，当前针对养老服务人员从业的财政支持，主要体现为财政对养老服务供给机构或组织人工成本的补贴，然后由这些机构或组织提高从业人员的工资待遇及社会保障水平。这与国外相关国家采取财政直接补贴从业人员的支持方式不同。目前国内大部分城市采取的是对养老服务从业人员间接的财政支持。

（二）财政支持适老性住宅建设及社区硬件设施配套

基于老年人生活便捷化的现实需求，我国财政重点支持适老性住宅规划建设、老旧小区的适老化改造及社区硬件设施配套等三个方面。在具体政策支持方面，我国《社会养老服务体系建设规划（2011—2015年）》提出，要通过土地、信贷、财政补助及政府采购等政策引导，推动有需求的老年人家庭和社区硬件设施进行适老化改造。2016年国务院办公厅发布的《关于全面放开养老服务市场提升养老服务质量的若干意见》中，围绕提高老年人生活的便捷化水平，提出政策支持方向：一是支持加快推进老旧小区和老年人家庭的无障碍改造；二是支持开发老年宜居住宅和代际亲情住宅[①]。

在财政支持的具体实践层面，2012年上海市政府启动了面向低保困难老年

① 国务院办公厅．国务院办公厅关于全面放开养老服务市场提升养老服务质量的若干意见（国办发〔2016〕91号）[R/OL].（2016-12-23）[2021-01-08]. http://www.gov.cn/zhengce/content/2016-12/23/content_5151747.htm.

人家庭的住房改善试点，具体由民政部门牵头，通过市财政每年安排2 000万元资金为1 000户低保困难老年人家庭提供居室适老改造服务①。2015年，民政部启动了“社区老年福利服务星光计划”，计划两三年时间内，中央和地方通过发行福利彩票筹集大约50亿元资金，推动城市社区的老年人福利服务设施、活动场所和农村乡镇敬老院的建设，在资助时采取“地方政府和社会力量投入为主，福利金按适当比例予以资助”②的方式。就政策支持与实施的效果而言，由国家发改委产业研究所组建的“我国养老产业发展目标与路径”联合课题组所完成的政策评估结果看，我国城市老旧小区的适老化设施改造进展顺利，但是家庭的适老化设施改造进展相对滞后③。

（三）财政支持居家和社区养老医疗卫生服务供给

近年来，中央对养老领域的医疗卫生服务供给问题日益重视，明确提出要加快发展健康养老服务业，推进医疗机构与养老机构等加强合作。就财政支持居家和社区养老医疗卫生服务供给的具体实践层面来看，北京市从2015年开始，针对百岁老人实施医疗补助，只要符合规定的百岁及以上岁数的老人，其在定点医疗机构看病的医疗费用，均可以在医疗保险基金中进行报销。2015年上海市政府发布《关于全面推进本市医养结合发展的若干意见》，提出要基于社区卫生机构，构建覆盖辖区内各类老年群体的基本医疗服务体系。在具体政策支持上，由市、区两级财政及福利彩票公益金共同出资：一是以服务券的形式，为相应的老年群体按轻度、中度、重度三个等级提供专项护理补贴；二是开展高龄老人医疗护理计划试点，居家老年人的护理费用可以在城镇医保中予以支付。青岛市从2012年开始长期医疗护理保险制度试点，根据参与者的保险类型，长期医疗护理保险的资金筹集分别从职工基本医疗保险或者居民社会医疗保险基金中，按照一定的方式进行划转。

---

① 胡菁兰．家庭居室适老化改造机制研究 [J]. 经济研究导刊，2019（7）：138-139.

② 民政部．民政部“社区老年福利服务星光计划”实施方案 [R/OL].（2015-07-07）[2020-01-08]. https://www.yanglao.com.cn/article/50358.html.

③ 许江萍．中国养老政策目标与路径 [M]. 北京：中国市场出版社，2018：51.

在当前医养结合推进过程中，养老护理服务从业人员短缺是最大的问题。鉴于此，各城市对养老护理服务从业人员进行了直接的财政支持。如佛山市南海区2019年专门出台《养老机构服务人员就业补贴及岗位补贴试行办法》，对符合一定条件的养老护理员，可以申请5 000~10 000元的就业补贴及5 000~20 000元的岗位补贴。这种补贴资金被纳入南海区政府年度财政预算，由区、镇（街道）两级财政按一定比例分摊。南京市从2019年开始，对于养老护理服务从业人员，根据工作年限，除了由财政提供岗位补贴外，还按照不同学历层次实施不同标准的从业奖励。

二、财政支持城市机构养老服务供给的现状

当前，我国城市养老机构的财政支持政策主要包括养老机构床位建设补贴、床位运营补贴（包含特定老年人服务补贴）、养老机构引进专业护理人才奖励补贴、其他财政补贴（如银行贷款贴息、床位综合责任险补贴、养老机构购买医疗设备补贴等）以及相关税收优惠政策支持。

（一）对城市养老机构的财政支持政策

1. 支持机构养老建设的财政补贴

针对城市养老机构分不同类型进行补贴。公建民营及公办民营收住型养老机构，是按建设或扩建修缮成本的一定比例给予补贴，并设定补贴标准上限，或给予一次性床位建设补贴。如上海公建民营养老机构新增床位按每张床位建设成本的50%~75% 给予一次性补贴，最高不超过12万元①。针对提供社区上门、居家或网点养老服务的公办民营和公建民营型养老服务机构，则一般采取一次性建设资金补贴方式。如无锡对于新建居家养老服务机构、公办民营居家养老机构分别给予3万元至6万元的一次性建设补贴，而北京、上海等多地政府仅对

① 上海市人民政府. 上海市人民政府关于推进本市“十二五”期间养老机构建设的若干意见（沪府〔2012〕105号）[R/OL].（2012-11-08）[2021-01-08]. http://www.shlnb.cn/gb/shmzj/node8/node15/node55/node230/node262/u1ai40317.html.

新建民办非营利性养老机构给予一次性床位建设费补贴[①]。

2. 支持机构养老运营的财政补贴

对养老服务机构运营阶段实施财政补贴，主要用于社会办养老服务机构在实际运营中产生的水、电、气等生活成本，以及改善住养条件、提高服务质量所需的资金。当前，补贴对象一般指由社会力量投资建设或运营管理、具有法人资质的养老机构，即公建民营、民办公助型城市养老机构。此外，现在营利性养老机构（在工商部门注册的民办养老机构）也开始与非营利性民办养老机构享受同等的运营补贴政策。养老机构运营补贴的发放标准，一般根据收住老人的身体状况、提供的服务的质量、医疗能力及机构的信用状况确定。如北京市根据养老机构收养对象划分为每床每月100元、600元和700元三个级别的财政补贴。在以上补贴标准的基础上，如果养老机构在服务质量评比中被评为二星级，则在以上基础上再每床每月增加50元；若评为三星级，则在以上基础上再每床每月增加100元；若被评为四、五星级，每床每月增加150元。如果养老机构在内部医疗资源配置上有建设与投资，则可以在享受以上规定补贴的基础上，再按照每床每月增加50元予以补贴[②]。表3-1列出了我国部分城市对养老机构的养老服务财政补贴情况，其中就有相应城市支持机构养老运营的财政补贴信息。

3. 支持引进专业人才的财政补贴

当前，养老机构服务质量提升的关键是引进养老机构专业人才。为此，许多城市针对养老机构的人才引进设定了专门的财政补贴政策（见表3-1）。如根据厦门市2019年印发的《厦门市养老服务机构财政扶持资金管理办法》（厦民〔2019〕16号），对与厦门市养老机构签订不少于5年服务年限岗位聘用合同的

---

① 陈志勇，张薇．我国养老服务市场化中的财政补贴方式及标准测度 [J]. 求索，2017（1）：144-148.

② 北京市民政局．北京市养老机构运营补贴管理办法（京民福发〔2018〕411号）[R/OL].（2018-11-23）[2021-01-08]. http://www.beijing.gov.cn/zhengce/zhengcefagui/201905/t20190522_61627.html.

养老医护专业应届大专以上学历毕业生，市财政给每人补贴4万元。2016年山东省出台《山东省养老服务业转型升级实施方案》，对于入选“齐鲁敬老使者”的养老医护专业人才实施政府奖励制度，标准是每人每月1 000元。苏州市设立了最高达6万元 / 人的养老从业人员入职奖励补贴。北京市财政对养老机构专业护理人员设立不同等级的岗位补贴，中级养老护理员、高级养老护理员、护理师及高级护理师每人每月可以分别获得600元、900元、1 200元和1 500元的岗位补贴。

表3-1　我国部分城市对养老机构的养老服务财政补贴情况

城市	养老机构（供方）			
	建设期的一次性建设补贴（单位：元 / 床）			运营期
	公建民营	公办民营	民办公助	
北京	—	—	40 000~50 000①	100~1 050 元 /（人·月）
天津	30 000	6 000~12 000	15 000	1 050~2250 元 /（床·年）
上海	≤ 120 000	≤ 80 000	≤ 80 000	30~100 元 /（人·月）
深圳	—	—	15 000	100~200 元 /（床·月）
无锡	—	≥ 5 000	2 500~10 000	60~180 元 /（床·月）
南京	1 000~10 000	1 000~1 0000	1 000~10 000	30~200 元 /（床·月）
武汉	4 000	≥ 500	3 000	100~200 元 /（床·月）
长沙	—	5 000	10 000	160 元 /（人·月）
西安	—	2 000	1 000~4 000	30~90 元 /（人·月）
成都	35 000	5 000~6000	10 000~12 000	150/（人·月）

数据来源：根据地方民政局、财政局的养老补贴文件中公布的数据综合整理。

4. 其他财政补贴政策

除以上财政支持外，还有针对城市养老机构的贷款财政贴息、床位综合责任险补贴、养老机构购买医疗设备补贴等政策。关于贷款贴息，根据河北

① 北京市规定社会力量建设的非营利性养老机构一次性建设补贴标准为市级2万 ~2.5万元，并获得区级资金1∶1的配套支持。

省2017年印发的《关于深化财政支持养老服务体系建设改革的实施意见》，针对社会办非营利性养老服务机构，从2018年起按照人民银行1年期基准利率进行每个项目最高不超过100万元的财政贷款贴息，贴息资金全部由省财政承担。厦门市则针对以抵押方式融资1亿元以内的贷款，按照人民银行基准利率实施最长5年的财政贴息[①]。关于床位综合责任险，主要针对高龄老人容易出现摔跤等意外受伤情况，养老机构与老人家属出现责任划分不清，导致养老机构拒收这个群体的问题。为了化解这个问题，现在许多城市在推广床位综合责任险，但是该由养老机构还是由老年人来负担保险费用又成为新的问题。如果由养老机构负担，则无形中增加了养老机构的运营成本；如果由入住老年人负担，则增加了老年人的经济压力，所以现在许多城市确定将这一块由财政负担。如厦门市对于城市养老机构的床位综合责任险，按照公共资源市场化配置规定所确定的保险费补贴80%。厦门市规定针对养老机构购买医疗设备的财政补贴最高可达50万元。

（二）对城市养老机构的税收支持政策

当前，针对城市养老机构的税收支持政策主要体现在对企业所得税、增值税、耕地占用税、房产税、城镇土地使用税及个人所得税等的支持政策上。关于增值税的部分，2016年财政部与国家税务总局印发《关于全面推开营业税改征增值税试点的通知》（财税〔2016〕36号）中附件明确，养老机构提供的养老服务免征增值税。关于企业所得税部分，根据2019年财政部、国家税务总局印发的《关于实施小微企业普惠性税收减免政策的通知》（财税〔2019〕13号），对于营利性的养老机构，只要符合小微企业的条件，养老机构取得养老服务收入也是可以享受减征企业所得税的优惠政策的。关于个人所得税部分，《关于鼓励民间资本参与养老服务业发展的实施意见》规定，个人通过非营利性的社

① 厦门市民政局，厦门市财政局．厦门市养老服务机构财政扶持资金管理办法（厦民〔2019〕16号）[R/OL].（2019-03-07）[2021-01-08]. http://www.xm.gov.cn/zfxxgk/xxgkznml/szfgz/bmgfwj/201903/t20190322_2238413.htm.

会团体和政府部门间接向福利性、非营利性的民办养老机构进行捐赠，捐赠额可全额在税前扣除。关于房产税、土地使用税等部分，早在2000年财政部、国家税务总局印发的《关于对老年服务机构有关税收政策问题的通知》（财税〔2000〕97号）就明确，免征老年服务机构自用房产、土地、车船的房产税、城镇土地使用税、车船使用税；2015年民政部等部门发布的《关于鼓励民间资本参与养老服务业发展的实施意见》规定，对经批准设立的民办养老院内专门为老年人提供生活照顾的场所免征耕地占用税。

（三）对城市养老机构的其他支持政策

国务院办公厅印发的《关于推进养老服务发展的意见》（国办发〔2019〕5号）规定，到2022年民政部本级和地方各级政府要将用于社会福利事业的彩票公益金中不低于55%的资金，用于支持发展养老服务。目前福利彩票公益金对城市养老机构的支持有的是通过建设补贴的形式，如甘肃省针对社会办养老机构的一次性建设补贴资金是采取公共财政预算与福利彩票公益金各占一半的筹集方式，其中福利彩票公益金的这部分资金，又分别由省级福彩公益基金承担30%，市县级承担20%。此外，政府、金融机构建立的养老服务产业引导基金或者专项基金，也对社会办养老机构起到了很好的支持作用。如国家开发银行和中国农业发展银行采用专项基金方式，为各地养老服务产业提供融资支持1.96亿元。最后，社保部门的养老保险基金和医疗保险基金政策，主要围绕有效利用入住老年人的医保基金结余部分和养老保险基金入市支持养老机构建设与发展方面，但目前这些政策尚处于研究与试点阶段，还没有得到大面积推广。

三、财政支持城市养老服务供给的成效分析

近年来，我国越来越重视养老服务体系的建设和完善，财政政策支持城市养老服务供给的力度也越来越大，总体来看取得了一定成效。

（一）城市养老服务有效供给水平明显提升

财政支持城市养老服务供给，使城市养老服务的有效供给水平明显提升。

1. 使养老服务机构和床位供给数量实现快速增长

2009—2018年我国每千名老年人口拥有的养老床位数呈现快速上升趋势（见图3-2）。据民政部统计数据，2009年，全国各类老年福利机构有38 060个，床位有266.2万张。截至2018年年底，全国各类养老机构和设施有16.8万个，养老床位合计达到727.1万张，每千名老年人拥有养老床位29.1张[①]。2009—2018年，全国各类养老机构和设施年均增长率为17.9%，每千名老年人拥有床位数年均增长率为5.8%。

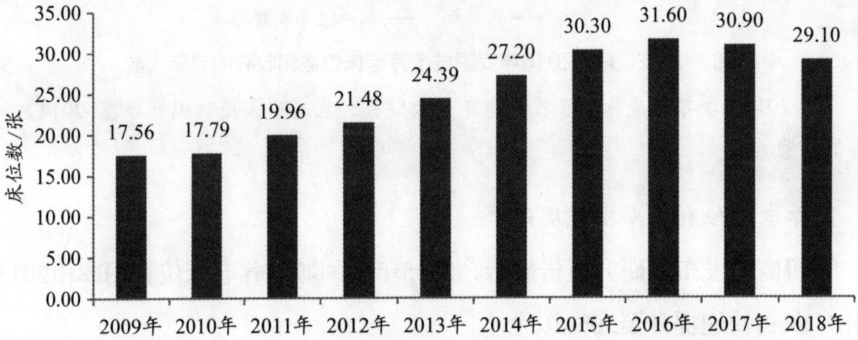

图3-2 2009—2018年我国每千名老年人拥有的养老床位数

数据来源：根据2009—2018年中国民政统计年鉴和民政事业发展统计公报整理。

2009—2016年我国城市养老床位数和收养的老年人数迅速增加（2014年数据缺失，见图3-3）。2009年，我国城市养老服务机构有5 291个[②]，床位49.3万张，年末收养老年人达32.3万人[③]。到2016年，我国城市养老服务机构数量增长至8 891个，床位达135.9万张，年末收养老年人66.6万人[④]。2009—2016年的城市养老服务机构数量年均增长率为7.7%，床位数量年均增长率为15.6%，收养

① 引自《2018年民政事业发展统计公报》。

② 从2011年开始，民政事业发展统计公报对于城市养老机构数量、城市养老床位数量等未进行详细说明，且将“各类老年福利机构”改为“各类养老机构和设施”。中国民政统计年鉴公布了“城市养老服务机构”数量，但公开的数据仅到2016年。

③ 引自《2009年民政事业发展统计公报》。

④ 引自《中国民政统计年鉴-2017》。

的老年人年均增长率为10.9%[①]。

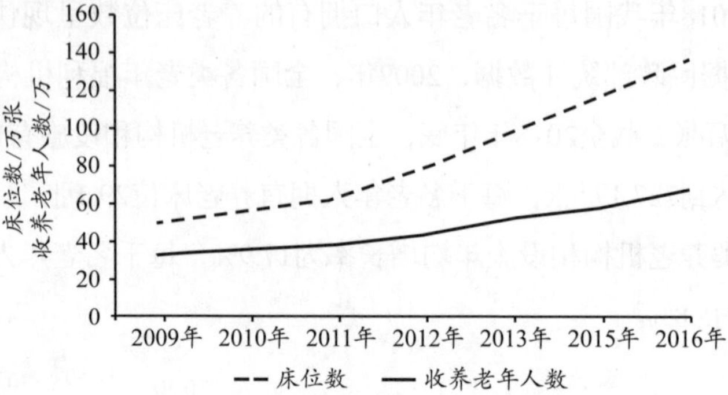

图3-3　2009—2016年我国城市养老床位数和收养的老年人数

注：2014年城市养老床位、收养老年人数缺失，因《中国民政统计年鉴-2014》只有全国的数据。

2. 养老床位利用率出现反弹

智研咨询发布的研究报告显示，2015年我国城市养老床位利用率由2013年的38% 左右快速提升至50% 以上。

3. 急需类养老设施得到均衡发展

我国居家和社区养老服务需求量较大。因有财政大力支持，这些年居家和社区养老设施的建设步伐明显加快。《2018年社会服务发展统计公报》显示，截至2018年年底，全国社区养老机构和设施达到4.5万个，社区互助型养老设施达到9.1万个；社区留宿和日间照料床位达347.8万张（见图3-4），在各类养老床位总数中占比达到47.8%，而这个比例在2013年仅为13.0%，总量也在2013年的64.1万张基础上增加了4倍多，2013—2018年年均增速高达40.25%。

（二）养老服务惠及覆盖范围扩大

近几年财政支持城市养老服务的力度和精准度都明显加大，老年人高龄津贴、养老服务补贴和护理补贴制度基本覆盖全国。老年人福利水平不断提高，生活质量有所提高。

① 因未找到2017年、2018年城市养老服务机构、床位等官方数据，因此只能统计到2016年。

1. 建立养老补贴制度的地区逐年增多

自2009年宁夏回族自治区第一个建立高龄津贴制度以来，我国开始推广“宁夏经验”，推动各地建立高龄津贴制度，并着手建立老年人护理补贴制度。

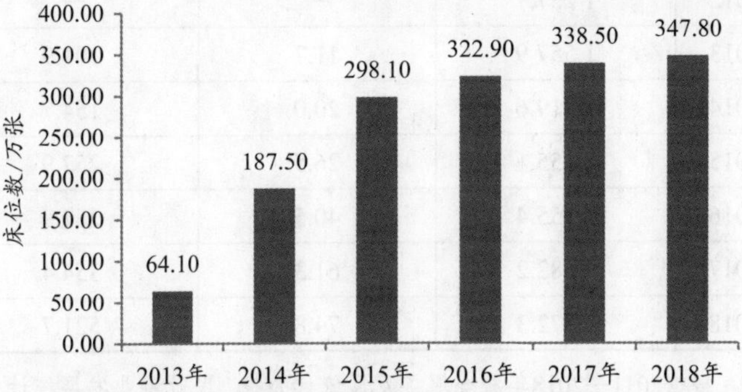

图3-4　2013—2018年我国社区留宿和日间照料床位数增长情况

数据来源：根据2013—2018年民政事业发展统计公报、社会服务发展统计公报整理。

2011年，全国有14个省级行政区建立高龄津（补）贴制度。2016年全国建立了高龄津贴制度的省级行政区增加到26个，有20个省级行政区建立了养老服务补贴制度，有17个省级行政区建立了护理补贴制度[①]。2019年全国建立了高龄津贴制度的省级行政区增加到31个，建立了养老服务补贴制度的省级行政区增加到30个，建立了老年人护理补贴制度的省级行政区增加到29个。

2. 享受养老补贴的老年人数逐年上升

中国民政统计年鉴从2011年开始公布享受高龄津贴的老年人数，2011年有883.1万人。2013年，该年鉴开始公布享受护理补贴的老年人数（2013年11.7万人）和享受养老服务补贴的老年人数（2013年101.9万人）。截至2018年年底，全国有2 972.3万老人享受高龄津贴，521.7万老人享受养老服务补贴，74.8万老人享受护理补贴[②]（见表3-2）。

① 民政部办公厅 .2016年民政部办公厅关于在全国省级层面建立老年人补贴制度情况的通报[EB/OL].（2016-08-23）[2021-01-08]. http://www.gov.cn/xinwen/2016-08/23/content_5101684.htm.

② 引自2012—2015年中国民政统计年鉴、《2018年民政事业发展统计公报》。

表3-2　2011—2018年享受养老补贴人数变化情况（单位：万人）

年份	享受高龄津贴人数	享受护理补贴人数	享受养老服务补贴人数
2011	883.1	—	—
2012	1 257.7	—	—
2013	1 557.9	11.7	101.9
2014	1 719.6	20.0	154.7
2015	2 155.1	26.5	257.9
2016	2 355.4	40.5	282.9
2017	2 682.2	61.3	354.4
2018	2 972.3	74.8	521.7

数据来源：根据2011—2018年社会服务发展统计公报、民政事业发展统计公报整理获得。

3. 各地养老补贴标准进一步提高

为贯彻落实《中华人民共和国老年人权益保障法》《国务院关于加快发展养老服务业的若干意见》（国发〔2013〕35号）、《关于建立健全经济困难的高龄、失能等老年人补贴制度的通知》（财社〔2014〕113号）要求，各地陆续在省级层面出台了针对经济困难的高龄、失能等的老年人的补贴政策。近年来，按照《关于制定和实施老年人照顾服务项目的意见》（国办发〔2017〕52号）和《国务院关于推进养老服务发展的意见》（国办发〔2019〕5号）等文件的要求，各地的养老补贴标准都有所提高。如北京市的养老补贴包括困难老年人养老服务补贴、失能老年人护理补贴、高龄老年人津贴三类。2016年，北京市民政局对居家养老服务补贴和残疾老年人享受的困难老年人养老服务补贴的范围和标准一致，都是规定80周岁及以上且具有北京市户籍的老年人才可以享受政策性补贴。而自2019年10月1日起，北京市针对经济困难老年人、失能老年人、高龄老年人新提供三类养老服务补贴津贴，对三类补贴津贴的申请条件和补贴标准均进行了调整①，新增困难老年人养老服务补贴、失能老年人护理补贴；80~89周

① 引自北京市民政局、北京市财政局等《关于印发〈北京市老年人养老服务补贴津贴管理实施办法〉的通知》。

岁老年人高龄津贴的原政策中止，延续原政策标准整合形成津贴标准新政策；接续原政策标准并提高90周岁及以上老年人的高龄津贴标准。北京市2016年和2019年的养老补贴标准变化情况见表3-3。

表3-3　北京市2016年与2019年的养老补贴标准变化情况

<table>
<tr><th rowspan="2">类别</th><th colspan="3">补贴范围和标准</th></tr>
<tr><th>2016 年</th><th colspan="2">2019 年</th></tr>
<tr><td>高龄老年人津贴</td><td>90~99 周岁，100 元 / 月；
100 周岁及以上，200 元 / 月</td><td colspan="2">80~89 周岁，100 元 / 月；
90~99 周岁，500 元 / 月；
100 周岁及以上，800 元 / 月</td></tr>
<tr><td rowspan="3">护理服务补贴</td><td rowspan="3">60~79 周岁重度残疾人，100 元 / 月；
80 周岁及以上老年人，100 元 / 月</td><td>经能力综合评估为重度失能，一级的视力、肢体、智力、精神残疾，二级的智力、精神残疾老年人中的多重残疾老年人</td><td>600 元 / 月</td></tr>
<tr><td>二级的视力、肢体残疾，二级、三级的智力、精神残疾老年人</td><td>400 元 / 月</td></tr>
<tr><td>一级、二级的听力、言语残疾老年人</td><td>200 元 / 月</td></tr>
<tr><td>养老服务补贴</td><td>60~79 周岁重度残疾人，100 元 / 月；
80 周岁及以上老年人，100 元 / 月</td><td colspan="2">享受低保待遇的，300 元 / 月；
低收入家庭中未享受低保待遇的，200 元 / 月；
计划生育特殊家庭且不符合前述条件的，100 元 / 月</td></tr>
</table>

注：根据2016年民政部办公厅公布的《全国省级层面高龄津贴制度建立情况统计表》《全国省级层面养老服务补贴制度建立情况统计表》《全国省级层面护理补贴制度建立情况统计表》及2019年北京市民政局公布的《北京市老年人养老服务补贴津贴管理实施办法》整理获得。

第三节　财政支持城市养老服务供给的问题分析

在对上一节关于财政支持城市养老服务供给现状分析、成效评价的基础上，本书针对性地提出财政支持存在的问题。

一、财政支持城市居家和社区养老服务供给的问题

（一）财政支持生活照料服务供给存在的主要问题

1. 面向老年人的财政补贴政策有待进一步完善

2016年国务院办公厅印发《关于全面放开养老服务市场提升养老服务质量的若干意见》，明确提出，各地要“统一设计、分类施补，提高补贴政策的精准度”①。当前各城市所出台与实施的老年人养老补贴政策与措施，在“统一设计”和“提高补贴政策的精准度”上还存在较大差距。正如李萌所指出的，当前针对老年人的高龄津贴、养老服务补贴及护理补贴，尤其高龄津贴的立法和实际执行层面均存在差异，判定高龄津贴属于社会救济还是社会福利的争议是矛盾的焦点②。从这个意义上讲，目前各城市实施的老年人养老补贴在法律层面和顶层设计上有所欠缺。在“提高补贴政策的精准度”方面，通过梳理十多个城市的养老补贴政策，笔者发现政策的制定和实施，一般都是围绕“扩面提标”的目标展开，很少基于提高补贴政策对象识别的精准度和政策目标的精准度，开展老年人养老补贴方式和政策的创新。

2. 对居家和社区养老服务机构运营的财政支持力度不够

实践中财政对居家和社区养老服务机构运营的支持力度不够，主要体现在两个层面：

（1）政府财政投资建设的居家和社区养老服务机构存在运营困难。笔者在S市几个社区日间照料中心和社区养老服务中心走访调研，发现这些前期由政府财政投资建设的社区养老服务设施，多数存在运营困难、养老功能发挥不充分的弊端，具体表现为：一是若干社区日间照料中心的床位大量闲置，针对失能老人、半失能老人的日间照料服务功能没能充分发挥；二是部分社区养老服务中心缺乏相应的服务供给配置，导致中心成为老人们自发组织活动和集会

---

① 国务院办公厅．国务院办公厅关于全面放开养老服务市场提升养老服务质量的若干意见（国办发〔2016〕91号）[R/OL].（2016-12-23）[2021-01-08]. http://www.gov.cn/zhengce/content/2016-12/23/content_5151747.htm.

② 李萌．支持我国养老服务体系发展的财税政策研究 [D]. 北京：财政部财政科学研究所，2015.

的场所；三是由于很多老年活动中心缺乏必要的日常运营支持与设施维护，加上宣传力度不够，使得活动中心越来越冷清，最后干脆关门不再开放。

导致以上局面出现的原因主要在于：一是政府对居家和社区养老服务机构的支持存在重硬件设施建设、轻运营支持的倾向。针对养老机构床位数的总量短缺问题，财政补贴投资的重点放在了养老机构设施建设上，地方政府也主导投资建设了较大体量的养老机构。机构养老可以采取公建民营的方式，实现养老机构的长期运营，但是社区养老服务中心和日间照料中心更多是提供公益性的养老服务，自我营利与“造血”的能力差，只能由政府或者社会持续提供运营支持，才可以实现可持续经营。但是现实情况是地方政府很难为这些机构提供足够与持续的财政支持，导致出现设施闲置、服务缺位和经营困难的局面。二是没能调动与发挥社会组织和社会资本的功能与作用。国外的发展经验表明，公益性社会组织与志愿者群体是居家和社区养老服务有效供给的重要力量。当前我国针对激励这股力量参与居家和社区养老服务供给的体制机制尚不健全，如何完善公益性、非营利性社会组织的公益性财政补贴机制以及构建社会志愿者的社会支持机制，将是财政支持居家和社区养老服务供给侧结构性改革的重点内容。

（2）对社会资本投资运营的小型化、专业化居家和社区养老服务机构补贴不足。根据笔者在 S 市相关社区养老机构的走访调研情况看，当前政府财政更倾向于支持投资建设大型养老机构和养老产业园，而对于小型化、专业化的居家和社区养老服务机构或服务中心的财政支持力度不够，导致其经营十分艰难。一位受访的居家和社区养老服务中心的负责人坦言：“虽然现在从中央到地方都在鼓励发展养老服务业，居家和社区养老这块是看上去前途光明，但实际经营却是异常艰难。”受访者普遍反映助餐服务目前是亏损经营，原因在于考虑到老年人的经济条件，社区日托中心的服务项目定价普遍低于大型全托养老机构，如服务中心的午餐有两荤两素一汤，售价仅为8元，以每天卖出100份总收入800元计算，扣除原料、人工、水电、房租等固定开支后，中心的助餐服务每天亏损将近120元，相当于每卖出1份要亏1.2元，每年仅助餐服务一项就要亏损4万多元。2017年 S 市印发的《支持居家养老服务发展的若干政策（试行）》对于在社区建设的居家养老服务中心或日间照料中心设立了不同级别的运营补贴标准。但是，一方面，这种政策文件上的补贴能否真正落实本身就是问题；另一方面，政策文件中规定的运营补贴相较不断上涨的人工、原材料等成本依然较低，居家养老服务中心或日间照料中心保运转的难度比较大。

3. 政府购买居家和社区养老服务的市场竞争性不强

政府购买居家和社区养老服务是政府采购的一部分，政府与承接主体即服务供给者之间是一种契约关系，双方在地位平等的基础上签订合同，并非包含和被包含、依附和被依附的关系[①]。适度的市场竞争对于居家和社区养老服务市场的发育也十分关键。适度的市场竞争不仅可以提升服务供给的质量和效率，还可以减少政府许多不必要的财政投入。但是调研发现，地方政府往往忽略了居家和社区养老服务供给市场的培育，而直接选择形式性购买或委托性购买的方式，造成的后果主要体现在两个方面：一是被政府重点扶持的居家和社区养老服务供给主体缺乏改进服务质量、提升服务效率、创新服务模式的动力，久而久之，服务质量和服务效率下降，缺乏必要的市场竞争力；二是这种垄断性购买一定程度上对计划进入居家和社区养老服务市场的经营主体产生了挤出效应，造成整个服务供给市场的效率低下。

（二）财政支持适老性住宅建设及社区硬件设施配套存在的主要问题

当前，财政支持适老性住宅建设及社区硬件设施配套存在的主要问题在于资金来源有限。笔者通过调研走访 S 市相关老旧小区或困难老年人家庭的适老化改造项目，发现前些年实施完成的小区公共区域适老化改造项目，以及部分困难或独居老年人家庭的设施适老化改造项目，其项目资金的主要来源是城市老旧小区改造专项资金。随着中央相关文件的出台，特别是国务院办公厅印发《关于全面放开养老服务市场提升养老服务质量的若干意见》以及民政部“社

① 王成，赵东霞，李冰杰．财政支持视角下政府购买居家养老服务探析 [J]. 地方财政研究，2016（8）：90-95.

区老年福利服务星光计划”实施以后，各地的改造资金来源渠道，由城市老旧小区改造专项资金的单一来源渠道，逐步向政府财政资金、彩票福利金和社会捐助等多渠道转变。但是，由于这些资金规模非常有限，使得当前能够推动实施的适老化改造项目数量、规模及有需求老年群体的覆盖面都非常有限。如何加快构建面向广大老年家庭和老旧小区适老化改造项目的多渠道融资机制，构建政府补贴、产业引导和业主众筹等多渠道支撑的融资格局，提高我国城市适老化改造项目的资金供给能力，依然需要各城市去进一步探索和创新。

（三）财政支持居家和社区养老医疗卫生服务供给存在的主要问题

城市居家和社区养老医疗卫生服务本质上是在居家和社区养老服务的基础之上，将医疗健康和精神慰藉服务引进居家养老家庭的服务模式。其具体内容包括健康咨询、护理指导、日常巡诊、双向转诊、慢性病干预、分层管理、心理慰藉、用药指导、临终关怀等。这种服务模式的建立，需要整合民政、卫生、社保等多个部门的资源。当前财政支持居家和社区养老医疗卫生服务供给的重点任务，是引导社会医疗卫生资源进入城市居家和社区养老医疗卫生服务中来，同时补齐相关的基础设施短板。但是，就目前财政支持居家和社区养老医疗卫生服务供给的现状看，存在的主要问题是没有形成稳定的财政资金投入机制。当前，大部分城市基于试点为特定老年群体提供医疗护理的财政补贴。这种财政补贴没有明确的标准，一般根据当地财政状况的好坏而定，没有形成诸如养老助残服务事业发展大额专项资金、长期医疗护理保险等固定的筹资办法[①]，医疗卫生服务的质量和可持续性无法得到有效保障。

二、财政支持城市机构养老服务供给的问题

基于前文分析，可以发现当前针对城市养老机构的财政支持政策，已经比较全面与完善，并且政策还在不断改进与完善。但是，总体来看依然有两个方面的问题比较突出。

---

① 时小喻 . 社区居家医养结合养老模式研究 [D]. 青岛：青岛大学，2016：38.

（一）优惠政策难落实

近年来，中央、地方政府比较密集地出台了一系列支持养老服务业发展的方案与意见，在政策保障或支持部分都会提出相关的具体政策举措。但是，在调研走访中会发现，这些政策落实情况较差，主要的问题有：

1. 财政补贴的申请条件较严格

前些年很多城市规定养老机构申请建设补贴，必须有房屋或土地产权证书，即有自有房产的养老机构才可以申请到财政的一次性建设补贴，而那些租赁场地经营的养老机构自然不满足补贴申请条件。不过近两年这种情况已经发生了改变，如2019年厦门出台的《养老服务机构财政扶持资金管理办法》就明确了，通过租赁房屋等方式增加床位的也可以申请床位建设补贴，但是还有两个附加条件，即养老机构必须提供50张以上的床位，且租赁期限必须在5年以上。床位数少、租赁期限短的小型养老机构，根本没资格申请床位建设补贴。

2. 城市养老机构的相关价格优惠政策很难落实

近些年中央和地方出台的支持养老服务业发展的文件与意见中，在政策保障部分基本上都会提到针对养老机构运行过程中水、电、气的使用实施价格优惠。但是对养老机构走访得知，这个政策落实难度大，症结在于城市自来水公司、电网公司、燃气公司属于自主经营的市场化经营主体，如果在出台养老服务发展支持政策时，不同时给予水、电、气的生产提供方相应的政策或财政补贴，这些提供方会找出各种理由，抵制政策的顺利落地。

3. 贷款优惠政策难以落实

很多公办民营或民办公助的非营利性养老机构，由于对养老机构场地没有所有权，缺乏担保抵押物，很难从银行获得贷款，因此不能享受财政贷款贴息的优惠政策。

（二）补贴标准欠科学

在政策实践中，如何科学选择财政补贴方式及确定补贴标准，一直是困扰养老服务市场化财政补贴的难题。从补贴的标准来看，目前补贴的标准各式各样，如有的建设期补贴是按新增床位建设成本的一定比例进行补贴，有的是对每张床位补贴固定金额[①]。笔者在相关城市的民政部门走访时，特别就养老服务机构财政扶持资金管理办法类似文件的起草提问，结果发现，针对养老机构的建设补贴、运营补贴标准如何确定的问题，很少有城市是通过课题研究、模型测算出来的，基本上都是比照其他城市的标准，然后结合本地财政的实际状况，提出一个草案，最后交由领导层决定。这种决策方法存在弊端，再加上没有相应的政策效果评价机制，使得财政补贴政策缺乏应有的针对性与科学性。

① 陈志勇，张薇．我国养老服务市场化中的财政补贴方式及标准测度 [J]. 求索，2017（1）：144-148.

第四章　财政支持对城市养老服务供给影响的实证研究

本章围绕财政支持对城市机构养老、居家和社区养老服务供给的影响分别进行实证研究。关于财政支持对城市机构养老服务供给的影响，首先通过对目前政府统计口径中的相关数据进行全面搜集与整理，就财政支持对城市机构养老服务供给的影响进行初步的探索性实证分析；接着，采取 t 检验方法，分析财政政策变化对城市机构养老服务供给质量、数量及效率的影响。关于财政支持对城市居家和社区养老服务供给的影响，选择 S 市作为实证案例，通过问卷调查、半结构化访谈等方式，着重围绕财政支持对居家和社区养老服务供给效果以及对供给主体行为的影响进行实证分析。

第一节　财政支持对城市机构养老服务供给数量影响的实证分析

相对于西方发达国家，我国养老服务业的发展时间较短。在近几十年经济的市场化转型过程中，我国养老服务的内容及支持政策变化的幅度非常之大，所以养老服务数据的连续性与可获得性存在较大的问题，这也是导致目前理论界关于养老服务供给宏观层面与中观层面的实证研究文献较少的主要原因。本节通过对目前政府统计口径中的相关数据进行全面搜集与整理，试图采用一种“试错”的方式，对财政支持对城市机构养老服务供给的影响进行探索性实证分析。

一、指标选择与变量说明

（一）被解释变量：城市机构养老服务供给

目前，中国民政统计年鉴中“城市养老服务机构”提供的统计指标数据，包括机构数、年末职工人数、年末床位数、机构建筑面积等。鉴于实证分析数据采集样本量的需要，本书用城市养老机构年末床位数作为城市机构养老服务供给数量的度量变量。

（二）解释变量：城市机构养老服务供给的财政支持

城市机构养老服务作为准公共产品，其供给的规模和质量由很多因素决定。20世纪50年代初，弗布里坎特（Faburicant）曾利用人均收入、人口密度和城市化水平三个相关因素对美国公共产品供给规模扩大的趋势进行过实证研究，推动了公共产品供给领域的研究①。有学者认为，发展中国家的财政收入有限，因此约束了公共产品供给规模。进一步分析发现，政府公共产品的供给还跟政府公共产品供给的决策偏好有关。阿纳迪（Anandi）和沙润（Sharun）研究指出，由于政府也是理性经济人，在公共服务供给决策中偏好能最大化其自身利益的公共服务，进而对公共服务供给产生影响②。这也就是说，即使一个财政收入充裕的政府，由于政府决策偏好的存在，对于某类公共产品的供给也会存在财政支持不足的问题。鉴于以上原因，分析财政因素对城市机构养老服务供给的影响，用政府对公共产品生产、建设的投资等政府财政建设投资变量进行实证分析更为合理。

我国城市机构养老服务供给的财政支持体现在两个方面：

（1）中央与地方政府对养老机构与设施的建设投资。这些投资涵盖了城

---

① FABURICANT S.The trend of government activity in the United States since 1900[M]. New York:National Bureau of Economic Research, Inc., 1952.

② ANANDI M, SHARUN M. Democracy, visibility and public good provision[J]. Journal of development economics, 2007(83):506-529.

市养老机构、社区及居家养老机构设施建设的财政投资部分。在中国民政统计年鉴的“中央专项基本建设投资对账单”中列出了年度全国及各省级行政区养老基本建设的规模及中央与地方政府投资的规模。

（2）政府购买服务与养老财政补贴。全国及各省级行政区的政府购买城市养老服务的财政支出规模还很小，没有正式的指标统计；养老财政补贴目前有养老服务补贴、高龄津贴、护理补贴等，在中国民政统计年鉴中只有享受各类养老财政补贴的人数统计，没有财政资金规模数据。鉴于数据的可获得性，采用中央与地方政府养老基本建设投资作为政府对城市机构养老服务供给财政支持的度量指标。

（三）控制变量：城市人口总量规模、社会老龄化程度、经济发展水平

除了财政支持对城市机构养老服务供给有影响外，还有很多变量对其造成影响。根据影响的大小，选取对城市机构养老服务供给影响较大的变量作为控制变量，首先是人口学因素。人口学因素有两个层面的影响：

（1）当前的社会老龄化程度。老龄化程度越高，整个社会对养老服务供给即期需求的紧迫程度越高。在实证分析中用“城市人口老年抚养比”作为度量指标，数据来源于历年的中国人口与就业统计年鉴。

（2）城市人口总量规模。一个城市的人口总量规模越大，其对机构养老服务供给的即期需求和远期需求的总量规模相应也越大。在以下的实证分析中，用“城镇总人口”作为度量指标，数据也来源于历年的中国人口与就业统计年鉴。

其次是经济发展水平因素。一个地区的经济发展水平是影响该地区公共服务供给水平的主要因素。从理论上讲，地方经济发展水平高则意味着该地区有充足的财政来源；财政收入较高往往意味着地方政府有相应的财政能力进行更大规模的公共服务投入[①]。但是许多实证研究表明，由于存在地方政府的区际

① 刘德吉．民生类公共服务财政支出规模的影响因素研究：基于中国省级面板数据的分析 [J]. 华东理工大学学报（社会科学版），2011（6）：66-73.

竞争，地方政府具备投入的财政实力并不会必然导致其有意愿提高对辖区内公共服务供给的投入。换句话说，经济发展水平与政府对城市养老服务供给的财政投入并非存在严格的正相关关系。因此，在实证分析中，把经济发展水平作为控制变量加进来。地区经济发展水平可以用国内生产总值（Gross Domestic Product，GDP）或者人均 GDP 来度量。在以下的实证分析中，采用的是人均 GDP，其原因在于：一是我国各省级行政区在人口数、土地面积等方面存在较大差异，拿经济总量做比较意义不是很大；二是人均 GDP 能较好地反映出各省级行政区的人均实际产出水平[①]。

二、数据来源及描述性统计

根据以上变量指标官方数据的可得性，选取了全国29个省级行政区2010—2017年的面板数据，数据来源于相应年份的中国民政统计年鉴、中国人口与就业统计年鉴及中国统计年鉴。个别省级行政区个别指标数据的缺失则采用拉格朗日插值法进行处理。

如表4-1所示，从我国各省级行政区的城市养老机构服务供给的数量看，各省级行政区的城市养老机构年末床位数差距较大，最少的省级行政区只有240张，具体是2012年的青海省，最多的省级行政区有164 988张，具体是2017年的江苏省。就养老机构与设施的政府财政建设投资而言，2010—2017年平均

表4-1　被解释变量、解释变量及控制变量的描述性统计

变量		观测值	平均值	标准差	最小值	最大值
被解释变量	城市养老机构年末床位数 / 张（*bednum*）	232	34 513.17	33 485.37	240	164 988
解释变量	政府财政建设投资 / 万元（*ccinvest*）	232	17 443.82	10 154.27	209	54 449
控制变量	城市人口老年抚养比 /%（*oldratio*）	232	11.40767	2.701 771	1.82	18.23
	人均 GDP/ 元（*percgdp*）	232	49 234.72	23 778.49	13119	128 994
	城镇总人口 / 万人（*urbanpopul*）	232	2 456.81	1 505.67	251.6254	7 802

① 刘军，徐康宁．产业集聚、经济增长与地区差距：基于中国省级面板数据的实证研究 [J]．中国软科学，2010（7）：33-39.

每个省级行政区的财政投资为17 443.82万元，投资规模最大的是2010年的江苏省，达到了54 449万元，最少的是2010年的山西省，仅为209万元。

三、模型构建与结论分析

被解释变量为城市养老机构年末床位数（*bednum*），解释变量为政府财政建设投资（*ccinvest*），控制变量为城市人口老年抚养比（*oldratio*）、人均 GDP（*percgdp*）、城镇总人口（*urbanpopul*）。其中，城市养老机构年末床位数、政府财政建设投资及人均 GDP、城镇总人口取自然对数。被解释变量、解释变量及控制变量的描述性统计见表4-1。构建随机效应模型如下：

$$\ln bednum = \ln ccinvest + oldratio + \ln percgdp + \ln urbanpopul \quad (4\text{-}1)$$

利用计量软件 Stata 15.0，计算得到随机效应模型的计量结果（见表4-2）。

表4-2　随机效应模型的计量结果

解释变量	ln*bednum*	
	系数（*Coef.*）	*P*>|*z*|
ln*ccinvest*	0.169 91	0.000
ln*percgdp*	1.388 89	0.000
ln*urbanpopul*	0.498 62	0.000
oldratio	0.034 99	0.012
常数（_*cons*）	−10.737 22	0.000
拟合优度（R^2）	0.727 7	

从表4-2所示的计量结果看，在1%的显著性水平下，政府财政建设投资对促进城市机构养老服务供给数量的增加具有显著的正向促进作用。正向促进的具体程度，从模型的系数看，政府财政建设投资每增加1%，城市养老机构年末床位数量则增加约0.17%。其他控制变量如人均 GDP、城市总人口、城市老年抚养比，均与城市机构养老服务供给数量的增加显著正相关。具体而言，人均 GDP 每提高1%，城市养老机构床位数相应增加1.389%；城市总人口每增加1%，城市养老机构床位数相应增加0.499%；城市人口老年抚养比每提高1%，

城市养老机构年末床位数相应增加0.035%。

接下来，考虑区域差异情形下财政投资对城市机构养老服务供给数量的影响。首先把全国省级行政区[①]以东、中、西三大区域板块划分为三组，即根据通常的区域划分标准，东部区域组主要包括北京市、天津市、河北省、上海市、江苏省、浙江省、福建省、山东省、广东省，中部区域组主要包括山西省、安徽省、河南省、江西省、湖北省、湖南省，西部区域组主要包括内蒙古自治区、广西壮族自治区、重庆市、四川省、贵州省、云南省、山西省、甘肃省、青海省、宁夏回族自治区、新疆维吾尔自治区、黑龙江省、吉林省、辽宁省[②]。基于随机效应模型，即式（4-1），利用相应区域2010—2017年的面板数据进行计量分析，结果如表4-3所示。

表4-3　分区域财政建设投资对城市机构养老服务供给数量影响的计量结果

变量	ln*bednum*（东部区域）		ln*bednum*（中部区域）		ln*bednum*（西部区域）	
	Coef.	*P*>|*z*|	*Coef.*	*P*>|*z*|	*Coef.*	*P*>|*z*|
ln*ccinvest*	0.186 057	0.000	0.194 214	0.086	0.148 708	0.073
ln*percgdp*	1.511 686	0.000	1.395 865	0.000	1.227 25	0.000
ln*urbanpopul*	0.121 446	0.065	0.765 430	0.068	1.134 22	0.000
oldratio	0.010 594	0.582	−0.027 53	0.252	0.062 27	0.006
_cons	8.929 538	0.000	12.507 93	0.000	13.776 16	0.000
R^2	0.786 4		0.535 3		0.834 3	

如表4-3所示，东部、中部、西部区域各省级行政区的政府财政建设投资对城市机构养老服务供给数量具有显著的正向促进作用。其中，东部区域省级行政区的政府财政建设投资每增加1%，城市养老机构年末床位数相应增加0.186%；中部区域省级行政区的政府财政建设投资每增加1%，城市养老机构年末床位数相应增加0.194%；西部区域省级行政区的政府财政建设投资每增加1%，城市养老机构年末床位数相应增加0.149%（见图4-1）。

① 由于数据缺失太多，我国港澳台地区、海南省与西藏自治区不包含在列。

② 由于东北地区只有黑龙江省、吉林省、辽宁省三个省，本书将其统一归类到西部区域。

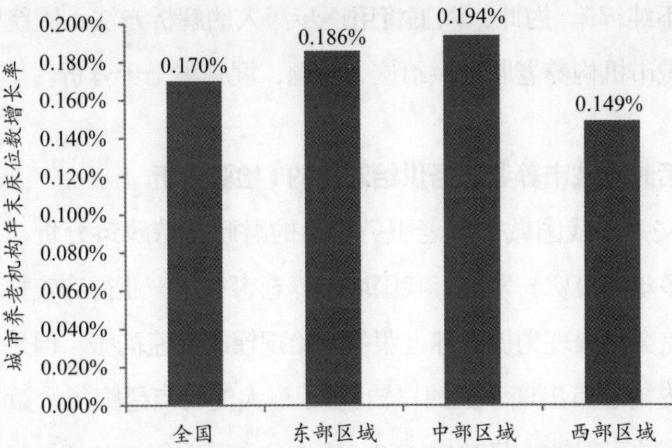

图4-1　全国及东部、中部、西部区域政府财政建设投资与城市养老机构年末床位数的关系

第二节　财政政策变化对城市机构养老服务供给影响的实证分析

本章第一节的初步分析显示，财政建设投资对城市机构养老服务的供给具有显著的正向促进作用，且在不同区域，这种正向促进作用存在较明显的差异。但是，由于数据获得的局限，以上实证分析存在以下两个方面的问题[①]：

（1）被解释变量城市养老机构年末床位数构成比较复杂。通过调研发现，该指标数据既有因为财政投资新建产生的年度增量，还包括前些年投资建设遗留下的存量，而且每年还有很多城市养老机构由于经营不善等原因关闭退出。因此在计量分析时，很难通过前后两年养老床位数相减把年度投资新建所产生的养老机构床位增量有效剥离出来，造成计量分析上的偏误。

（2）解释变量是城市机构养老服务供给的财政支持，这里面既包括对城市养老机构的建设投资，还包括对城市社区养老机构设施的建设投资，同时包括部分对农村养老机构与设施的建设投资，所以“政府财政建设投资”这个替

① 目前，与本书选题相近的研究文献也普遍存在这类问题。

代变量也“不纯粹”。为此，以下将用逐步深入的解析方法，围绕财政支持政策变化影响城市机构养老服务供给这一问题，展开进一步分析。

一、前后时段城市养老服务供给对比的 t 检验分析

根据前文关于我国城市养老服务供给的财政支持政策分析，自2000年开始，经过十多年的投资与发展，我国城市养老事业与产业得到较快的发展，政策支持的重点突出表现为促进养老服务供给规模的快速扩张。但是2014年政府出台的财政支持政策出现了大的“转型”，最大的特点是突出政策支持的精准化。基于数据的可得性，将2010—2017年划分为前四年（2010—2013）和后四年（2014—2017）两个时间段，对城市机构养老服务供给的关键性指标及财政支持力度进行统计对比分析。

（一）城市机构养老服务供给数量的前后实证比较

分别以2010年和2014年为基年，计算这两个时间段的城市机构养老床位新增量 S[①]。2010—2013年，我国城市机构养老床位共计增加了395 829张，新增养老床位最多的是江苏省，达到80 448张，新增床位最少的是吉林省，总共减少了7 342张，平均每个省级行政区新增床位为13 649张。2014—2017年，我国城市机构养老床位总共新增353 801张，新增养老床位最多的是吉林省，达到55 163张，新增床位最少的是天津市，总共减少了3 094张，平均每个省级行政区新增床位为12 200张。对比前后两个时间段，无论是城市机构养老床位数总增加量还是省级行政区床位数的平均增加量，2014—2017年这个时间段均低于2010—2013年时间段（见表4-4）。

（二）城市机构养老服务供给效率的前后实证比较

城市机构养老服务供给除了供给数量外，供给效率与供给质量是另外两个需要关注的维度。就供给效率而言，政府财政投资建设养老服务设施的要求之

① 进入统计的省级行政区与第一节一样，是除我国港澳台地区、海南省与西藏自治区外的29个省级行政区。

表4-4　城市机构养老服务供给数量的前后比较

城市机构养老床位数 / 张	2010—2013 年	2014—2017 年
总增加量 S	395 829	353 801
增加量最大值 S_{max}	80 448	55 163
增加量最小值 S_{min}	−7 342	−3 094
平均增加量 $\bar{S}$	13 649	12 200

一，就是希望这些设施能够被高效地利用，而不是建成之后被闲置或者处于半闲置状态。在历年的中国民政统计年鉴中，关于城市机构养老服务的指标统计中有“年在院总人天数”，本书拟用这个指标除以“年末床位总数”，得到指标“城市机构养老服务养老床位利用效率 [人天 /（年•床）]”，以此来度量城市机构养老服务的供给效率。该指标数值越大，意味着城市机构养老服务的供给效率越高。

对于城市机构养老服务供给效率高低的前后比较，本书采用 t 检验方法。t 检验是用于两个样本平均值差异程度的检验方法。它是用 t 分布理论来推断差异发生的概率，从而判定两个平均数的差异是否显著。t 检验的适用条件为样本分布服从正态分布。t 检验的应用条件有两个：一是当样本容量较小时，要求样本取自正态总体；二是做两样本均数比较时，要求两样本的总体方差相等。具体步骤与计算过程如下：

第一步，检验两样本是否服从正态分布。原假设为样本服从正态分布，如果 P 值很小，拒绝原假设，说明两样本不服从正态分布；否则，接受原假设，认为两样本服从正态分布。分别记2010—2013年城市机构养老服务的供给效率变量为 $uebed_1$，2014—2017年的则记为 $uebed_2$。对两个样本进行正态分布检验，结果如下：根据表4-5的检验结果，两个样本的 P 值很小，拒绝原假设，即两个样本变量 $uebed_1$ 和 $uebed_2$ 均不服从正态分布。

第二步，正态变换。既然两个样本变量 $uebed_1$ 和 $uebed_2$ 均不服从正态分布，那就通过正态变换，分别得到变量 $bcuebed_1$ 和 $bcuebed_2$。

第三步，方差齐性检验。如果方差相等，则直接进行 t 检验；如果方差不等，则仍可进行近似 t 检验或者秩和检验。

表4-5　两个样本是否服从正态分布的检验结果

变量	样本量	*W* 值	*V* 值	*Z* 值	*P* 值
$uebed_1$	116	0.975 29	2.310	1.873	0.030 56
$uebed_2$	116	0.966 83	3.102	2.532	0.005 68

表4-6显示，变量 $bcuebed_1$ 和 $bcuebed_2$ 的方差不相等。

表4-6　正态变换后的变量方差齐性检验

变量	样本量	均值	标准误差	标准方差	95% 的置信区间
$bcuebed_1$	116	388.886	15.178 18	163.474	[358.821，418.951 1]
$bcuebed_2$	116	170.47	5.648 638	60.837 69	[159.281 1，181.658 8]
合计（*combined*）	232	279.678	10.812 8	164.695 7	[258.373 7，300.982 3]

第四步，t 检验。因为变量 $bcuebed_1$ 和 $bcuebed_2$ 的方差不相等，只能对变量 $bcuebed_1$ 和 $bcuebed_2$ 进行近似 t 检验，结果如表4-7所示。

表4-7　两个样本均值差异性的近似 t 检验结果

变量	样本量	均值	标准误差	标准方差	95% 的置信区间
$bcuebed_1$	116	388.886	15.178 18	163.474	[358.821，418.951 1]
$bcuebed_2$	116	170.47	5.648 638	60.837 69	[159.281 1，181.658 8]
combined	232	279.678	10.812 8	164.695 7	[258.373 7，300.982 3]

表4-7的近似 t 检验结果显示，$bcuebed_1$ 和 $bcuebed_2$ 的均值不相等，且在统计学意义上，2010—2013年我国城市机构养老服务的供给效率，整体高于2014—2017年我国城市机构养老服务的供给效率。

（三）城市机构养老服务供给质量的前后实证比较

城市机构养老服务供给质量的好坏，包括硬件设施质量与服务质量水平。但是，由于硬件设施质量的好坏以及服务质量水平均没有具体的统计指标进行描述，本书用“城市养老机构每千张床位配备的服务人员人数（人/千张）”来度量城市机构养老服务的供给质量。该指标的数值越大，意味着城市机构养老服务的供给质量越高。为了比较前四年（2010—2013）和后四年（2014—2017）两个时间段我国城市机构养老服务的供给质量 *squality*，以下也采取 t 检验方法，对前后两个时间段的我国城市机构养老服务供给质量的整体水平进行比较。具体步骤与计算过程如下：

第一步，检验两样本是否服从正态分布。原假设为样本服从正态分布，如果 *P* 值很小，拒绝原假设，说明两样本不服从正态分布；否则，接受原假设，认为两样本服从正态分布。记2010—2013年城市机构养老服务供给质量变量为 $squality_1$，记2014—2017年的为 $squality_2$。对两个样本进行正态分布检验的结果如表4-8所示。根据表4-8的检验结果，两个样本的 *P* 值很小，拒绝原假设，即两个样本变量 $squality_1$ 和 $squality_2$ 均不服从正态分布。

表4-8　对两个样本进行正态分布检验的结果

变量	样本量	*W* 值	*V* 值	*Z* 值	*P* 值
$squality_1$	116	0.956 76	4.043	3.124	0.000 89
$squality_2$	116	0.967 41	3.047	2.492	0.006 36

第二步，正态变换。既然两个样本变量 $squality_1$ 和 $squality_2$ 均不服从正态分布，那就进行正态变换，分别得到变量 $bcsquality_1$ 和 $bcsquality_2$。

第三步，同上进行方差齐性检验，结果显示变量 $bcsquality_1$ 和 $bcsquality_2$ 的方差不相等。

第四步，t 检验。既然变量 $bcsquality_1$ 和 $bcsquality_2$ 的方差不相等，则只能对变量 $bcsquality_1$ 和 $bcsquality_2$ 做近似 t 检验。两个样本均值差异性的 t 检验结果如表4-9所示。

表4-9　两个样本均值差异性的 t 检验结果

变量	样本量	均值	标准误差	标准方差	95% 的置信区间
$bcsquality_1$	116	18.743 14	0.361 565 4	3.894 178	[18.026 95，19.459 33]
$bcsquality_2$	116	29.374 99	0.642 565 4	6.920 642	[28.102 19，30.647 79]
combined	232	24.059 06	0.507 592 6	7.731 421	[23.058 96，25.059 17]

表4-9所示的近似 t 检验结果显示，$bcsquality_1$ 和 $bcsquality_2$ 的均值不相等，且在统计学意义上，2010—2013年我国城市机构养老服务供给的质量，整体低于2014—2017年我国城市机构养老服务供给的质量。

（四）城市机构养老服务供给财政支持力度的前后实证比较

依然采用第一节关于城市机构养老服务供给财政支持的度量变量，即中央与地方对养老服务供给的政府财政建设投资作为政府对城市机构养老服务供给的财政支持的度量指标。依然采用 t 检验方法对2010—2013年、2014—2017年我国城市机构养老服务供给的财政支持变量进行均值差异性检验。具体步骤与计算过程如下：

第一步，检验两样本是否服从正态分布。记2010—2013年城市机构养老服务供给的财政支持变量为 $ccinvest_1$，记2014—2017年的为 $ccinvest_2$。对两个样本进行正态分布检验的结果如表4-10所示。

表4-10　对两个样本进行正态分布检验的结果

变量	样本量	*W* 值	*V* 值	*Z* 值	*P* 值
$ccinvest_1$	116	0.917 16	7.746	4.578	0.000 00
$ccinvest_2$	116	0.976 24	2.221	1.785	0.037 14

根据表4-10的检验结果，两个样本的 *P* 值很小，拒绝原假设，即两个样本变量 $ccinvest_1$ 和 $ccinvest_2$ 均不服从正态分布。

第二步，正态变换。既然两个样本变量 $ccinvest_1$ 和 $ccinvest_2$ 均不服从正态分布，那就进行正态变换，分别得到变量 $bcccinvest_1$ 和 $bcccinvest_2$。

第三步，同上进行方差齐性检验，结果显示变量 $bcccinvest_1$ 和 $bcccinvest_2$ 方差不相等。

第四步，t 检验。对变量 $bcccinvest_1$ 和 $bcccinvest_2$ 作近似 t 检验。两个样本均值差异性的 t 检验结果如表4-11所示。表4-11所示的 t 检验结果显示，$bcccinvest_1$ 和 $bcccinvest_2$ 的均值不相等，且在统计学意义上，2010—2013年我国城市机构养老服务供给的财政支持力度，整体显著低于2014—2017年我国城市养老服务供给的财政支持力度。

表4-11　两个样本均值差异性的 t 检验结果

变量	样本量	均值	标准误差	标准方差	95% 的置信区间
$bcccinvest_1$	116	83.414 8	2.218 995	23.899 31	[79.019 4，87.810 2]
$bcccinvest_2$	116	567.701 9	15.023 41	161.807	[537.943 4，597.460 4]
combined	232	325.558 4	17.641 76	268.711 3	[290.799，360.317 7]

二、前后时段城市机构养老服务供给差异显著的原因分析

通过以上统计对比分析，不难发现2014—2017年我国城市机构养老服务供给的财政支持力度，整体显著高于2010—2013年我国城市机构养老服务供给的财政支持力度。带来的直接效应是，2014—2017年我国城市机构养老服务的供给质量，整体显著高于2010—2013年我国城市养老服务的供给质量。这与本书的理论分析假设是一致的，即进入高质量发展阶段，财政支持城市机构养老服务供给的主要目标是促进城市机构养老服务业的高质量发展，包括促进服务质量的快速提升。

但是，前面的统计分析也发现有与我们的理论假设分析出现不一致的地方：一是城市机构养老服务供给的数量上，虽然财政支持力度在加大，但是相比2010—2013年这个时间段，2014—2017年无论是城市机构养老床位数总增加量还是省级行政区的平均增加量均呈现整体下降趋势；二是城市机构养老服务供给效率上，虽然财政支持力度在加大，但是相比2010—2013年这个时间段，2014—2017年我国城市机构养老服务供给效率出现整体下降。以下着重就这两个方面的不一致问题进行探索性的原因剖析。

（一）城市机构养老床位数整体下降的原因

进入高质量发展阶段后，与人民群众日益增长的公共服务需求相比，不少领域的公共服务存在质量效率不高、规模不足和发展不平衡等突出问题，迫切需要政府进一步强化公共服务职能，创新公共服务供给模式，构建多层次、多方式的公共服务供给体系，提供更加方便、快捷、优质、高效的公共服务。

城市机构养老服务供给领域也是如此，除城市机构养老服务外，政府通过财政引导支持，还推动了城市社区养老服务机构与设施建设以及居家养老服务业的发展[①]。如图4-2所示，2014—2017年除城市机构养老年末床位数外，城市社区日间照料机构设施和城市社区留宿设施建设的步伐也明显加快，到2017年，全国城市社区日间照料床位数达到222 524张，2014—2017年年均增速高达67.29%；全国城市社区留宿床位数达到382 214张，2014—2017年年均增速高达38.03%。而同期，城市机构养老年末床位数的年均增速仅为9.87%。

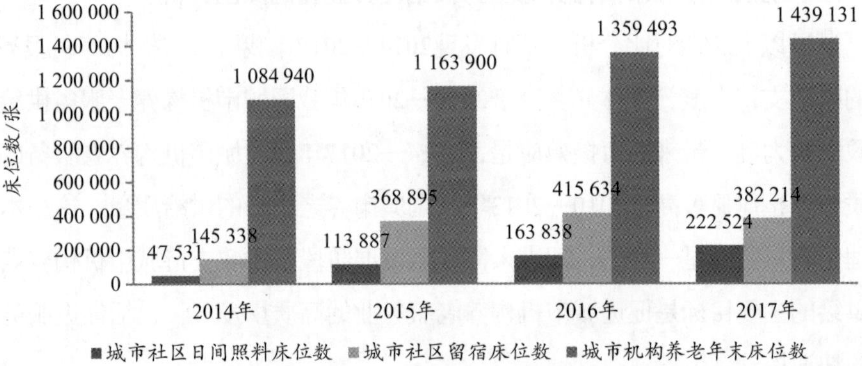

图4-2　2014—2017年城市养老服务各类床位数量供给增长情况

除此之外，中央和地方对养老机构与设施的投资还包括对农村养老服务机构建设的投资。但如图4-3所示，2011—2017年我国农村养老服务机构年末床位数自2013年后，也呈现快速下降趋势，直至2015年才呈现稳定态势。这也就是说，中央和地方对农村养老服务机构的建设投资并没有明显增长，或者相比2013年前，由于城市化进程加快，更多农村人口进入城镇，还有可能是中央和地方政府减少了对农村养老服务机构的建设投资。

---

① 中国民政统计年鉴自2011年才开始对“社区养老服务机构”进行统计，2011年全国社区养老服务机构共有44家，年末床位数共计3 907张，这里面还包括农村地区的社区养老服务机构。由此，可以大致判断全国城市社区养老服务机构的建设是2011年前后才正式铺开的。中国民政统计年鉴自2014年才开始对“社区互助型养老设施”进行统计，2015年开始对“居家养老服务情况”进行统计。

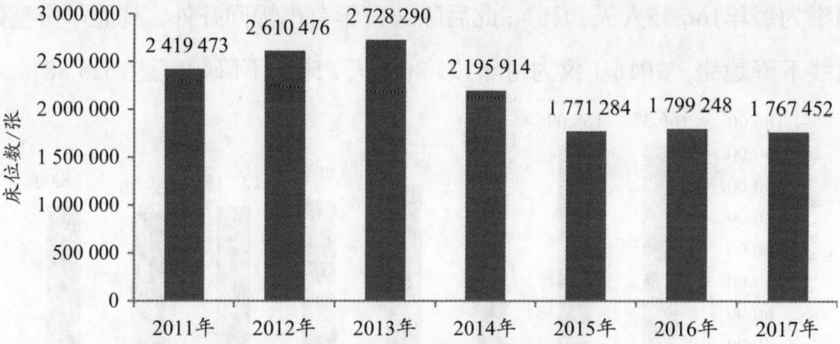

图4-3 2011—2017年我国农村养老服务机构床位数增长情况

目前，官方并没有针对各类城市养老设施的财政建设投资进行数据统计。从以上各类数据对比分析可以看出，2014年以后国家财政明显加大了对社区养老机构与设施的建设投资，但是城市养老服务机构床位数、农村养老服务机构床位数均呈现下降趋势，唯有城市社区日间照料床位数和城市社区留宿床位数在快速增长，这应该是2014年后政府对养老服务机构设施建设的财政支持力度更大，但是城市养老服务机构床位供给数量反而呈现整体下降的主要原因。如果把城市各类养老机构设施数量进行简单加总①，依然可以得出结论，即政府财政建设投资的增加显著促进了城市养老服务供给数量的增长。

（二）城市机构养老服务供给效率整体下降的原因

根据以上的统计比较分析，2014—2017年我国城市机构养老服务供给效率整体低于2010—2013年我国城市机构养老服务供给效率。其实，根据智研咨询发布的《2017年中国养老行业发展现状及市场调查分析》，自2000年以来，我国养老床位的利用率一直稳定在80%左右，但从2013年开始，床位利用率出现断崖式下降，由2012年的70%下降到2013年的44.9%，2014年继续下降到39.2%。与全国养老床位的利用率的变化趋势一样，城市机构养老服务床位利用率也持续呈现下降趋势。如图4-4所示，2010年我国城市机构养老服务床位

①2014—2017年相比2010—2013年城市养老服务机构床位新增量少42 028张，但2014—2017年城市社区日间照料机构设施和城市社区留宿床位新增达到411 869张。

利用率为每年166.35人天 / 床[①]；此后除2017年有小幅回升外，其他年份整体呈现直线下降趋势，2016年仅为每年123.30人天 / 床，下降幅度达到25.88%。

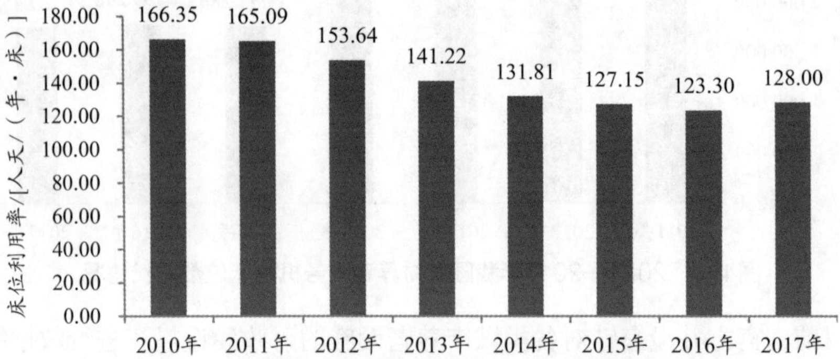

图4-4　2010—2017年城市机构养老服务床位利用率

造成城市机构养老服务床位利用率下降的可能原因主要是城市机构养老服务床位供需状况发生了变化，体现在两个方面：

（1）相对城市老年人口总量的增长，城市机构养老服务床位供给实现了更快的增长，导致城市机构养老服务床位利用率下降。如表4-12所示，2010年我国城镇65岁以上老年人口数为5 941万，当年城市机构养老服务床位数为566 678张，相当于每万名城市老年人拥有机构养老服务床位约95张。随后的年份，这个指标呈现持续上升趋势，到2017年每万名城市老年人拥有机构养老服务床位达到了155张。

（2）城市老年人除了选择机构养老外，随着社区养老、居家养老服务的快速发展，城市老年人对机构养老服务的需求实现了部分“分流”，这也是城市机构养老服务床位利用率下降的另一个重要原因。自2010年以来，我国城市社区养老服务的确实现了快速发展，且发展速度明显快于城市养老服务机构。

总体而言，基于以上分析及目前能够获取的数据，尚不能从宏观数据层面找到政府财政支持能够正向促进城市养老服务供给效率提升的证据。

① 这里与前面的统计口径一样，不含我国港澳台地区、西藏自治区与海南省。

表4-12　2010—2017年城镇老年人口与机构养老服务床位数的增长情况

年份	65岁以上老年人口数/万人	城镇人口占比	城镇65岁以上老年人口数/万人①	城市机构养老服务床位数/张②	每万名城市老年人拥有机构养老服务床位数/张
2010	11 894	49.95%	5 941	566 678	95
2011	12 288	51.27%	6 300	630 206	100
2012	12 714	52.57%	6 684	782 373	117
2013	13 161	53.73%	7 071	970 711	137
2014	13 755	54.77%	7 534	1 084 940	144
2015	14 386	56.1%	8 071	1 163 900	144
2016	15 003	57.35%	8 604	1 359 493	158
2017	15 831	58.52%	9 264	1 439 131	155

第三节　财政支持对城市居家和社区养老服务供给影响的案例实证

目前关于财政支持城市居家和社区养老服务供给的相关数据还没有正式的官方统计。为此，本节选择S市为研究对象，通过问卷调查、半结构化访谈等方式，收集相关资料，着重围绕财政支持对居家和社区养老服务供给效果及供给主体行为的影响进行深入分析。

一、案例选择及背景介绍

S市为中部的一个地级市，2018年地区生产总值达到1.1万亿元，城镇化率为79%，年末常住人口815万人，60岁以上老年人在常住人口中的占比为17.62%

① 因为当前统计年鉴中没有城市老年人口总量的年度数据，本书用中国人口统计年鉴中的年度65岁以上老年人口数乘以城镇人口占比得到城市老年人口总量的近似年度数据。

② 为了更好地比较，此处的城市养老机构服务床位数直接引用中国民政统计年鉴的全国数据，即没有排除我国港澳台地区、西藏自治区和海南省。

（见表4-13）。1992年 S 市正式进入老龄化社会，近年来人口老龄化进程持续加快：1990—2000年，老年人口占比提高2.05%；2000—2010年，老年人口占比提高1.99%；从2010年开始，老龄化进程明显提速，2010—2018年老年人口占比提高3.97%，老龄化速度明显加快。

表4-13　2010—2018年 S 市老年人口增长情况

年份	60 岁以上老年人口数 / 万人	60 岁以上老年人在常住人口中的占比
2010 年	96.08	13.65%
2011 年	100.90	14.23%
2012 年	107.20	15.00%
2013 年	112.84	15.63%
2014 年	119.40	16.33%
2015 年	125.01	16.82%
2016 年	131.53	17.20%
2017 年	138.13	17.44%
2018 年	143.62	17.62%

注：数据来源于 S 市相应年份的统计公报。

为了应对快速老龄化的现实挑战，近年来，S 市委、市政府积极推动养老服务体系建设。2014年，S 市获批为全国首批养老服务业综合改革试点城市，2016年被列为国家首批医养结合试点城市，同年获批为全国居家和社区养老服务改革试点城市。根据 S 市2017年下发的居家和社区养老服务改革试点工作方案，S 市计划通过3年时间，全面建成以居家为基础、社区为依托、社会力量为主体的居家和社区养老服务体系。目前，全市共建成居家和社区养老服务中心 AAAAA 级1家、AAAA 级98家、AAA 级32家、AA 级71家、A 级70家。

围绕研究财政支持对居家和社区养老服务供给效果以及供给主体行为的影响，本书选择 S 市作为实证案例，主要基于两个方面的考虑：

（1）近年来 S 市老龄化进程明显加快，并且开始对社会经济发展产生实质性影响，给现有的养老服务供给造成了较大的压力，具有我国城市社会老龄化的典型特征及普遍存在的问题。

（2）S 市2014年获批为国家首批养老服务业综合改革试点城市，且是首批26家全国居家和社区养老服务改革试点城市之一。需要指出的是，这个试点工作是在中央财政专项支持下开展的[①]。围绕做好居家和社区养老服务改革试点工作，3年来 S 市及所辖区县做了大量的创新性探索，其中就有许多关于财政支持方式的创新，取得了较好的成效。因此，选择 S 市作为研究案例，具有很强的针对性与现实意义。

二、研究问题及研究方案设计

（一）研究问题的提出

根据 S 市2017年印发的《支持居家养老服务发展的若干政策（试行）》，试点工作开展期间，财政对于居家和社区养老服务供给的支持主要有三种形式：一是建设补贴，规定 AAAAA 级城市居家和社区养老服务中心一次性可以获得市财政30万元建设补贴，AAAA 级一次性可以获得市财政10万元建设补贴，AAA 级为8万元，区、县补贴不低于市级标准；二是运营补贴，A、AA、AAA、AAAA、AAAAA 级城市居家和社区养老服务中心分别可以获得市财政2万元 / 年、3万元 / 年、4万元 / 年、5万元 / 年、15万元 / 年的运营补贴，区、县补贴不低于市级标准；三是品牌支持补贴，在 S 市连锁运营5~7家居家和社区养老服务中心或 AAA 级以上居家和社区养老服务中心，并已注册养老服务品牌的公司或社会组织，由市财政一次性给予每家公司或社会组织20万元的品牌扶持补贴，连锁运营8家以上（含8家）的居家和社区养老服务中心或 AAA 级以上居家和社区养老服务中心，并已注册养老服务品牌的公司或社会组织，由市财政一次性给予每家公司或社会组织30万元的品牌扶持补贴。

从以上的支持方式及标准设定可以看出，S 市财政支持政策设计的主要依

---

① 社会保障司 . 关于中央财政支持开展居家和社区养老服务改革试点工作的通知（民函〔2016〕200号）[R/OL].（2016-07-13）[2021-01-08]. http://www.mof.gov.cn/gp/xxgkml/shbzs/201607/t20160721_2512279.html.

据是城市居家和社区养老服务中心的评级。通过进一步调阅《S 市社区居家养老服务中心等级评定暂行办法》可知，城市居家和社区养老服务中心的评级由市民政部门组织每年评定一次，每次评定结果的有效期为3年，主要根据服务资质、场地面积、设备和设施、服务项目、服务绩效、制度建设、人员配备等进行评定，概括起来可以归纳为两个评价维度：

（1）针对居家和社区养老服务中心服务供给数量的评价，如 A 级以上的居家和社区养老服务中心的年服务量不能低于10 000人次，AAAAA 级居家和社区养老服务中心的年服务量不能低于20 000人次。

（2）针对服务供给质量的评价，如老年人对服务质量、服务态度、服务效率的满意率必须达到90% 以上，否则将会被扣分，如未达到90% 扣1分，未达到80% 扣2分，未达到70% 扣4分。

本案例实证重点分析财政支持对居家和社区养老服务供给的实际效果以及对供给主体行为的影响。为了细化研究方案，笔者前期与 S 市民政部门具体分管城市居家和社区养老服务中心评级的工作人员及几个居家和社区养老服务中心的负责人进行了访谈与沟通，经过反复讨论修改，提炼设计了两个方面的研究问题：

（1）关于财政支持对居家和社区养老服务供给效果的影响。S 市出台财政支持政策的本意，是希望通过财政政策支持引导、激励居家和社区养老服务中心更多、更好、更高效地提供养老服务给居家和社区养老的老年人。如果从整体上考察，财政政策支持对居家和社区养老服务供给的正面促进效应显然存在，这一点无论是从理论逻辑分析，还是从前期与政府工作人员以及居家和社区养老服务中心负责人的沟通中均得到了印证。笔者感兴趣的是，既然不同级别的居家和社区养老服务中心分别获得了不同标准的财政支持，那么不同标准的财政支持是否对不同级别的居家和社区养老服务中心的服务供给效果产生了差异化的影响，即不同级别的居家和社区养老服务中心，其服务供给的质量、数量、效率是否存在显著的差异性[①]。

（2）关于财政支持对居家和社区养老服务供给主体行为的影响。从初步调阅的S市城市居家和社区养老服务中心信息资料看，这些服务中心主要是在民政部门登记注册的民间非政府组织或者在工商部门登记注册的企业，无论属于哪一种性质的服务中心，实现自我的可持续发展或经营应该是其追求的核心目标，而财务收益（含财政补贴部分）的多少是实现该目标的关键。因此，在确保服务质量与效率不断提升的前提下，可以假设居家和社区养老服务中心将尽量增加财务收益作为其决策的核心目标。

在此目标下，财政支持对居家和社区养老服务供给主体的行为产生两个方面的影响：

（1）根据S市财政支持政策的规定，养老服务中心级别越高，相应获得的财政补贴越多，因而养老服务中心提升级别的意愿与努力程度都很高。以AA级到AAA级为例，AA级的养老服务中心每年可获得市财政3万元运营补贴，区、县财政补贴不低于此标准，合计至少可以获得财政6万元的运营补贴，而AAA级至少可以获得8万元的运营补贴，意味着每年可以多拿2万元的财政补贴。但是不同级别的养老服务中心，其提升级别的意愿与努力程度是否存在显著差异，其背后的原因又是什么？

（2）根据《S市社区居家养老服务中心等级评定标准》，服务中心的服务项目应包括生活照料、文化娱乐、助餐、助洁、助浴、康复辅助、精神慰藉、信息咨询服务等，其中一部分项目是免费提供的，如文化娱乐、信息咨询等，另外一部分服务项目则属于付费类，如助餐、助洁、助浴、生活照料等。从多获得运营收益的角度来看，服务中心可能倾向于在收费项目多投入。因此，可以假设从多获得运营收益的角度，居家和社区养老服务中心更加偏好收费项

① 需特别说明的是，虽然服务供给的质量、数量、效率是当初养老服务中心级别评定的重要条件，但是研究这个问题的空间与必要性在于：一方面，服务供给的数量、质量及效率只是众多评价项中的两项，整个分值权重只占16%；另一方面，由于一次评价的有效期为3年，很难保证这些养老服务中心在拿到财政补贴后，能够提供相应级别的服务，而这正是此问题需要进一步研究的意义之所在。

目，而对免费项目的偏好明显低一些。

（二）研究方案设计

关于财政支持对居家和社区养老服务供给效果的影响，重点研究不同级别的养老服务中心所提供服务的质量、数量、效率是否存在显著差异。设计的研究方案是：首先，全市居家和社区养老服务中心按A级到AAAA级分别随机抽样[①]，形成四组研究样本；其次，对比分析不同级别居家和社区养老服务中心的年度服务供给量以及老年人对服务质量、服务态度、服务效率的满意度。

关于财政支持对居家和社区养老服务供给主体行为的影响，存在两个问题：

（1）不同级别的居家和社区养老服务中心，其提升级别的意愿与努力程度是否存在显著差异，其背后的原因又是什么？本书采取了问卷调查与半结构化访谈的方式，将养老服务中心级别提升的意愿与努力程度从低到高分成1~4分，由受访的居家和社区养老服务中心负责人根据自己的真实想法填写，并写出背后的原因。

（2）居家和社区养老服务中心是否更加偏好收费项目，而对免费项目的偏好明显低一些？这主要从两个方面进行考察：一是从居家和社区养老服务中心的年度服务量的分类统计进行考察，具体可以通过调阅调查对象的年度服务统计数据获取；二是从接受居家和社区养老服务中心服务的老年人对收费项目与免费项目的服务质量满意度考察，如果老年人对收费项目的满意度普遍明显高于免费项目，就可以认为居家和社区养老服务中心更倾向于在收费项目上花费精力，以扩大业务量，增加运营收入。

笔者基于以上研究方案，针对居家和社区养老服务中心设计了专门的调查问卷[②]，具体见文后附录。

①AAAAA养老服务中心全市只有1家，故未纳入研究范围。

②针对居家和社区养老服务中心老人对服务满意度的调查，因为只涉及两个问题，为节约时间与成本，在调查居家和社区养老服务中心时，在中心随机抽取5~8名老人就该中心的服务满意度进行调查，故不单独设计调查问卷。

三、实证结果及结论分析

（一）财政支持对居家和社区养老服务供给影响调查问卷的描述性统计

问卷调查共随机抽取并成功调查了S市21家居家和社区养老服务中心。其中，A级别组6家，AA级别组4家，AAA级别组5家，AAAA级别组6家。从S市居家和社区养老服务中心的资质看，21家居家和社区养老服务中心属于民间非政府组织的有7家，占比为33.33%，属于企业性质的有14家。从抽样居家和社区养老服务中心的财务收支状况看，如图4-5所示，在所抽样的21家居家和社区养老服务中心中，上一年度财务收支有盈余的有11家，占比为52.38%；财务收支达到平衡的有4家，占比为19.05%；出现亏损的有6家，占比为28.57%。

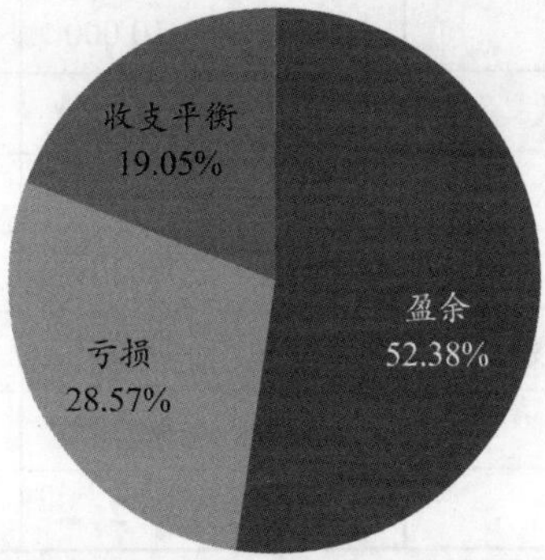

图4-5　抽样居家和社区养老服务中心的财务收支状况

如表4-14所示，在所抽取的21家居家和社区养老服务中心中，从所取得当前级别的年份看，最长为3年，最短为1年，中位数为2年，平均取得年份为1.9年。建筑面积平均为500平方米，规模最大的为1 000平方米，规模最小的仅为200平方米，刚好达到评级的最低门槛条件，建筑面积的中位数为400平方米。从年服务量看，21家居家和社区养老服务中心的年平均服务量为11 841人次，年服务量最高的为15 600人次，年服务量最少的为10 000人次，也是刚好达到评级的最低门槛条件，年服务量的中位数为12 000人次；其中，免费项目平均为年服务5 945人次，收费项目平均为年服务5 896人次。

从受访老人对居家和社区养老服务中心提供的服务的满意度看，平均满意度为93.63%，满意度最高的为97.20%，最低的为90.30%，中位数为93.70%；

其中，受访老人对免费项目的平均满意度为92.96%，对收费项目的平均满意度为93.92%。整体而言，老人对收费项目的满意度高于对免费项目的满意度。关于居家和社区养老服务中心级别提升意愿程度，平均得分为2.95，对应的是"决定近两年完成升级"，提升级别的意愿普遍较强烈，最低程度得分为2，对应的是"有机会还是想冲一冲"。

表4-14　S 市财政支持对居家和社区养老服务供给影响调查问卷描述性统计

指标	平均值	最小值	最大值	中位数
取得当前级别时间 / 年	1.9	1	3	2
建筑规模 / 平方米	500	200	1 000	400
年服务量 / 人次	11 841	10 000	15 600	12 000
其中：免费服务 / 人次	5 945	4 900	7 210	6 000
收费项目 / 人次	5 896	4 000	8 390	6 000
服务满意度	93.63%	90.30%	97.20%	93.70%
其中：免费项目满意度	92.96%	89.60%	97.20%	93.10%
收费项目满意度	93.92%	90.30%	97.20%	94.00%
级别提升意愿程度	2.95	2	4	3

（二）财政支持对居家和社区养老服务供给效果的影响分析

S 市出台财政支持政策是希望通过财政支持引导、激励居家和社区养老服务中心更多、更好、更高效地提供居家和社区养老服务。从受访老人对居家和社区养老服务中心提供服务的满意度看，平均满意度为93.63%，满意度最高的为97.20%，最低的为90.30%，中位数为93.70%，这说明财政支持对居家和社区养老服务供给具有明显的正面促进作用。那么不同级别的居家和社区养老服务中心，其服务的质量、数量、效率是否存在显著差异呢?

1. 财政支持对居家和社区养老服务中心服务的质量、效率的影响

在研究方案设计中，居家和社区养老服务中心服务的质量和效率统一由满意度这一指标来度量。通过分组统计分析，可以发现受访老人对居家和社区养老服务中心提供的服务的平均满意度与居家和社区养老服务中心的级别呈正相

关关系，即财政支持力度越大，居家和社区养老服务中心提供的服务的质量和效率越高。如图4-6所示，A 级别组的居家和社区养老服务中心服务的平均满意度为91.03%，AA 级别组的平均满意度为93.15%，AAA 级别组的平均满意度为94.58%，AAAA 级别组的平均满意度为95.75%。

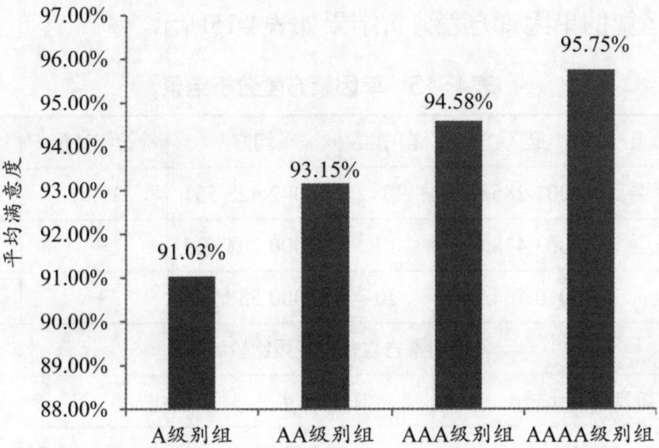

图4-6　受访老人对不同级别组居家和社区养老服务中心服务的平均满意度

如果将 A~AAAA 级别分别赋值1~4，图4-7为居家和社区养老服务中心级别与服务的质量、效率的关系的散点图，其中横轴代表居家和社区养老服务中心级别，纵轴为居家和社区养老服务中心提供的服务的质量、效率。从图中拟合的线性关系趋势线看，居家和社区养老服务中心级别与其提供的服务的质量、效率有着显著的正相关关系，即财政支持力度越大，居家和社区养老服务中心提供的服务的质量、效率越高。

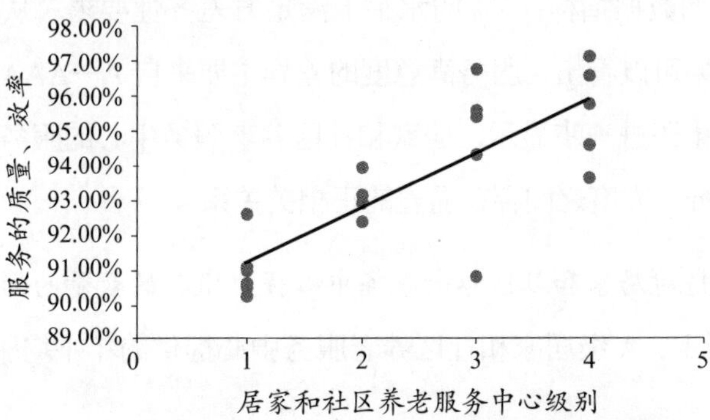

图4-7　居家和社区养老服务中心级别与服务的质量、效率的关系

下一步，计划做进一步的计量方法验证。在计量建模中如果出现解释变量属于名义型或有序型因子的情况，则更适于采用方差分析方法进行处理，这样更有利于分析组内差异和组间差异状况。参照周庭锐的统计方法选择原则[①]，由于本书的样本数据具有独立性和方差齐性，故采用单因素方差分析。利用Stata 13软件运算的单因素方差分析结果如表4-15所示。

表4-15　单因素方差分析结果

差异来源	离均差平方和	自由度	均方	检验统计量 *F*	*P* 值
组内差异	0.007 285 652	3	0.002 428 551	11.87	0.000 2
组间差异	0.003 478 633	17	0.000 204 625	—	—
整体差异	0.010 764 286	20	0.000 538 214	—	—
单因素方差分析多重比较结果					
级别两两比较		*Diff*		*P*	
A—AA		0.021 2		0.210	
A—AAA		0.035 5		0.005	
A—AAAA		0.047 2		0.000	
AA—AAA		0.014 3		0.927	
AA—AAAA		0.026 0		0.071	
AAA—AAAA		0.011 7		1.000	

表4-15的上半部分中的数据显示，$P=0.000\ 2$，而且结果还显示居家和社区养老服务中心的数据指标在5% 的水平下满足方差齐性要求。从单因素方差分析多重比较结果可以看出，服务满意度的差异主要来自 A—AAA、A—AAAA。同时，分析结果还进一步显示，居家和社区养老服务中心的服务质量、效率与财政支持的标准、力度之间存在显著的正相关关系。

2. 财政支持对居家和社区养老服务中心提供服务的数量的影响

如图4-8所示，A 级居家和社区养老服务中心提供的年平均服务量为10 767

① 周庭锐．市场调研：应用 R 软件 [M]. 北京：中国人民大学出版社，2012.

人次，AA级居家和社区养老服务中心提供的年平均服务量为11 550人次，AAA级提供的年平均服务量为11 360人次，AAAA级居家和社区养老服务中心提供的年平均服务量为13 510人次。图4-9是居家和社区养老服务中心级别与其提供的服务数量关系的散点图。

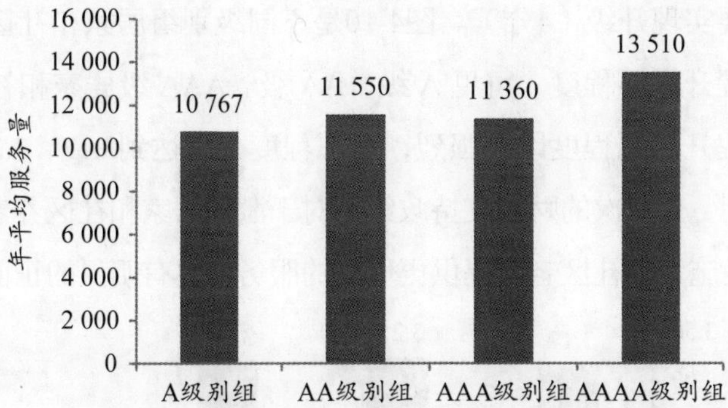

图4-8　不同级别组居家和社区养老服务中心提供的年平均服务量

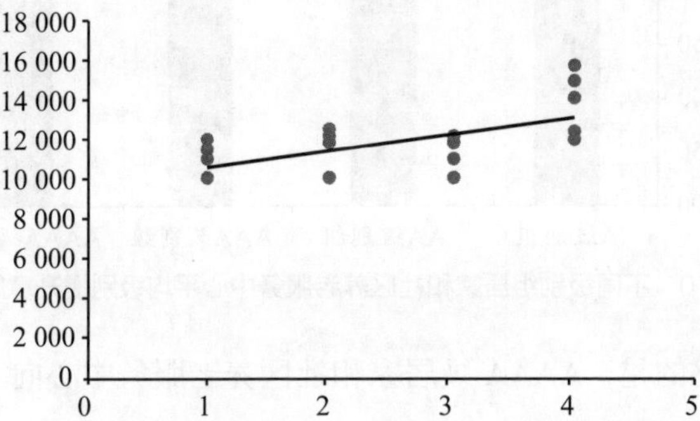

图4-9　居家和社区养老服务中心级别与其提供的服务数量的关系

基于以上分析发现，虽然AAA级居家和社区养老服务中心比AA级居家和社区养老服务中心提供的年平均服务量少190人次，但是总体上，居家和社区养老服务中心级别与其提供的服务数量呈正相关关系，即财政支持力度越大，居家和社区养老服务中心提供的服务越多。背后的原因在于，级别越高，意味着居家和社区养老服务中心建筑面积更大、服务的环境越好，相应地有更强大的能力和吸引力为周边的老人提供养老服务。

（三）财政支持对居家和社区养老服务供给主体行为的影响分析

1. 财政支持对居家和社区养老服务中心级别提升意愿的影响分析

在问卷设计中，按照意愿程度由低到高分别设置了4个选项，即“现在这样就好（1分）”“有机会还是想冲一冲（2分）”“决定近两年完成升级（3分）”“无论如何近期要实现升级（4分）”。图4-10是不同级别组居家和社区养老服务中心平均级别提升意愿程度，可见A级、AA级、AAA级居家和社区养老服务中心的级别提升意愿程度比较强烈，意愿程度分别达到3.17、3.25和3.20，说明这种分级别、分档次的财政支持政策，对于激励居家和社区养老服务中心改善服务软硬设施、为社区老人提供更优质的服务，具有明显的正面促进作用。

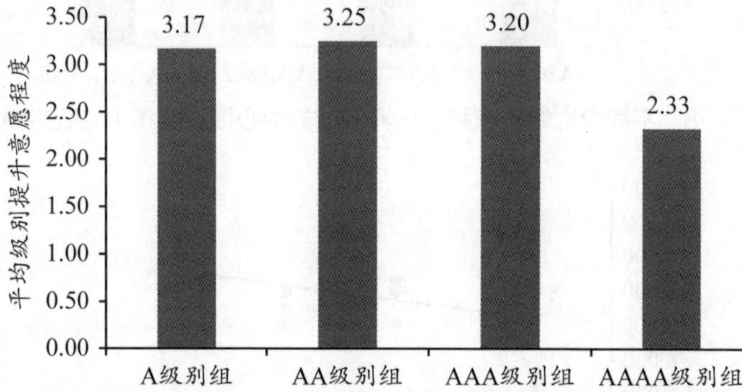

图4-10　不同级别组居家和社区养老服务中心平均级别提升意愿程度

但令人疑惑的是，AAAA级居家和社区养老服务中心向AAAAA级提升的意愿程度却明显低于前三个级别组，其意愿程度仅为2.33。进一步调阅原始数据发现，随机抽样并成功调查的6家AAAA级居家和社区养老服务中心中，仅有两家“决定近两年完成升级”，其余的意愿程度均是“有机会还是想冲一冲”。为此，笔者再次与S市民政部门工作人员及AAAA级居家和社区养老服务中心的负责人进行交流探讨。从访谈反馈的信息看，主要原因在于AAAAA级居家和社区养老服务中心的门槛太高，比如建筑面积至少要800平方米以上，年服务量必须不少于20 000人次，这相当于在AAAA级的基础上翻倍了。同时，这还意味着需要投入更多的资金与人力。相关人员普遍认为，在当前S市居家和社区养老服务市场发育还不成熟的环境下，“搞更大的场合”[①]、更大的投资，意味着有更大的经营风险。

2. 财政支持对居家和社区养老服务中心服务内容选择偏好的影响分析

根据前面的研究方案设计，关于财政支持对居家和社区养老服务中心服务内容选择偏好的影响分析，主要从两个方面进行考察：

（1）从养老服务中心的年服务量的分类统计进行考察。表4-16中的数据显示，A 级居家和社区养老服务中心提供的免费服务的年平均服务量为5 833人次，在总服务量中的占比为54.18%；AA 级的免费服务的年平均服务量为5 825人次，在总服务量中的占比为50.43%；AAA 级的免费服务的年平均服务量为5 480人次，在总服务量中的占比为48.24%；AAAA 级的免费服务的年平均服务量为6 523人次，在总服务量中的占比为48.28%。整体看，随着居家和社区养老服务中心级别的升高，其免费服务的服务量占比基本上是下降的。

表4-16　不同级别组居家和社区养老服务中心的平均服务供给量

级别组	年平均服务量 / 人次	免费服务		收费服务	
		年平均服务量 / 人次	占比	年平均服务量 / 人次	占比
A 级	10 767	5 833	54.18%	4 933	45.82%
AA 级	11 550	5 825	50.43%	5 725	49.57%
AAA 级	11 360	5 480	48.24%	5 880	51.76%
AAAA 级	13 510	6 523	48.28%	6 987	51.72%

但是，这还不能说明随着财政支持力度的加大，居家和社区养老服务中心偏好多提供收费项目，也可能是由于周边小区老人对免费服务的需求量本身就存在一个上限，超过这个上限，无论怎么创新服务模式、提升服务质量，这个需求量也不会有很大的增长空间。但是收费项目不同，由于当前我国城市居家和社区养老服务市场还很不成熟，老人对收费服务的需求未得到充分释放，而服务设施条件好、管理科学规范的高级别组的居家和社区养老服务中心，可能

①S 市的本地话，大致是“建设更大规模”的意思。

在对养老服务市场收费服务需求的挖掘上相对更为成功，因而其收费服务项目的年平均服务量占比基本上超过了低级别组的居家和社区养老服务中心。

（2）从老人对收费项目与免费项目服务质量满意度的差异性角度进行考察。表4-17中数据显示，A~AAAA 级的居家和社区养老服务中心所提供的收费项目满意度均高于免费项目满意度。其中，A 级居家和社区养老服务中心高1.58个百分点，AA 级居家和社区养老服务中心高2.17个百分点，AAA 级居家和社区养老服务中心高0.26个百分点，AAAA 级居家和社区养老服务中心高0.11个百分点。这个发现支持了前面的研究假设，即居家和社区养老服务中心在服务内容的选择上存在收费项目偏好，更倾向于在收费项目上花费精力，以扩大业务量，增加运营收入。

表4-17　受访老人对不同级别组居家和社区养老服务中心服务的平均满意度

级别组	服务总体满意度	免费项目满意度	收费项目满意度
A 级	91.03%	90.07%	91.65%
AA 级	93.15%	91.43%	93.60%
AAA 级	94.58%	94.40%	94.66%
AAAA 级	95.75%	95.67%	95.78%

第五章　国外财政支持城市养老服务供给的实践

纵观世界上一些主要发达国家，它们进入老龄化社会的时间相对较早，经历了相当长时间的探索和实践。尽管各国的历史发展、政治经济体制、文化传统、社会习俗大相径庭，根据国情建立的养老服务体系各具特色，但共性寓于个性之中，个性也有共性可循，各国政府支持城市养老服务供给有一定的相似之处。本书选取在居家和社区养老服务以及机构养老服务方面具有代表性的几个欧美及亚洲发达国家，研究这些国家的财政支持政策，希望对我国城市养老服务供给侧结构性改革的顺利进行有所助益。

第一节　国外财政支持居家和社区养老服务供给的实践

一、美国居家和社区养老服务及其财政支持

在20世纪40年代中期，美国进入了老龄化社会，21世纪后进入高速老龄化时期。2018年美国65岁以上老龄人口占总人口的15.8%。美国的养老服务实践比社会老龄化历史更久，社会养老服务体系和养老制度相对完善，而且在发达国家中，其养老服务业的市场化程度最高。在养老服务领域，政府和市场分工明确，政府为低收入、有特殊困难的养老群体提供保障，鼓励和引导社会力量参与养老服务供给，通过制定监督和激励机制来规范市场行为，形成资本投入多元化以及服务方式和管理形式多样化的养老模式。

（一）美国居家和社区养老服务

美国在家庭关系和赡养问题方面与我国相比有很大差异，其老年人的家庭基本是“空巢”，子女成年就离开父母独自生活，父母的养老问题不依靠子女来解决，偏好依靠个人养老储备及社会养老服务体系来独居或集中养老，而无法独立生活的老年人会选择去机构养老。有调查显示，美国65岁及以上的老年人中有近九成的人更愿意在家养老，大部分人选择居家和社区养老[①]。

居家和社区养老服务是美国养老服务体系建设中最有特色也是最重要的内容。美国的居家和社区养老相互融合，逐渐成为一体，形式多元化，老年人住在自有或租用的房子里，依托居住地社区医院和专业护理服务机构网络养老。社区普遍设立提供生活和护理服务的家庭保健中心，提供餐饮、文娱教育活动的老人活动中心，并且有社会志愿者参与，为社区内的居家老年人提供起居照料、护理、病历管理等服务。美国居家和社区养老服务主要有这四种类型[②]：第一种是全托制的“退休之家”，顾名思义是老年人日夜的生活起居全部在这里。为了给老年人提供高品质的服务，“退休之家”配备了医疗室、图书室、电脑室、健身房、洗衣房、紧急呼叫系统等各类设施。“退休之家”的服务人员为入住的老年人提供餐饮、清洁卫生、交通等服务。第二种是日托制的“托老中心”。“托老中心”只为老年人提供白天的服务，老年人可以在中心就餐、阅读、交往、休闲等，晚上老年人需要回自己家。第三种是“互助养老”，即让老年人邻里结伴，建立居家和社区养老志愿者组织，互助养老。第四种是入家服务。这是为有绿卡的美国公民开展的福利性居家养老项目，政府派有护理知识的家庭保健护士为居家老年人上门提供做饭、做家务等生活服务，服务费用由财政负责[③]。从20世纪70年代初开始，美国政府对老年人实施全方位医疗照顾，简称PACE（Program of All-inclusive Care for the Elderly）。PACE的目标是为那些需要长期照护的体弱老年人提供在家里和社区就能获得的医疗照

① 穆光宗．美国的居家养老服务模式 [N]. 中国社会报，2013-12-09（4）.

② 王承慧．美国社区养老模式的探索与启示 [J]. 现代城市研究，2012（8）：35-44.

③ 穆光宗．美国社区养老模式借鉴 [J]. 人民论坛，2018（8）：52-53.

护服务，减少其住院和入住护理机构的次数和概率，延长其留在家里和社区的时间。

美国的养老社区又称为退休社区，是老年人养老生活所居住的住宅区，有因居民老龄化比例上升而自然形成的养老社区，也有政府规划建设或地产商专门开发建设的养老社区。后者具备更强大的助老功能，并且呈现出大型规模化、分布密集化、服务综合多样化的趋势，邻近社区居住的老年人之间的联动很多，他们不仅能共享社区养老服务，还可以共同举办和参与各种活动，其生活更有活力和品质。养老社区按照老年人的健康程度和医疗护理程度分为生活自理社区、生活协助社区、特殊护理社区及持续护理社区。除生活自理社区外，后三种养老社区均须得到州政府授权才能开发和运营，同时还要与医院或其他专业护理机构紧密合作，以便为老年人提供及时且高水准的医疗照护[①]。生活自理社区中一般是80岁以下、生活可自理的老年人在独栋房屋、套房公寓或别墅内居住，能自我照顾，生活相对保持独立。社区内配备完善的管理团队，为老年居民提供吃、住、行等日常生活服务。生活协助社区里居住的是无重大疾病的半自理老年人，社区服务人员为他们提供简单的生活辅助及护理等全天候24小时服务。特殊护理社区为失能失智、有慢性疾病或处于术后恢复期的老年人提供专业的医疗护理服务。持续护理社区中入住的是目前尚能自理的，但即使未来出现健康问题也不会换住所的老年人。社区根据老年人的年龄、健康状况提供相应的养老服务，设置了不同的服务单元，有生活自理单元、生活协助单元及特殊护理单元，构建起服务内容全覆盖的居家和社区养老服务模式[②]。

（二）美国居家和社区养老服务的财政支持

美国联邦政府和各州政府对居家和社区养老的政策支持主要体现在三个层面：

（1）为提高老年人住房的可支付性和宜居性提供政策支持。美国政府认

---

① 张卫国．美国养老社区研究 [J]. 世界经济与政治论坛，2012（5）：140-141.

② 马天月．美国人养老的几种模式 [N]. 中国社会报，2018-09-17（7）.

为居家和社区养老服务中最关键的是住房的品质和宜居性，老年人能否为有品质和宜居的养老居所买单，决定了居家和社区养老服务是否可获得。为此，美国各级政府出台了一系列的支持政策。针对提高老年人住房的可支付性的支持政策，主要体现在三个重要计划中：一是低收入住房税务抵免（Low Income Housing Tax Credits）。该计划为提升老年人住房的可支付性发挥着重要作用，每年全美大约会提供15 000套可支付住房，其中25% 的房源分配给了有需求的低收入老年人。二是老年人住房援助计划（Supportive Housing for the Elderly Program）。这是美国联邦住房和城市发展部针对低收入老人住房开发和扩建最重要的免息贷款支持，条件是私人非营利机构为低收入老年人提供有40年养老服务支持的住房。三是住房选择券计划（Housing Choice Voucher Program，HCVP）。这是美国联邦住房和城市发展部针对低收入家庭、老年人及残障人士的住房租金补助计划，符合条件的申请者可以向政府申请资助型房屋，也可以从市场上租房（房东须参与了住房选择券计划）。入住者将其30% 的家庭收入作为一部分租金缴给房东后，由公共住房管理局直接给房东补足与市场标准评估价相当的租金①。

此外，由于美国老年人的住房普遍年代久远、设施老化，给年老体迈、行动不便的老年人的居家生活造成极大的影响，直接导致居家和社区养老品质的下降，并影响到老年人对养老方式的选择。为此，美国联邦、州及地方政府为老年人住房的整修与设施更新改造提供财政支持。如联邦资助型住房从美国联邦住房和城市发展部处获取的资金中就包含了必要的整修费用。2000年相关联邦部门开始实施协助生活转化计划，提供贷款用于政府资助型住房的进一步改造。地方政府层面也有相应的政策支持，如通过社区发展计划可以获得一定的老年人住房维修资金。

（2）为居家和社区养老医疗服务提供政策支持。美国政府通过实施各种类型的资助计划政策支持居家和社区养老医疗服务，联邦和州政府合作提供医

① 王承慧．美国社区养老模式的探索与启示[J]．现代城市研究，2012（8）：35-44.

疗保险，医疗补助保险计划由各州政府制定并具体实施，保障低收入老年人享有基本养老医疗服务，如针对低收入老年人的兜底型社区养老服务资助计划，其中的老年人全包容服务项目（“家庭护理者”计划）、老年人医疗服务选择项目（“疾病预防和健康推进”计划）的资金主要来自州、市政府的医疗补助和医疗保险，而集中养老居所服务项目的资金则主要来自美国联邦住房和城市发展部的财政拨款，州、市政府向非营利组织等第三方购买养老服务提供给居家和社区养老的老年人。

（3）针对老年人养老有税收优惠，如个人所得税方面，实行以家庭为单位的综合计征方式，家庭有需赡养老年人的可以在缴税前扣除一定的赡养费；雇主和雇员各自的税前收入中扣除养老金缴费额；养老金投资收益也减免所得税，只是领取的养老金要征收个人所得税，相当于享受了养老金“延期纳税”优惠。个人储蓄性养老保险也有一定限额的利息免税的所得税优惠政策。财产税方面，符合条件的老年人出售房屋所获得的收益最高有25万美元免征额的税收减免[①]。

二、英国居家和社区养老服务及其财政支持

20世纪20年代末，伴随着城市化和工业化的进程，在社会结构改变和家庭功能弱化的趋势下，英国进入了老龄化社会阶段。养老问题早已引起政府重视，英国政府先后通过制定和修订一系列法案，如制定《养老金法案》(1908)、《全民保障法》(1911)、《寡妇孤儿及养老年金法》(1925)，修订《新济贫法》(1930)等，运用国家政策解决社会养老问题。第二次世界大战后，英国建设福利国家，通过《国家保险法案》(1946)、《国家卫生服务法案》(1946)、《国民救助法》(1948)、《国民保障法》(1965)等，建立了全面的社会保障制度，也为老年人健康和社会福利政策奠定了法律基础。英国政府提倡由国家来解决老年人的住养问题，大力推行机构养老，在1947年成立全国性机构“国家老年人照料公司”

① 李平.美国老龄事业税收政策及启示[J].涉外税务，2011（10）：36-37.

（National Corporation for the Care of Old People，NCCOP），该公司与地方政府合作建设了很多养老服务设施，提供免费住宿及照料服务给入住的老年人[①]。但是养老机构与生活社区隔离，被照顾的老年人长期处于非正常的生活环境中，不仅缺乏尊严、丧失自我，被束缚过多而失去独立能力，而且机构官僚化严重、运行效率低下，机构照料的弊端逐渐显现，“去机构化”的呼声日益高涨，出现家庭、社区照顾替代机构照料的趋势。到了20世纪70年代，社区养老已在英国各地普及。再加上财政负担日益沉重，福利多元主义盛行，英国政府顺势利导，积极推动社区养老模式，颁布《国民健康与社区照顾法案》（1990），将社区照顾作为一项重要的社会政策和最主要的养老模式来实施，居家和社区养老服务就此成为英国养老服务体系的核心。

（一）英国居家和社区养老服务

英国在20世纪70年代才建立起独立的养老照护机构，在此之前，养老照护的职能分散在多个职能部门，如中央的内务部、卫生部和住房部等，加上地方上的福利和卫生部门。1970年，英国通过《地方政府社会服务法》，正式建立起统一的“个人社会服务制度”[②]，而居家和社区养老服务是个人社会服务中的重要内容。英国居家和社区养老服务主要有三个方面的服务：

（1）居家照护，上门服务。主要针对住家但较难自理的老年人，提供做饭、清洁等生活服务以及喂药、血压监测、注射等基本医护服务。

（2）社区内的医疗服务。一般由全科医生为老年人在病重或需要住院时提供相关健康医疗服务。

（3）地方政府社区支持服务。与中国的居家和社区养老服务类似，英国也在社区建立了日间照护中心，为老年人提供日间照护服务。这些日间照护中心除了有由社区里的养老服务机构运营的（提供生活起居照护、康乐和社会功能性服务）外，还有由医院运营的（提供相应的身体与心理的康复和护理服务）。

① 卫大可 . 英国老龄社会政策发展及对机构养老服务转型的影响 [J]. 城市建筑，2014（5）：34.

② 柴化敏 . 英国养老服务体系：经验和发展 [J]. 社会政策研究，2018（3）：79-95.

英国居家和社区养老模式具有鲜明的特点：

（1）政府主导，官民结合，监管体系完善。英国居家和社区养老以社区为依托，让老年人在家中或类似家的环境中养老，政府扮演养老服务的规划者、管理者和购买者的角色。政府制定照顾法规，出资兴建社区照顾设施（如社区服务中心、社区老年公寓等），招募社区工作人员，通过市场化的运作，由专业机构提供服务。政府对社区服务机构实行契约制管理，对申报机构有完整规范的工作管理和评估体系，机构评估合格才能获得政府相应的经费支持并进行运营。政府对运营机构的人员培训、设备设施、服务标准、服务价格等会定期检查，并安排工作人员监督。

（2）由两大体系支撑和管理的全方位养老服务。英国推崇综合照护理念，居家和社区养老服务坚持以人为本的理念，按照需求层次理论，构建了由"生活照料—物质支援—身心养护—全面关怀"逐层递进的四位一体的多样化服务内容模式，并根据老年群体的特点细分服务项目，来满足老年人从生理到心理的多层次养老需求[①]。英国居家和社区养老服务包含日常起居照料和医疗卫生服务两方面，由两大体系——地方政府社会服务体系（Social Service Department，SSD）与国家医疗服务体系（National Health Service，NHS）共同承担。SSD 负责配置和管理地方养老资源，如评估老年人的照护需求、建立需求评价体系，并负责购买养老服务提供给社区老年人，含日间照料、饮食起居照护等。NHS 负责提供相关医疗服务，如初级医疗、专业医疗、居家护理和心理支持等。

（二）英国居家和社区养老服务的财政支持

英国对居家和社区养老服务的财政支持也是从供给与需求两端进行的。

首先，对于需求方即需要居家和社区照护服务的老年人，医疗服务健康照顾属于全民医疗保障体系的一部分，由国民健康服务体系免费为老年人提供。日常居家照护和社区支持服务则由地方社会服务部门负责，地方政府会出资建

① 郑少卿．英国社区养老模式对我国的启示 [J]. 商场现代化，2012（20）：394-395.

设社区养老服务设施，并为提供居家和社区养老服务的社会机构给予部分或者全部费用的财政支持，地方政府财政支持的经费来自地方的税收和中央财政的转移支付。《社区照料法》（1990）倡导建立用户付费或政府补贴用户联合付费机制，鼓励地方政府购买养老照料服务，但严格限制公共养老服务使用人数，要审核用户资格，对用户进行家庭财产调查和需求评估[①]。由财政提供部分还是全部费用，主要根据老年人的年收入进行评估，大致是以每年14 250英镑和23 250英镑的收入为下和上两条标准线，如果满足照护需求评估标准[②]的老年人的个人年收入低于下标准线，则居家照护及地方政府社区提供的支持服务所需费用均由财政兜底；如果老年人的个人年收入介于上下两条标准线之间，则财政每支付250英镑，另需老年人个人支付1英镑 / 周；如果老年人财务情况良好，年收入高于上标准线，则财政不会提供经费支持，照护服务所发生的费用全部由受照护老年人个人支付。近年来，由于英国政府财政支出的压力增大，对于老年人居家和社区养老照护服务费用支出开始实行“封顶线”原则，即照护服务费用超出地方政府设置的最高线时，财政会支付超出部分的费用[③]。

其次，对于供给方即居家和社区养老服务提供者，财政会提供相应的支持。一是为家庭照护者提供财政支持。1995年英国颁布《照护者法案》，明确了对照护者提供相应的财政支持，鼓励子女为生活无法自理的老年人提供照顾。为照护者提供财政津贴，需要达到的标准包括每周照护的时间必须在35小时以上、照护的对象必须是重度失能老人、照护者须年满16周岁且非全职在校生、照护者月收入低于100英镑或者收入来源于各种福利[④]。二是为受雇直接从事老年人生活服务的社区照护者提供服务补贴。三是政府投资建设并运营部分

---

① 钟慧澜，章晓懿．从国家福利到混合福利：瑞典、英国、澳大利亚养老服务市场化改革道路选择及启示 [J]. 经济体制改革，2016（5）：161.

② 在英国并不是年龄超过60岁或65岁的老年人就可以享受政府提供的居家和社区养老服务，而是必须满足老年人照护需求的相应评估标准才行。

③ 柴化敏．英国养老服务体系：经验和发展 [J]. 社会政策研究，2018（3）：79-95.

④ 柴化敏．英国养老服务体系：经验和发展 [J]. 社会政策研究，2018（3）：79-95.

居家和社区养老服务中心。英国倡导养老服务供给多元化和市场化，政府在发展居家和社区养老服务中处于主导地位，政府出资兴建或改造部分托老所、社区老年服务中心、社区老年公寓及老年人家中的助老设施等基础设施，由公立机构或者慈善机构提供一部分免费居家服务，另一部分社会服务的供给委托给民营企业，政府购买其服务免费提供给老年人。根据王莉莉等人提供的数据[①]，在英国居家和社区养老服务供给主体中，只有11%由政府提供，民营部分占比高达74%，其余部分则由慈善组织及其他社会组织承担。

三、新加坡居家与社区养老服务及其财政支持

出生率下降及人均期望寿命的提高使新加坡成为世界上老龄化最快的国家之一。据新加坡政府统计，65岁以上居民在新加坡总人口中的占比不断上升，该比例已经由1980年的5%快速攀升至2018年的13.7%，并且预计2030年将达到23%。受儒家文化的影响，家庭养老是新加坡老年人的主要养老方式，也是新加坡政府一直推崇的主要养老方式。但当前，新加坡的家庭规模在缩小，老年抚养比不断提升，社会老龄化日益加剧。新加坡政府早已意识到养老问题的严峻性。为积极应对老龄化趋势，新加坡从20世纪50年代开始采取一系列的措施予以应对：建立了中央公积金制度、重度失能保险制度，出台了一系列养老政策和措施，形成养老、医疗、护理、住房、再就业等多维度、全方位的社会养老保障体系。

（一）新加坡居家和社区养老服务

新加坡人提倡用健康、积极、乐观的人生态度来面对老龄生活，认为“乐龄”更符合现代社会老年人的生活理念，希望乐享老龄、祥和安乐，因此用“乐龄”指代“老龄”，将老年人称为“乐龄人士”。新加坡受尊老爱老的儒家孝文化影响颇深，重视家庭亲情关系。政府鼓励子女与父母同住，提倡就地养老、

① 王莉莉，吴子攀．英国社会养老建设与管理的经验与借鉴 [J]. 老龄科学研究，2014（7）：61-70.

社区养老，强调老年人在家庭和社区便能享受到优质的养老服务①。早在1988年，新加坡政府就开始给失能、半失能老年人提供社区照顾服务，当时以医疗服务为主，如今已发展成全方位的、以满足发展需要为主的居家和社区养老服务。居家和社区养老在新加坡养老服务体系中是基本养老模式，占有重要地位。针对居家和社区养老，新加坡主要有以下措施：

（1）健全养老权益法律和养老服务标准化制度保障居家和社区养老。《赡养父母法令》（1995）将“赡养父母”立法，规定子女有赡养父母的法律义务②。之后该法令经过多次修订，有具体的配套指标量化细则和严格的工作考评、监督制度。政府也很重视养老服务标准化，设立新加坡老龄产业标准化委员会（Silver Industry Standards Committee，SISC），关注家庭和社区的宜居性、生活照料和医疗服务等方面，旨在配合落实新加坡养老政策，提升老年人的生活品质。为了保障居家和社区养老服务质量，新加坡卫生部联合各相关机构先后出台《疗养院服务标准》（2014）、《社会照护中心服务指南》（2015）、《居家养老服务指南》（2015）等一系列关于居家和社区养老服务考核和监督的标准化法则。

（2）完善养老基础设施，提升居家和社区养老的品质。新加坡政府在1998年开始推出乐龄公寓计划：在成熟社区中兴建面积小、精装、舒适、设施齐备的乐龄公寓，在建设时都预留底层作为社区组织机构、便民设施、社区医院、康复中心、活动场所、乐龄日托中心。年满55周岁以上的老年人可以卖掉组屋③，用一部分资金换购乐龄公寓，另一部分留存做养老金补充。2017年新加坡建屋发展局、卫生部等7个政府机构共同开发管理的新型老年社区——多功能综合养老社区“海军部村庄”，是新加坡首个将住房与医疗机构、日间护

① 新加坡是只有一级政府的行政组织架构，只设有中央政府，没有地方政府。全国划分为5个行政区，进一步分为89个选区，选区为基础社区。

② 梁普洋．新加坡财政扶持养老模式发展的经验及对我国的启示[J]．商，2014（6）：41.

③ 由新加坡建屋发展局承担建筑的公共房屋，为大部分新加坡人的住所。一个完整的家庭只能同时拥有一间政府组屋。组屋类似于中国的经济适用房。

理中心、零售店等设施集于一体的老年社区。名下无组屋或其他私人产权住房的55岁以上人士可以申请入住，30年居住年限到期后可申请续住。海军部村庄将组屋和市镇中心的主要设施合理融合，为老年人提供生活便利，促进代际交流与睦邻友好。

（3）重视社区居家医疗护理服务和跨代综合服务。新加坡政府一直大力推动居家医疗保健护理，建立社区一站式护理养老设施，开创卫生部监管疗养院的新护理模式，更加人性化地融入社区，为居家老年人提供家庭护理、日间护理和临终关怀护理等，以满足老年人的医护需求，并减轻子女的负担。新加坡建立了“三合一家庭中心”，将托儿所和托老所有机结合，幼儿和乐龄人士集中托管，以解决中青年人上班时无暇照顾家里老幼的问题，既让年轻人安心工作，又让老幼相伴心情愉悦，增进人际互动和隔代亲情①。

（二）新加坡居家和社区养老服务的财政支持

新加坡养老服务体系的资金筹集模式是以中央公积金为主、政府投入为辅，老年人的医疗护理服务费用支出主要由新加坡“国家医疗储蓄计划”和“健保双全计划”支持，前者是将个人的部分收入放入个人医疗储蓄账户以满足个人或家庭未来的医疗需求，后者是针对重大疾病或长期慢性疾病的医疗保险。另外，还有针对无医疗储蓄或储蓄资金不足的贫困群体的保健基金计划，让贫困群体可以在政府指定的养老机构接受医疗保健服务时享有补贴。

政府对居家和日托养老服务的财政支持主要体现在两个层面：一是针对居家养老，以家庭经济状况调查为基础制定不同的补贴方案，向无收入或低收入的贫困体弱老年人或伤残人士提供社区关怀长期援助（公共援助）。根据家庭收入水平对居家和在社区中心服务机构养老的老年人给予不同的护理费用补贴，家庭人均月收入越低，获得的补贴越多。这类补贴主要适用于日间康复中心、社会日托中心等，并专门为因事先残疾而无资格加入新加坡乐龄保健计划的贫困老年人提供“临时性残疾援助计划”，审核后符合条件的老年人可获150

① 郭竞成．居家养老模式的国际比较与借鉴[J]．社会保障研究，2010（1）：29-39.

新元/月（家庭人均月收入为1 801~2 600新元）或250新元/月（家庭人均月收入为0~1 800新元）的补贴，补贴最长期限为72个月。补贴资金可用于支付护理费用、聘请护理人员等与照护相关的项目。但养老服务并非由政府直接提供，而是通过购买服务的招投标正规程序，引入和鼓励社会组织承包养老服务供给任务，政府则针对养老服务供给机构的运作成本提供不同的津贴。

第二节　国外财政支持机构养老服务供给的实践

一、美国机构养老服务及其财政支持

美国的养老保障制度、养老服务体系历经长期发展和不断完善，形成了专门的养老机构服务设施、服务技术标准及规范的管理制度。在美国现行的养老服务体系中，以居家和社区养老为主要的模式，机构养老不到20%[①]。选择机构养老的老年人大多数属于身体状况不佳、需要照顾的老年人。据统计，85岁以上老人中有大约23.17% 居住在养老机构[②]。第二次世界大战后，美国受凯恩斯主义和新自由主义的影响较大，在强调国家应承担社会福利责任的同时，也重视市场和职业福利的作用，推行社会福利市场化、社会保障产业化、社会保险商业化、社会服务社会化[③]。因此，由社会组织或私人投资兴办的养老机构较多，政府直接投资的公办性质的养老机构非常少。相关资料显示，营利性的私立养老服务机构数量最多，占到66%；非营利性机构的数量次之，占比为27%；公办养老服务机构数量最少，仅为7%[④]。

① 张恺悌，郭平．美国养老[M].中国社会出版社，2010（8）：123-140.

② 中国老龄科研中心．中国城乡老年人口状况一次性抽样调查数据分析[M].北京：中国标准出版社，2003.

③ 高岩．机构养老服务的国际比较研究[J].劳动保障世界（理论版），2011（8）：48-50.

④ 王齐彦，李慷．老年服务业态研究[M].北京：人民出版社，2014.

（一）美国机构养老服务

美国的养老机构是为有不同需求的老年人提供多层次、个性化的养老服务的专门的老年照护机构。按照提供服务的功能和对象来分类，可以将美国养老机构分为三种模式。第一种模式——传统的护理院（养老院），在养老机构所有类型中形成的时间最早。在养老金制度创立前，护理院的前身是救济院。20世纪60年代，为了给医院腾床位，这种技术护理照顾型养老机构应运而生。其服务的对象主要是失能失智、生活不能自理，需要漫长“康复期”和精心医疗照护但不需要常住医院治疗的老年人，护理院为他们提供24小时医疗护理及日常生活照料。机构的运营资金主要来源于老年人自己、政府医疗补助金和社会长期照料保险金。第二种模式——老年护理中心，是协助老年人生活的中级护理照顾型养老机构，是完全市场化的。第三种模式——老年公寓，是普通照顾型养老机构，一般由政府专门拨款、设计和建造，可交给承包商运营。其服务的对象大多是身体相对健康、生活能自理、只需提供饮食等简单养老服务的中低收入老年人。老年公寓设施齐全、管理模式先进、收费较低，比较受美国老年人欢迎。很多人在退休后会卖掉自己的房子申请入住老年公寓，用卖房的钱支付房租[①]。

近些年美国在探索养老改革路上，兴起了一种旨在提升养老院居民生活质量的机构养老文化变革模式——绿屋养老院。2003年，美国老年医学专家威廉•托马斯（William Thomas）和社会老年学家朱迪思•拉比格（Judith Rabig）最早提出“绿屋养老院”的概念[②]。同年，一家养老院辅助生活设施的运营商兴建了第一批绿屋养老院。绿屋养老院建造在一个区域内统一管理，由多个单元组成，每个被称为“绿屋”的单元最多只能容纳7~12名居民。绿屋居民拥有带浴室的私人房间，可自带家具和装饰品。客厅、厨房、阳台、餐厅等是公共的，与传统的养老院相比更有家庭的感觉。绿屋养老院的核心员工是经过特定培训

---

① 高岩．机构养老服务的国际比较研究[J]. 劳动保障世界（理论版），2011（8）：48-50.

② 谢烨，董塔健．美国“绿屋养老院”对我国养老事业的启示[J]. 中医药导报，2019，25（2）：8-9.

的认证护士助理（Certified Nurse Aide，CNA），CNA负责日常家庭生活维护、关怀沟通和应急响应等事项，而专业的护士、医生、物理治疗师、社工等人员是协作者，按照老年人自行制定的时间定期探访，负责提供临床支持。绿屋养老院和传统养老院相比，不同在于：第一，前者规模较小，家庭氛围浓，治疗和护理的界限清晰；后者规模相对较大，倾向于医疗康复护理。第二，前者的居民不仅是被照顾者，而且是参与者，与CNA组成自我管理团队，共同决定和处理日常事务，自主性更强；后者的居民仅为照顾者，日常事务由专业团队管理。第三，前者比后者的非护理服务时间要长，员工流动率更低。绿屋养老院的优点比较明显，而且研究表明，在11个维度的生活质量检测、主观幸福感和对护理人员的满意度的测评方面，绿屋养老院居民均优于传统养老院居民。绿屋养老院的缺陷在于：一是投资及运营成本高昂，会转嫁到入住居民身上。据调查，其床位平均收费比传统养老院高5%。二是自治管理导致人员调度困难，参与者自身定位不准，存在越权和缺位现象。

（二）美国机构养老服务的财政支持

美国社会养老保障制度以社会养老保险、退休养老金计划和个人储蓄养老金计划"三支柱"为主要内容：社会养老保险是全民强制性的养老保障金；退休养老金计划强调由企业和员工共同建立养老金账户；个人储蓄养老金计划强调个人通过投资等方式为自己储备养老金，该养老金是作为补充的商业保险[①]。对于年满65周岁且无法获得养老保险金的低收入老年人，只要资产及个人收入符合一定标准，就可以获得补助。如果老年人选择机构养老方式，费用由各种保险计划和个人共同支付。

自1965年《美国老年法案》生效以来，联邦政府和各州政府对养老服务的财政支持不断增加[②]。政府根据服务对象、提供服务的主体分别给予财政支持。对于服务对象中的中低收入老年人，其资产不足以抵付公寓费用的部分可以申

① 张孟强，任姗姗.美国养老服务发展经验与启示[J].中国民政，2019（3）：54-55.

② 李超民.美国养老事业的财政支持研究[J].上海商学院学报，2015，16（1）：38.

请政府补助。低收入老年人在入住养老院之前，可以先向当地政府申请，审批通过后能领到一定的入住补贴。对于提供服务的主体——养老机构，无论其性质、规模如何，政府都通过联邦医疗保险和医疗补助制度来对养老机构的具体服务给予资金补助①。此外，通过税收优惠激励非营利性养老机构，规定非营利性所得可以酌情免除联邦和地方的失业税、企业所得税、销售税、财产税等②。非营利性养老机构缴纳企业所得税时，获得的捐赠经联邦税收征管部门核定后可以在税前列支，并允许对固定资产加速折旧在税前扣除，按照较低的中小企业税率计征，以进一步减轻养老机构的税负压力。

二、瑞典机构养老服务及其财政支持

在19世纪末期，瑞典已进入老龄化社会。高水平的普惠性“从摇篮到坟墓”的社会福利制度，先进的医疗技术水平，加上宜居的自然环境和气候，使得瑞典人的寿命普遍较长。随着出生率的下降、生育年龄的推迟，瑞典人口老龄化程度持续加深。据统计，2018年瑞典65周岁以上人口占总人口的比重为20.09%，在世界人口老龄化国家中排名第九，并预计于2020—2030年将再次出现老龄化高峰。瑞典作为世界上最早进入老龄化社会、老龄化程度严重的国家之一，逐渐建立起了以全面覆盖、地方自治、高度专业化为特征的较完善的养老服务体系，是世界上最早建立全民养老金体系的国家之一，在养老服务财政投入方面也是最为慷慨的国家之一③。瑞典将养老服务作为公共责任，国家负有对老年人养老照料的责任，配偶、子女和亲属不具有赡养老人的法定义务。政府是养老服务的责任主体，市场、家庭和社会组织等在养老服务方面起协助作用。《社会服务法案》（1982）规定市政机关有确保本市所有居民获得所

① 费果．国外养老服务机构建设及运营模式 [N]. 中国社会报，2013-05-29（3）.

② 孙倩璐，陆杰华．关于养老服务业税收政策创新的国际借鉴与启示的思考 [J]. 老龄科学研究，2016（3）：65.

③ MEAGHER G, SZEBEHELY M.Marketisation in Nordic Eldercare:a research report on legislation, oversight, extent and consequences[R].Stockholm: Stockholm University, 2013.

需支持和帮助的终极责任，个人在生命的任何阶段都有接受公共服务和帮助的权利。《社会福利法》(2002)规定老年福利政策必须保障老年人独立生活，并尽可能为其长时间地独立生活创造条件；无法独立生活的老年人可申请入住有专业服务人员照料的福利养老机构，并由国家负担开支；提供各种类型的机构照料和其他老年照料是市政府的法定责任[①]。

(一)瑞典机构养老服务

瑞典社会养老服务体系曾以机构养老模式为主，但在20世纪80年代，瑞典老年人口大幅度增长，进入深度老龄化社会，再加上存在过度消费机构养老服务的现象，承担终极养老责任的市政府不堪财政支出重负，为了控制成本，主导实行养老服务"去机构化"。需要入住养老机构的老年人得向市政府提出申请，市政府主管部门在医学认定的基础上进行需求介护评估，审批通过的一般是超高龄或患有重疾、生活难以自理的老年人，由市政府为其提出介护方案和养老服务设施选择建议。根据市政府的评估报告和建议，得到批准的老年人可以自主选择符合条件的机构养老。市政府大力推行居家养老、社区照料的养老服务模式，推迟了老年人入住养老机构的时间。当时盛行的"新公共管理"思潮提倡在养老服务领域引入市场竞争机制，部分市政府将机构养老服务以招标的方式外包，机构养老服务由此也出现了"市场化""私营化"趋势。目前瑞典的私立养老机构在养老市场的占比为10%。市政府每年都会审批当地私立机构的预算和管理计划，允许其合理盈利，但利润空间一般不超过20%。优胜劣汰的竞争机制及严格的监管体制促使私立养老机构不断提升自身的服务品质，也倒逼公立养老机构提升服务水平避免被淘汰，最终促进了整个养老服务业的发展。

瑞典每个城市都有若干福利养老机构，这些福利养老机构不仅布局合理、居住环境优越，还充分利用了各种有利于老年人养老的社区资源。一方面，吸引老年人入住，对老年人实行分组管理，配备具有相应专业学历的社工和护士，分别负责老年人的生活和照护工作，为他们提供优质的、个性化的和专业化的

① 王文.瑞典的养老福利机构[J].社会福利，2008(2)：51-52.

养老服务。另一方面，对附近社区的老年人开放，可以利用已有的资源为居家老人提供上门服务或日间照料服务，社区老年人还可以到养老院内就餐、喝下午茶、聊天、参加活动，增加院内外老年人的交流，减轻他们的孤独感。瑞典的养老福利机构大致分为三种模式：老年公寓、疗养院和类家庭。老年公寓又称“服务公寓”，其中政府运营的老年公寓称为“专门住房”，私人运营的老年公寓称为“老年住房”。老年公寓配套完整，一般有卧室、厨房、卫浴室，有的还有客厅和客房。生活不能完全自理的申请人以租赁的方式入住，服务人员将提供24小时的照料服务。疗养院是一种介护型公共养老机构，主要服务对象为需要长期医疗护理的老年人。类家庭是一种选择性福利养老机构，也称为“集体之家”“认知症共同生活之家”，主要收养有认知障碍的老年人。一般6名左右的老年人住在一个大套间，有公共集体活动室和公共餐厅，每名老年人有带卫浴室的独立房间。专业的服务人员与他们一起生活，为他们提供24小时全方位的照料服务[①]。

（二）瑞典机构养老服务的财政支持

瑞典的养老保障制度建立在由国家、企业和个人共同分担、互为补充的“黄金三支柱”模式上，由现收现付制名义账户和基金累积制个人账户相结合，分为三个层次：第一层次是公共基本养老金，由最低保障金和收入关联养老金两部分组成[②]，资金来源于国家财政、企业和居民个人。最低保障金也称国民年金，是国家强制性地为低收入或无收入的老年人提供的基本养老保险，与个人的收入关联养老金挂钩。收入关联养老金不足规定的全额最低养老金标准的部分由国家补助，资金来源于国家的高税收收入。收入关联养老金与居民退休前的职业收入密切联系，根据在职时的平均工资确定，雇主和雇员按雇员的个人工资缴费，缴费比例合计为18.5%，各自承担9.25%。其中16%计入名义账户部分由公共投资基金按规定进行管理和投资，采用现收现支模式支付同期退休人员养

① 王文．瑞典的养老福利机构 [J]．社会福利，2008（2）：51.

② 李琼，李必云．瑞典养老保险制度及其启示 [J]．合作经济与科技，2016（9）：184.

老金。余下的2.5%由养老基金管理局管理，根据参保人选择的基金投资，由私营基金公司及共同基金公司运营，保值增值额计入个人账户[①]。第二层次是职业年金，是第一层次的公共基本养老金的补充，也称为补充年金或集体协议养老金，具有半强制性，根据行业特点细分为中央政府雇员、地方政府雇员、白领和蓝领四项计划。一旦行业工会和雇主达成协议，所有雇员都要参与，按照参保人员的就职行业和年龄决定缴纳费率，平均费率为工资总额的2%~5%，雇主负责收缴管理并进行投资选择，由各私营基金公司负责投资运营，职业年金及投资收益计入个人账户[②]。第三层次为私人养老金，是自愿性质的个人养老储蓄计划。私人养老金形式多样，有个人储蓄、商业养老保险、保险基金投资等。居民自愿选择，由符合相关规定的养老金储蓄机构指导投资，政府金融监管部门负责监管操作，商业保险公司进行管理和运营，投资收益可以享受国家税收优惠。私人养老金是对前两个层次养老金的补充，可以保证居民的养老金收入更充裕，使老年人的生活品质不会因为退休后收入减少而下降。

瑞典推行并通过立法付诸实施的养老福利政策和老年社会保障制度，把对老年人的基本生活保障作为政府的责任。全覆盖的养老服务体系和高福利的老年社会保障制度离不开政府强大的财政支持作后盾。瑞典是联邦制国家，联邦政府主要起到顶层法规政策设计、赋权和辅助地方政府（州、市）的作用，并为养老保障体系提供财政支持。地方政府则扮演养老服务政策实践者的角色。各州在养老服务决策上拥有较大自主权，州以下的养老服务分工模式和具体政策各异。州和市两级政府相互配合，共同承担养老职责。州政府主要承担的职责有：一是管理医疗、技术支持，包括管理辅具、专科医院、大学医院、初级保健中心等；二是为居家照料服务和养老服务机构及专业人员培训提供财政支持。市政府负责具体的养老护理供给和管理，包括管理护理康复、居家服务、养老机构等。市政府既要管理老年人，也要管理养老服务供给者，并负责养老

① 魏龙．瑞（典）、美、德、日的养老保险制度及对我国的启示[J]. 法制与经济，2016（1）：37.

② 陈芸．多层次养老保险改革的动力机制研究[D]. 成都：西南财经大学，2016：27.

服务的筹资和监管。

瑞典的市级政府都设有老年人扶助护理管理机构，是城市养老服务管理运作的主要承担者，对政府管辖区域内所有的退休老年人进行综合管理。政府工作人员根据老年人的健康状况和家庭情况，评定其选择居家护理还是机构养老护理合适，根据统一标准评定老年人需要的护理标准和级别，并根据老年人的养老金收入决定是否给予政府补贴。老年人入住养老机构支付的房费、服务费、餐费和护理费的总额不会超过其退休金的2/3。根据养老院与市政府的协议，这些费用可以由老年人向养老院支付，也可以由政府从老年人的退休金中扣除再支付给养老院。若老年人的养老金较低无法承担，则由政府给予一定的住房补贴、护理补贴等对付费不足的部分买单。无论老年人经济状况如何，都能根据其需要得到相对平等的照护。

三、日本机构养老服务及其财政支持

早在1970年，日本便正式迈入老龄化社会，至今已50多年。日本老龄化程度加剧的同时生育率也迅速降低，老龄化速度明显快于美、英、法等国家。日本和中国一样，赡养老人也深受儒教孝文化的影响，传统的家庭养老一直是主流，居家养老是日本社会养老服务体系的根本。但是随着社会产业的发展及生育观的转变，机构养老逐渐被认可，其以专业化养老服务、减轻家庭负担等优点深受日本老年人的喜爱，成为日本养老服务体系的重要组成部分[①]。

（一）日本机构养老服务

日本针对老年人的介护是专业看护、照顾老年人，目的是维护老年人的尊严，协助老年人最大限度地发挥自身基本的活动能力，提高生活品质。根据老人活动、进食、排泄、自我清洁、听力、语言能力等的实际状况，介护分为7级。所有护理人员均受过专业培训，拥有专业资格证书，由专业公司管理。

① 班晓娜，葛稣．机构养老与政府职能：日本经验及启示[J]. 大连海事大学学报（社会科学版），2014（3）：43-47.

日本福利性养老护理机构最初被称为“养老院”。1963年，《老人福祉法》颁布，养老院更名为“老人之家”，并进一步完善了具备多种功能的老年机构。《老人福祉法》限定老年人社会福祉事业的开设者是国家、地方自治体及社会福祉法人，规定公共福祉设施的种类有：特护老人之家，主要为需要身体介护的老年人提供介护服务；养护老人之家，主要面向经济条件窘迫和无依无靠的老年人，是不以营利为目的的养老机构；低收费老人院和介护所，主要为单身老年人和空巢老年夫妇提供居住场所，入院老人年龄在60岁以上或夫妇中的一方在60岁以上①。

收费养老院是民营的，入住老年人自己负担费用的3/4。1963年规定收费养老院为“常年有10人以上的老年人住所，为老年人提供饮食、沐浴和其他生活服务”。收费养老院通过向都道府县知事提交申请的方式设立株式会社等进行运营。初期的收费养老院主要收住的是不需要介护服务的健康老年人。此后，法律修订取消了入住人数限制，民营资本更容易参与，收费养老院大幅增加。但各地区会依据地方自治体制定的介护保险计划控制总量，对管辖区域内的设施开设进行管控②。

1982年日本国会制定《老年保健法》，1986年老人保健设施得以制度化。老人保健设施作为医院和家之间的过渡性设施，是为已出院但回归家庭休养困难的老年人提供康复服务，以回归家庭介护为最终目的而提供的设施。1992年《医疗法》第二次修订后，疗养型病床群作为主要收容需要长期疗养的患者的医疗设施，由都道府县知事批准开设。2000年介护保险制度化后，疗养型病床群作为介护保险规定的服务设施之一，成为社会性住院（回归家庭困难而长期住院）的老年人和需要医疗看护的老年人的收容设施③。

早在20世纪60年代，有些地方政府便为住房困难的低收入老年人优先提

① 国务院发展研究中心社会部课题组 . 养老服务体系发展的国际经验与中国实践 [M]. 北京：中国发展出版社，2019：64-67.

② 同①.

③ 同①.

供特定目的的公营住宅（公共廉租住宅），之后逐渐推向全国。20世纪80年代末，建设省（现在的国土交通省）与厚生省（现在的厚生劳动省）正式合作，推出专为老年人设计的标准式样的“银发住宅”。老年住宅模式的正式出现和普及，实现了适老化住宅与养老服务的有机结合。其运营主体除了政府，还有社会团体、房地产开发商。2011年日本国会全面修订《老年居住法》，将之前提供给老年人的公营住宅和民营住宅进行了整合，极大地推动了民营力量投资建设附带配套医疗设施的老年人住宅。在法案的支撑和政府的大力推动下，新型的老年人设施——医疗服务型老年人公寓开始出现，因其能提供完善的服务，越来越多的老年人选择入住。此外，日本还有收住认知障碍（老年痴呆）老年患者的集体之家，属于介护保险对象的养老机构。其入住人数限制为10名以下，有着与普通养老设施不同的生活环境。

（二）日本机构养老服务的财政支持

（1）日本成熟的社会保障制度对机构养老服务形成了较有力的支撑。为了应对严峻的社会老龄化，1989年日本制定了《黄金计划》，完善了社会保障制度，该制度由国家扶助、社会福利、社会保险和公共卫生及医疗（含老人保险）四大部分构成。社会保障费按被保险人、雇主、国家财政拨款“三者均等负担”原则筹措。社会保障的主要经费来源有国家财政投入、收缴的保险费及其投资收益。日本的社会保险包含年金、医疗、护理、劳动保险等几项内容，涵盖个人的整个生命周期，是一个综合性、全覆盖的社会保障网络。日本社会保障制度的核心是国民养老金保险制度。介护保险制度也是社会保障制度的重要组成部分。《介护保险法》（1997）规定每个国民从40岁起至死亡，都要向国家缴纳一定数量的介护保险金，介护保险者的缴费和政府补贴各占一半。中央和地方政府各承担政府补贴的50%，地方政府部分由都道府县、市町村两级各承担12.5%。为了弥补由于支出增加或者保险金收入不足造成的市町村的收支缺口，每个都道府县（或行政区）均设立了财政稳定基金[①]。国民从65岁开始

① 田伟仪，邢梓琳．日本长期护理保险制度带来哪些启示 [N]. 中国经济时报，2016-09-30（8）.

可以申请介护，经相关部门审核划定享受的介护层级后，保险负责80%~90%的护理费用，个人只需支付剩余的10%~20%[①]。

（2）给予不同的养老机构和服务对象不同的财政支持。在早期应对养老问题时，政府大规模直接投资修建和运营福利型养老机构。随着老龄化加剧，财政压力过大，日本开始试行让民营资本进入养老领域，养老服务逐渐社会化，民间社会福利法人经营和管理的福利养老护理机构数量现已超过政府举办的数量。目前，公立性质的养老机构中有很大一部分机构属于政府机构，工作人员是民政人员，经费全部来自财政拨款。比如，厚生劳动省牵头建设的老人福祉设施，其建设和运营资金基本全部由政府出资[②]。为了鼓励民营养老机构的发展，当地政府免费为民营养老机构提供土地，符合政府审核标准的民营养老机构会有开办补贴，补贴资金由中央政府和地方政府各承担一半[③]。非营利性养老护理机构的日常运作也有地方财政资助，该资助即"措置费"。措置费可以用于养老护理机构的服务人员开支、设施维护、公用经费等支出，其中机构的服务人员工资一般参照公务员标准[④]。仅经营活动所得收入须纳税，其他如捐款、资助、补贴等无须缴税。民间兴建或经营的具有医疗介护等功能的福利设施，享有税收优惠、低息甚至免息贷款服务。每年日本政府各部门和相关研究机构会对开展养老机构建设进行相关调研和研究，对需要特别支持的领域实施支持政策倾斜[⑤]。为老年人发放补贴和护理券大大刺激了民营养老服务的机构发展，促进了养老服务供给的多元化和社会化[⑥]。

---

① 张凡．日本养老护理机构：分类设置管理运营 [J]. 社会福利，2011（1）：55.

② 班晓娜，葛稣．机构养老与政府职能：日本经验及启示 [J]. 大连海事大学学报（社会科学版），2014（3）：43-47.

③ 李萌．支持我国养老服务体系发展的财税政策研究 [D]. 财政部财政科学研究所，2015（6）：138.

④ 同②.

⑤ 孙倩璐，陆杰华．关于养老服务业税收政策创新的国际借鉴与启示的思考 [J]. 老龄科学研究，2016（3）：67.

⑥ 费果．国外养老服务机构建设及运营模式 [N]. 中国社会报，2013-05-29（3）.

（3）重视养老服务专业人才队伍培养，财政支持确保养老服务人力资源储备充足。日本从20世纪70年代开始将培育养老服务护理人才列为养老服务体系建设的重要内容，1987年颁布《社会福祉士及介护福祉士法》，2006年通过《社会福祉士及介护福祉士修订法》，严格规范从业人员资格认证，为培养和吸引专业人才提供了法律保障。为了吸引和扩大养老服务人才后备力量，一方面，地方政府对正在就读介护相关专业的学生给予高达学费80%的奖学金和免息助学贷款，缓解他们的求学和生活压力，且学生毕业从事介护工作满5年后，无须偿还政府贷款；另一方面，中央政府从2011年起逐步提高介护员工的工资，连续3年投入4 000亿日元补助金以改善介护员工的待遇。日本还允许通过介护福祉士国家资格考试的外国人在日本定居，对从事介护工作的外国定居者，给予23.5万日元/年的补助金和相关进修资格等。此外，日本制订了一系列的补助计划，开办各种职业进修培训和资格考辅班，以推动介护服务人才培养战略的实施[①]。

第三节 国际经验对我国的启示

通过对各国具体的养老政策和财政政策的分析发现，各国养老服务均有相应的全国性和地方性法律法规作为强有力的保障，政府在支持和发展养老服务中的角色已经由全面包揽型转变为主导参与型，在选择财政支持手段和工具方面也有相似的原则和方式。

结合我国老龄化的具体情况，在应对人口老龄化方面，我国与发达国家的相似之处则是以居家和社区养老服务模式为主，以机构养老服务模式为辅，注重运用财政手段来支持养老服务供给。对于社会养老服务体系建设尚处于初级阶段的我国而言，研究和总结国际经验，弄清养老服务供给中政府应承担的职

① 曹永红，丁建定．日本社会养老服务体系发展及介护服务人才培养镜像 [J]. 中国社会工作，2018（16）：57.

责，以及财政政策如何支持城市养老服务供给，建立和完善养老服务体系，具有较强的现实意义。

一、根据本国国情建立完善的养老保障制度

前面分析的发达国家都根据本国的国情、习俗及实践经验，建立了具有本国特色的养老保障制度，其养老保障制度呈现多元化、多维度、多支柱特色。而和我国同样面临严峻的人口老龄化问题，经历了经济体制改革，同属于发展中国家的俄罗斯、波兰、捷克等国家，为保障老年人的基本养老权益，同时为了维持国家财政稳定，先后实施了多支柱养老体系计划，将现收现付确定性收益与强制性养老金、自愿储蓄性养老金结合起来，优化了养老基金的来源渠道。

建立完善的养老保障制度是促进养老服务业发展、有效增加养老服务供给的根本保障。首先，要与经济发展水平、政府财力及老年人的养老需求挂钩。社会保障支出应根据经济发展做出相应的调整，考虑财政能力，并结合老年人的基本养老需求确定相应的支出水平。其次，扩大城镇职工和普通居民的基本养老保险的覆盖面。养老保障支出旨在增强社会养老保障的兜底能力。最后，建立多层次、多支柱的养老保险体系。在坚持国家、企业和个人共同分担社会基本养老保险责任的模式基础上，鼓励发展个人储蓄型养老保险和商业养老保险；做好养老保障基金收支平衡规划，将统筹账户与个人账户分开管理，减少个人空账运行，提防社会养老保险基金出现缺口，确保社会养老保障的可持续发展。

二、遵循养老服务供给中政府主导原则

从这些发达国家的实践经验看，在养老服务供给中，多元化主体参与和政府主导是相互促进、相互配合的。上述各国无论市场化程度有多高，也无论养老服务供给参与度有多广，均遵循了以政府为主导的原则。首先，要从宏观层面构建养老服务的顶层设计，制定相关法律法规和发展规划，为养老服务业的持续发展指明方向、规范行为和提供保障。其次，转变政府职能，由直接干预

变为间接引导。政府主导不是政府包办，而是政府减少直接投资，减轻财政压力，鼓励和支持社会力量参与养老服务供给，在多元化供给主体中起到规划者、引导者、协调者、支持者和监督者的作用。政府与市场要积极合作，既要保持市场活力，发挥市场在资源配置中的决定性作用，也要及时干预市场失灵，弥补市场供给不足的部分。

三、合理运用各种财政工具

各国为支持养老服务供给，综合运用了多种形式的财政工具，但政府直接投资仍在财政支持养老服务供给中占有一定比例。英国和瑞典政府是其居家和社区养老服务的主要出资者。美国、日本和新加坡政府在养老服务基础设施方面的投入上也占有相当比例。美国尽管市场化程度高，但也有一部分养老机构由政府投资兴建。日本是政府全资建设和运营老人福祉设施。新加坡政府则出资为老年人修建乐龄公寓，并开发多功能综合养老社区。财政补贴也是各国重要的财政支持手段。美国对养老服务供给方有“老年人住房援助计划”和“住房选择券计划”等补贴，对老年人有医疗补助保险计划和住院补贴。英国对满足照护需求评估标准的老年人给予不同程度的财政补贴，让老年人能支付照护服务费用，并给予家庭照护者财政津贴。新加坡对老年人有“敬老金计划”“临时性残疾援助计划”和护理费用补贴，对养老服务机构有运营津贴。瑞典政府对符合条件的老年人给予住房补贴、护理补贴等，对福利养老机构也给予较高的运营补贴。日本对每个国民的介护保险金的补贴占其总额的一半，符合政府审核标准的民营福利机构有开办补贴，对老年人护理人才培养也有相应的补贴。美国、英国、新加坡、日本的政府还通过各种类型的养老计划购买符合既定标准的养老服务，提供选择给居家和社区养老的老年人。在税收手段支持方面，各国也有相应针对所得税、失业税、财产税、销售税等的优惠政策。

财政支持养老服务供给的工具较多，作用机理也不尽相同。曾经占主导地位的政府直接投资方式给政府造成巨大的财政负担，且容易出现寻租、效率低下等问题，应将政府直接投资的着力点聚焦到提高基本养老服务均等化水平的公共养老基础设施建设方面，综合运用多种财政手段，发挥财政资金的杠杆作用，支持公办养老机构进行公办民营、公建民营改革，鼓励建立民办公助新模式。一方面，此举可减轻财政支出压力，避免政府直接投资造成挤出效应，切实提高财政投入的精准性和效率；另一方面，可提高社会资本参与养老服务供给的积极性，推进养老服务供给的社会化、多元化、市场化。

四、明确划分中央与地方的事权和财权

养老服务属于准公共产品，微利性与公益性特征决定了政府必须在其发展中占主导地位，而地域性和社会性特征又需要中央政府与地方政府明确划分职责，需要中央政府和地方政府共担责任、各司其职。从具体实践来看，美国联邦政府出台支持居家和社区养老服务的政策，地方层面也有相应的具体支持政策，并落实各项政策。联邦政府和州政府合作提供医疗保险，联邦政府为集中养老居所服务项目提供财政拨款，州政府制定医疗补助保险计划并具体实施。联邦政府为州政府和地方政府的养老机构建设及运营提供专项补助资金，地方政府负责监督养老机构对补助资金的使用情况及服务运行情况。英国的国家医疗服务部负责老年人的医疗服务和健康照顾，地方政府服务部负责配置和管理地方养老资源，建设社区养老服务设施，支持日常居家照护和社区服务。同是联邦制国家的瑞典，其养老服务的事权划分体系庞杂，秉承联邦制和权力下放的原则。联邦政府主要起到顶层法规政策设计、赋权和辅助地方政府的作用，并为养老保障体系三大支柱提供财政支持。各州在养老服务决策领域拥有较大自主权，州以下的养老服务分工模式和具体政策各异。州和市两级政府相互配合，共同承担养老服务供给的责任。日本国会出台相关的养老立法，都道府县知事拥有对运营养老机构及开设长期照料医疗服务设施的审批权，市町村负责对所在地养老护理机构的经费资助、日常监管等。日本国民的介护保险金中，中央政府和地方政府各承担政府补贴的一半。

在养老服务事权方面，基于养老服务本身性质的考虑，中央政府主要承担顶层设计的职责，地方政府承担依据中央的政策制定细则、具体执行和管理监

督的职责。我国区域间、城市间的经济发展水平、生活习俗、人口结构、老龄化程度不同，城市养老服务需求存在较大差异，而地方政府更知晓民生民意，更了解当地民众的养老需求，因此，由地方政府负责承担具体的本地养老服务供给工作更合适。在养老服务财权方面，中央政府和地方政府共同承担养老服务的资金投入。根据国际经验，多数发达国家采用中央政府和地方政府平均分摊养老服务财政支出的模式，并且中央政府对地方养老服务项目有专项财政拨款。从全国层面来看，我国各级政府在养老服务的支出责任总体上也可以采用平均分摊模式，但在中央政府对地方政府的养老服务转移支付方面，应根据地方经济发展水平、城市规模等级、城市老龄化程度等情况具体区分。如按照区域差异来看，与东部地区相比，中部、西部地区的经济发展要相对迟缓、基础设施相对落后，中央政府的转移支付要向中部、西部地区倾斜。按照城市规模等级来看，相对于三四线城市，一二线城市经济更发达，人均收入和生活水平较高，地方政府财力相对雄厚，中央政府可适当减少对一二线城市养老服务方面的投入，提高对三四线城市的投入。从城市老龄化程度来看，中央政府支持老龄化程度较高的地区的养老服务的财政投入相对应多一些。

第六章　财政支持城市养老服务有效供给的政策设计

基于前面各章的分析，本章重点研究财政支持城市养老服务有效供给的政策设计。首先，对我国公共服务体系、财政税收体制等相关重点领域改革方向与趋势进行研判与梳理，为城市养老服务财政支持政策设计提供制度与政策依据。其次，从基本原则、政策框架与政策建议三个方面，分别对财政支持我国城市居家和社区养老服务有效供给、城市机构养老服务有效供给进行政策设计。

第一节　城市养老服务财政支持政策设计的制度基础

党的十八大的召开特别是2013年《中共中央关于全面深化改革若干重大问题的决定》的正式公布，标志着我国进入了全面深化改革的新时期。这次改革的深入实施，对我国社会经济各个领域发展的轨迹与方式，产生了巨大的冲击与影响。因此，本书关于财政支持城市养老服务有效供给的模式与政策研究，必须基于对我国公共服务体系、财政税收体制等相关重点领域改革方向与趋势的全面研判和准确把握，才能提出既符合我国养老服务供给侧结构性改革的实际，又兼具前瞻性和可操作性的政策建议。

一、我国公共服务体系改革的政策取向

党的十八大报告提出“加快形成政府主导、覆盖城乡、可持续的基本公共

服务体系”。《中共中央关于全面深化改革若干重大问题的决定》提出推进基本公共服务均等化；国有资本加大对公益性企业的投入，在提供公共服务方面做出更大贡献；稳步推进城镇基本公共服务常住人口全覆盖；加快建立社会养老服务体系和发展老年服务产业。2017年国务院印发的《“十三五”推进基本公共服务均等化规划》提出以普惠性、保基本、均等化、可持续为方向；推进基本公共服务均等化、标准化、法制化；以统筹协调、财力保障、人才建设、多元供给、监督评估等五大实施机制为支撑；积极引导社会力量参与，推进政府购买服务，推广公私合营模式等。党的十九大报告指出要“坚守底线、突出重点、完善制度、引导预期，完善公共服务体系”。2018年颁布的《关于建立健全基本公共服务标准体系的指导意见》提出要建立健全基本公共服务标准体系，规范中央与地方支出责任分担方式，推进城乡区域基本公共服务制度统一，促进各地区各部门基本公共服务质量水平有效衔接，以标准化手段优化资源配置、规范服务流程、提升服务质量、明确权责关系、创新治理方式，确保基本公共服务覆盖全民、兜住底线、均等享有。基于对中央这些相关文件精神的梳理，可以发现，我国公共服务体系改革的政策取向，主要体现为以下三个方面。

（一）强调公共服务供给的主体多元化与供给方式多样化

《中共中央关于全面深化改革若干重大问题的决定》提出，要支持非公有制经济发展，在“权利平等、机会平等、规则平等”的原则下，通过废除当前体制机制框架内存在的针对非公有制经济的各种或显性或隐性的壁垒，即所谓的“玻璃门”“天花板”“弹簧门”，鼓励非公有制企业进入各类特许经营领域。除了那些不适合由社会力量承担的公共服务外，其他无论是基本公共服务领域还是非基本公共服务领域，都可以向社会力量全面开放，营造公平竞争的市场环境，支持各类主体，包括企业、社会组织等平等参与并提供服务。杨宜勇、邢伟将公共服务分为保障型基本公共服务、发展型基本公共服务和非基本公共服务三类：保障型基本公共服务由政府及公共部门全面承担供给责任；发展型基本公共服务由政府承担主要供给责任，在政府及公共部门的引导下，生产主体可以是社会组织；对于非基本公共服务，社会和市场是主要供给主体，政府只承担一定的供给责任[①]。相关文件也强调要创新公共服务的提供方式，要推进政府购买服务，推广政府采购、建设—运营—转让（Build-Operate-Transfer，BOT）、收购—建造—运营（Buy-Build-Operate，BBO）、转让—运营—转让（Transfer-Operate-Transfer，TOT）、合同外包及公私合营模式等。其中，公共服务供给领域的一种新型的公私合作伙伴关系（Public Private and Non-profit Actors，PPNP）[②]也开始引起国内学者的关注，预计未来也将成为我国公共服务供给方式创新的新方向。

（二）强调基本公共服务供给的均等化、标准化和法制化

首先，当前我国公共服务供给的不平衡、不充分问题依然比较突出。党的十八大以来我国公共服务体系改革的目标之一，就是要逐步消除公共服务供给的人群差别与城乡差别。为此，国务院专门编制《"十三五"推进基本公共服务均等化规划》，明确基本公共服务均等化的"核心是促进机会均等，重点是保障人民群众得到基本公共服务的机会，而不是简单的平均化"。其次，当前我国公共服务供给的质量和水平参差不齐，这与人民日益增长的美好生活需要，以及提升人民的获得感、幸福感、安全感的目标存在较大矛盾。为此，今后在我国公共服务供给过程中，亟须建立健全基本公共服务标准体系，运用标准化手段来规范公共服务流程、优化配置社会资源、明确政社的权责关系、创新公共方式、提升公共服务供给的质量和水平，以此来促进基本公共服务供给的均等化、便捷化与普惠化，切实提升老百姓的幸福感、获得感和安全感。最后，由于在推进基本公共服务供给的均等化、标准化的过程中，涉及政府各层级的权责划分、社会供给主体的权益保障等问题，须对有关法律法规进行修订或进一步完善，因此必须与均等化、标准化工作配套，加快修订或完善现行法

---

① 杨宜勇，邢伟. 公共服务体系的供给侧改革研究 [J]. 人民论坛 • 学术前沿，2016（5）：70-83.

② PPNP 关系模式的雏形是2010年发轫于英国的为效果付费债券。在既往公共服务民营化实践的基础上，该关系模式有效统合政府、市场、社会三维治理要素，通过结构化合同将绩效管理和问责迁移导入公共服务领域。

律，推动立法并提升立法层次。

（三）强调社会保障的全国统筹与社会保险平台的全国统一

这其实是我国公共服务领域改革多年来追求的目标，经过多年的探索实践，已经有了实质性的进展。2014年，国务院根据党的十八届三中全会提出的城乡居民基本养老保险改革的要求，印发了《关于建立统一的城乡居民基本养老保险制度的意见》，将城镇居民基本养老保险与新型农村社会养老保险合并，自此全国城乡居民的基本养老保险实现了统一。2014年，国务院启动全国机关事业单位职工养老保险改革，参照企业职工养老保险筹资与管理模式，建立起个人账户加社会统筹相结合的机关事业单位职工社会化养老保险制度，实现了企业职工养老保险与机关事业单位养老保险的并轨。2018年，在新一轮国家机构改革中，由原人社部门主管的城镇居民基本医疗保险和城镇职工养老保险制度，以及由卫生部门主管的新型农村合作医疗，统一合并至新组建的国家医疗保障局，通过这种机构改革的形式，实现了我国居民医疗保险的城乡统一。2019年8月，中央财经委员会第五次会议进一步提出，要在省级统筹的基础上加快养老保险全国统筹进度，在全国范围内实现制度统一和区域间互助共济。我国社会保障和公共服务供给体制正由以前的城乡分割与区域差异明显，加速向资金筹措、使用的全国统筹与社会保险平台全国统一的目标迈进。

二、我国财政税收体制改革的政策取向

党的十八大以来，财税体制改革在我国全面深化改革的全局中发挥着基础和引领的作用。经过改革推动，当前我国财税体制改革取得了很大的进展。关于我国财政税收体制改革的原则、目标、思路及重点等内容，在中央陆续颁布的文件中均有详细论述或体现，这些文件及相关论述主要有：党的十八大报告提出“加快改革财税体制，健全中央和地方财力与事权相匹配的体制，完善促进基本公共服务均等化和主体功能区建设的公共财政体系，构建地方税体系，形成有利于结构优化、社会公平的税收制度”。《中共中央关于全面深化改革若干重大问题的决定》提出完善立法、明确事权、改革税制、稳定税负、透明预

算、提高效率，建立现代财政制度，发挥中央和地方两个积极性。改革要点有：实施全面规范、公开透明的预算制度；完善一般性转移支付增长机制；深化税收制度改革，完善地方税体系，逐步提高直接税比重；建立事权和支出责任相适应的制度。党的十九大报告提出“加快建立现代财政制度，建立权责清晰、财力协调、区域均衡的中央和地方财政关系。建立全面规范透明、标准科学、约束有力的预算制度，全面实施绩效管理。深化税收制度改革，健全地方税体系”。基于对以上中央有关文件精神的梳理发现，在与本书研究主题密切相关的财税体制改革领域，当前已经取得的改革成果、未来深化改革的方向，主要体现为以下三个方面。

（一）合理划分中央与地方的财政事权和支出责任

党的十八大报告明确提出要“健全中央和地方财力与事权相匹配的体制”。《中共中央关于全面深化改革若干重大问题的决定》再次提出要“建立事权和支出责任相适应的制度”。2016年4月，国务院印发《全面推开营改增试点后调整中央与地方增值税收入划分过渡方案》，对中央和地方的“财力关系”进行了改革与调整，对于弥补营改增后的地方财力亏空，一定意义上兼顾中央和地方利益，显然是比较有利的一项举措[①]。2016年8月，国务院印发《关于推进中央与地方财政事权和支出责任划分改革的指导意见》，提出要在2020年前“形成中央与地方财政事权和支出责任划分的清晰框架”。党的十九大报告提出，要“建立权责清晰、财力协调、区域均衡的中央和地方财政关系”。贾康等认为，我国中央和地方的政府间事权划分将遵循以下四个原则：一是基于公共服务或产品的层次性和受益范围划分事权和支出责任；二是基于公共服务或产品提供效率划分事权与支出责任；三是基于规模经济原则划分事权与支出责任；四是尽量减少政府间事权共担[②]。

---

① 高培勇．将一张财税体制改革蓝图绘到底[N]. 光明日报，2017-12-12（15）.

② 贾康，等．中国财政改革发展战略研究：从“十三五”到2049[M]. 北京：企业管理出版社，2019：48-49.

（二）实施全面规范、公开透明的预算制度

2013年，《中共中央关于全面深化改革若干重大问题的决定》指出财政预算制度改革的目标是“实施全面规范、公开透明的预算制度”。2015年，《中华人民共和国预算法》实施。至此，我国现代预算管理制度的相关理念得以确立，基本建立起以四本预算为架构的全口径政府预算体系，在预决算管理的公开透明方面也取得一定进展。但是改革过程中面临着不少困难与阻力，既存在可操作性实施细则缺失的问题，也存在现代预算制度理念难以贯彻的问题。鉴于此，党的十九大报告进一步明确预算制度改革的目标，提出“建立全面规范透明、标准科学、约束有力的预算制度，全面实施绩效管理”。其中，针对政府购买公共服务，也建立起了相应的预算管理制度。具体而言，用于政府购买服务的财政预算支出安排应实行预决算单列[①]。同时，还必须建立相应的绩效评价制度，全面考核评估政府购买服务的质量和资金使用的效率，这个评估结果将作为来年财政预算编制及政府选择服务承接商的重要依据。

（三）形成有利于结构优化、社会公平的税收制度

间接税收入所占比重和企业税收入所占比重甚高，是推进我国税收制度改革的问题起源与逻辑起点。因此，《中共中央关于全面深化改革若干重大问题的决定》指出税收体制改革的重要目标，就是“逐步提高直接税比重”与“推进增值税改革”。当前，我国营改增全面推开，资源税改革顺利推进，消费税征收范围逐步拓展，税收征管体制机制改革启动[②]。对于与养老服务供给紧密相关的税收优惠政策问题，国家将进行全面清理：与当前法律相违背的必须取缔，有法理依据且具有推广价值的应继续推广，规定了明确政策实行时限的应到期终止。未经国务院批准，不能对企业规定税收优惠政策[③]。针对一些特定行业与产业发展，未来将倾向于减少专项补贴的方式，会更审慎、合理地采用税收优

---

① 贾康，等．中国财政改革发展战略研究：从“十三五”到2049[M]. 北京：企业管理出版社，2019：78.

② 高培勇．将一张财税体制改革蓝图绘到底[N]. 光明日报，2017-12-12（15）.

③ 同①：64.

惠方式并探索“以税式支出”的形式将减免税纳入预算管理[①]。

第二节　财政支持城市养老服务有效供给的基本原则和政策框架

一、财政支持城市养老服务有效供给的基本原则

（一）财政支持居家和社区养老服务有效供给的基本原则

财政支持城市居家和社区养老服务有效供给，要以习近平新时代中国特色社会主义思想为指导，立足国家治理体系和治理能力现代化的总要求，基于我国城市和社区养老服务的供需特征，坚持新时代国家公共服务体系和国家财税体制改革的政策取向，坚持政府主导与社会参与结合，坚持扩大总量与提升质量并进，坚持适度普惠与突出重点兼顾，坚持财政支持方式创新与财政支出绩效管理并重，发挥财政政策保基本、兜底线、促发展的功能，加快推进养老服务业供给侧结构性改革，为我国城市老年人提供更加便捷、更具人文关怀、更高质量的居家和社区养老服务。

1. 坚持政府主导与社会参与结合

城市居家和社区养老服务供给属于典型的民生工程，与机构养老服务供给相比，具有更强的公共产品属性、社会福利属性及社会公益属性特征。根据中央和地方财政事权的划分，养老服务供给属于中央和地方共同的财政事权。养老服务供给中的中央财政事权主要体现在基本养老保险基金、基本医疗保险基金部分，因为中央财经委第五次会议明确提出，要在省级统筹的基础上加快养老保险的全国统筹进度，未来全国养老保险基金的统筹事权将由中央承担主体与主导责任。中央和地方的彩票公益金将共同支持城市居家和社区养老服务中

① 贾康，等. 中国财政改革发展战略研究：从“十三五”到2049[M]. 北京：企业管理出版社，2019：64.

的家庭设施的适老化改造，社区日间照料中心建设、社区养老服务中心建设及居家养老服务的供需方财政补贴，则主要属于地方的财政事权。从事权类型上分，城市居家和社区养老服务供给中有委托性事权，即由上级政府出资，下级政府负责推动和操作实施的事权；也有引导性事权，即由上级政府出资，鼓励下级政府承担部分的事权。作为政府主要承担的财政事权，政府应在城市居家和社区养老服务供给中发挥主导作用。唯有如此，才能确保居家和社区养老服务供给的社会福利属性及社会公益属性特征，也才能从宏观上弥补和纠正公共服务供给过程中普遍存在的“市场失灵”和“志愿失灵”问题。

但是，城市居家和社区养老供给由政府主导，并不意味着政府要扮演所有服务的生产和供给角色。理论上，政府、市场和社会组织在结构、功能等层面的互补性决定了必须通过多元协同合作供给，方能有效应对单一供给方式面临的困境，实现公共服务供给资源的优化配置。公共服务供给中“政府失灵”“市场失灵”和“志愿失灵”的层叠共生，亦决定了非此即彼的单一公共服务供给体制必然被多元协同合作供给的体制取代①。政府主导意味着政府应利用自己的“财权”引导市场力量、社会组织来生产与供给居家和社区养老服务，更好地完成自己的“事责”。如何更好地引导，取决于政府如何更科学地运用自己的“财权”。易言之，就是取决于如何做好财政支持城市居家和社区养老服务有效供给的政策设计。为此，需要编制好我国城市居家和社区养老服务的名录清单，以此来明确哪些服务必须由政府生产与提供，哪些由政府和社会共同生产提供，哪些可采取政府购买服务的形式提供，哪些服务可以由社会组织供给，然后设计相应的财政支持政策加以分类引导，推动政府在“财权”的支配使用与“事责”的履行完成之间实现对应与匹配。

2. 坚持扩大总量与提升质量并进

根据前文对我国城市养老服务供给现状的分析，我们发现相对于城市机构养老服务，我国城市居家和社区养老服务供给存在较大的缺口，其中既有结构

① 李蕊．公共服务供给权责配置研究 [J]. 中国法学，2019（4）：128-144.

性的短缺，在服务供给的总量、服务的覆盖面上也需要加大供给力度，居家和社区养老服务业发展的不均衡、不充分问题依然较为突出。因此，在财政支持政策设计中，必须考虑这种实际情况，发挥财政支持在城市居家和社区养老服务供给中保基本、兜底线的功能，按照城市人口的分布，科学规划布局建设社区养老服务中心、日间照料中心、老年活动中心、社区医疗服务点等机构与设施，提高居家和社区养老服务设施网点的人口覆盖率。引导市场和社会组织参与居家和社区养老服务生产与供给，使服务供给规模的增长与居家养老服务需求的增长同步。

随着社会的不断发展，人们的收入水平不断提高，我国中等收入群体规模不断扩大，由此带来的是人们对公共服务的质量有了更高的要求，对公共服务产品由追求“有没有”快速向追求“好不好”“精不精”转变。对城市居家和社区养老服务的需求也表现出同样的趋势，如当前对居家养老的生活照料服务不再满足于有人提供就行，还要看服务人员的态度、素质及专业程度；对家庭设施的适老化更新与改造也存在很大的市场需求；对社区软硬件设施也提出了较高的要求，不光考虑其安全性，还要看其舒适度，看小区住户的整体素质等。当前我国城市居家和社区养老服务供给侧改革的重点要有三个方面的突破：一是推进居家和社区养老生活照料服务质量提升与智慧化升级；二是加快适老化住宅及社区硬件配套设施的建设与改造；三是推进居家和社区养老医疗卫生服务的供给方式创新。因此，财政支持城市居家和社区养老服务有效供给的政策设计，必须考虑这种多层次、多样化、高质量的养老服务需求特征与发展趋势，通过政策引导支持加快形成与之相适应的供给结构，增强城市居家和社区养老服务供给结构对需求变化的适应性和灵活性，实现城市养老服务由低水平供需平衡向高水平供需平衡的跃升。

3. 坚持适度普惠与突出重点兼顾

关于社会福利的分类，最早见于威伦斯基（Wilensky）和勒博（Lebeaux）的著作《工业社会与社会福利》，他们提出社会福利在人们的心目中被看作是

“补缺型”的或“制度型”的[①]。认为社会福利是“补缺型”的人认为社会福利服务供给的责任主体是家庭和市场，只有在市场和家庭无法提供福利服务时，国家和政府才会选择性承担部分福利责任；而认为社会福利是“制度型”的人认为政府是社会福利服务供给的第一责任主体，其服务的对象是全体国民，因此“制度型”社会福利又称为普惠性社会福利。我国的福利制度发展大致经历了创建期、改革期与再建构期三个阶段。2007年，民政部首次提出推动社会福利模式从“补缺”向“适度普惠”转变的要求，即社会福利从基本的、有限的福利向适度的普惠性社会福利转变[②]。城市居家和社区养老服务的“适度普惠”有两层意思：一是普惠是指覆盖人群的普遍性，作为一种社会基本公共服务，城市居家和社区养老服务的服务对象应该是所有选择居家和社区养老服务的老年人。中央有关文件中的“保基本”就是这个意思，在这条社会公共服务的“底线”上，全体国民必须是公平的，须被一视同仁地对待。二是立足发展阶段的“适度”原则，这主要是基于当前我国依然处于社会主义初级阶段的基本国情，必须考虑社会财力的承受能力及养老服务供给的可持续性，避免在养老服务供给领域过早出现所谓的“福利病”。

在财政支持政策设计过程中确定居家和社区养老服务的对象、内容和标准时，针对特殊人群如贫困、伤残、高龄、失能及计划生育特殊家庭老年人等困难老年人，必须加以重点考虑，不仅要做到普惠，还要在当前的服务标准和水平上，根据经济水平的提升，进一步提高服务的标准和品质，扩大服务人群的范围，让这些特殊老年群体也能共享经济社会发展的成果。

4. 坚持财政支持方式创新与财政支出绩效管理并重

党的十九大报告提出，我国全面深化改革的总目标是推进国家治理体系和治理能力的现代化。在养老服务领域也出现了大量的服务供给模式创新，如前

---

① 许加明．适度“普惠型”养老服务体系的构建研究 [J]. 社会福利（理论版），2018（11）：21-26.

② 潘屹．通往适度普惠的制度型福利之路：新时期我国福利制度发展研究 [J]. 江苏社会科学，2019（2）：81-88.

面提到的政府采购、BOT、BBO、TOT、合同外包、PPP 模式及 PPNP 模式，在运营机制上各地也出现了许多成功的案例，如虚拟养老院、智慧养老管理平台等。养老服务模式与运行机制的创新对财政支持的方式同样提出创新要求。因此，财政支持政策必须适应这种新形势、新要求，政策设计必须考虑这些新模式、新机制的运行规律与缺陷。既然财政政策支持的目标就是为其可持续发展提供支撑，那么目前存在的这些缺陷就是政策支持的重点，在此基础上创新性地设计出针对这些新模式、新机制的支持政策。

根据我国财税体制改革的政策取向，财政支出的绩效评价管理将越来越规范和严格。通过对财政支出资金加强跟踪问效管理，既可以提高财政资金的使用效益，还可以倒逼公共服务供给方提升供给质量和效率。在设计财政支持政策时，必须对财政资金的支出配套设计相应的绩效评价与管理制度，积极探索引入第三方评价机制，并加强对绩效评价结果的反馈和运用，建立财政支持养老服务供给的激励和约束机制。具体而言，可以将财政支出绩效评价结果当作第二年财政支出预算编制及政府服务采购对象遴选的重要依据。在第二年财政支出预算编制与政府采购对象遴选、合同续签时，将绩效评价等级高的财政支持项目与对象，给予优先和重点考虑；如果年度绩效评价结果较差，那么第二年可以考虑财政支出预算的扣减与采购服务遴选对象的替换。

（二）财政支持机构养老服务有效供给的基本原则

财政支持城市机构养老服务有效供给，要以习近平新时代中国特色社会主义思想为指导，立足国家治理体系和治理能力现代化的总要求，基于我国城市机构养老服务的供需特征，坚持新时代国家公共服务体系和国家财税体制改革的政策取向，坚持分类管理与差别化扶持相结合，坚持政府引导与市场化运作相结合，坚持保基本与满足多元化需求相结合，发挥财政政策保基本、兜底线、促发展的功能，加快推进养老服务业供给侧结构性改革，满足老年群体日益增长的多层次、多样化养老服务需求。

1. 坚持分类管理与差别化扶持相结合

我国养老机构可以根据营利性质、创建主体进行分类。按照营利性质，我国养老机构可以划分为公益性与非公益性两大类。其中公益性养老机构主要为特定老年群体提供基本养老服务，非公益性养老机构则面向市场提供各类养老服务。养老机构按照创建主体可以划分为公办公营、公建民营、公办民营、民办公助、民办民营五类。公办公营类养老机构隶属民政系统，接受政府部门的直接管理，包括人事任免、设施建设等，机构发展所需的各项资金全部来自政府财政拨款①。公建民营类养老机构则是按照办管分离的指导原则，养老机构由政府出资建设，由社会组织或服务团体经营管理运作，政府承担行政管理和监督责任。公办民营类养老机构则是公办养老机构实行所有权与经营权的分离，将经营权通过委托、租赁等方式让渡给企业或社会组织。民办公助类养老机构是由民间组织投资与经营的非营利性机构，在民政部门登记注册。民办民营类养老机构属于营利性机构，在工商部门登记注册为“民办企业单位”。不同类型的养老机构有不同的服务对象与收费机制，政府也相应地对其实施分类管理与差别化扶持。一般公益类（公办公营、公办民营类）养老机构主要面向弱势老年群体，如经济困难、身体失能、“三无”“五保”、孤寡家庭老人及失独老人，提供基本养老公共服务，采取的是成本收费法。因为这类机构服务的对象人群一般存在身体失能、失智等问题，经济条件普遍较差，消费能力较低，通过市场化方式获得养老服务必定存在市场失灵现象，在这种情况下政府主导的公益性养老机构必须承担兜底职能。相应地，政府财政必须为这类机构提供必要的建设与运营经费支持。民办公助类养老机构要协助政府为部分特定老年群体提供养老服务，针对政府力量提供基本养老公共服务不足的情形进行必要的补充。对这类养老机构，政府一方面要提供必要的财政支持，以确保民办公助类养老机构能够保持正常运转；另一方面，要对其提供的服务质量进行监督与评估，为财政支持提供依据。民办民营类养老机构属于营利性企业单位性质，政府主要通过相应的政策对其进行引导与激励，引导更多的社会资本进入机构养老服务领域。

---

① 张文娟. 中国社会养老服务体系建设 [M]. 北京：社会科学文献出版社，2017：75.

2. 坚持政府引导与市场化运作相结合

未来机构养老服务发展，除公办公营、公办民营类养老机构必须承担兜底功能外，其余的机构均趋向于在政府的引导下进行市场化运作。政府的“引导”主要体现在两个方面：一是利用财税政策等手段，激励与引导社会资本进入机构养老服务领域；二是强化对养老机构的综合监管。国务院提出要“坚持最严谨的标准、最严格的监管、最严厉的处罚、最严肃的问责”，完善对养老服务事中事后的监管，为养老机构提供公平、公正的发展环境。养老机构的“市场化运作”主要体现在两个方面：一是公办养老机构的转制改革，可以利用部分市场化经营反哺自身的兜底保障服务职责，同时引入社会资本参与经营，实现机构类型由“公办公营”向“公建民营”或“公办民营”的转变；二是由于民办公助类养老机构的性质是在民政部门登记注册的“民办非企业单位”，因此其不属于营利性经营单位。未来对于经营状况良好且具有一定实力的民办公助类养老机构，可以鼓励其向营利性的民办民营类转型，变更注册为“民办企业单位”。

3. 坚持保基本与满足多元化需求相结合

从财政支持城市机构养老服务有效供给的目标导向看，主要有两点：

一是保基本，即针对经济困难老年人、失能失智老年人、计划生育特殊家庭老年人，政府公办的养老机构必须履行社会兜底功能，为这些特殊和困难老年群体提供无偿或低收费托养服务。当前，由于满足进入公办养老机构养老条件的老年群体数量规模较大，并且在快速增长，加之公办养老机构环境设施好、服务质量高、收费相对较低，公办养老机构床位供不应求。有很多城市就出现了老年人排队入住公办养老机构，需要等待十多年甚至上百年的情况。所以财政支持城市机构养老保基本，一方面，可以支持公办养老机构扩大供给规模与数量；另一方面，可以通过财政补助或政府购买的形式，由民办养老机构承担部分兜底保障职责。

二是满足多元化需求。根据前文老年人对机构养老的服务需求特征，老年人的养老服务需求正由简单的生活照料逐步向多层次、多样性、个性化需求转变。经济条件中等的老年群体倾向于选择便捷、服务优质、价格适中的中档养老机构；而经济条件好的老年群体则倾向于追求服务的品质，往往会选择档次较高、收费较高的高档养老机构。因此，财政支持必须回应这种多元化、多层次的服务需求特征，采取合适的方式进行科学引导。

二、财政支持城市养老服务有效供给的政策框架

基于财政支持居家和社区养老服务、机构养老服务有效供给的基本原则，本部分着重构建较为系统完整、兼具前瞻性和可操作性的政策体系框架。

（一）财政支持城市居家和社区养老服务有效供给的政策框架

1. 厘清居家和社区养老服务“需求侧→供给侧←支持政策”的框架逻辑

需求与供给是市场经济内在关系的两个基本方面，是对立统一的辩证关系，也是社会经济领域最难妥善处理的一对关系之一。当前，我国经济社会各领域面临的发展矛盾主要体现为“巨大的真实需求与结构性供给不足”及“供需错配”[①]。在城市居家和社区养老服务领域也存在同样的问题：一方面，养老服务数量供给总量规模和增长速度与日益增长的巨大真实需求之间存在较大的缺口，相关服务的质量也与城市老年人的需求存在差距，即当前城市居家和社区养老服务既存在总量的供给不足，也存在结构性供给不足；另一方面，供给侧也存在一定的无序性与盲目性，某些领域的服务生产与供给超过了社会服务总需求，或者由于理念太超前、配套没跟上等原因导致需求侧不接受、不理解，最终导致公共资源大量浪费。当前，我国正在推进各领域的供给侧结构性改革，其本质要求不是说我们要彻底抛弃以前的“需求管理”，而是要在更加深入地研究分析需求侧的基础上，找到供给与需求的契合点，然后从供给端着手，将改善供给结构作为主攻方向，实现由低水平的供需均衡向高水平供需均衡的跃升[②]。

① 杨伟民．适应引领经济发展新常态，着力加强供给侧结构性改革 [J]. 宏观经济管理，2016（1）：4-6.

② 中共中央宣传部．习近平新时代中国特色社会主义思想学习纲要 [M]. 北京：学习出版社，人民出版社，2019：118.

基于以上逻辑思路，我国城市居家和社区养老服务要实现更高水平的供需均衡：

（1）需要更加深入地研究分析需求侧。根据前文的研究，城市居家和社区养老服务需求内容可归结为三大块：一是生活照料服务需求，其特征主要表现为服务内容需求差异较大、老年人对服务消费支付有保守性、对家庭成员提供照料服务有高依赖性；二是对养老空间方面的需求，这里所说的养老空间又分为私有空间（自己的住房空间）与公共空间，其特征主要表现为对住房产权私有性的关注，对私有空间、公共空间的安全性、舒适性、无障碍性要求，对社区、街区公共空间可达性的要求，以及对各种设施可改造、更新的可持续性要求等；三是对医疗卫生、精神慰藉服务的需求，其特征主要表现为服务内容需求以基本医护服务为主，具有很强的“关系型”特征等，老年人普遍感到孤独、失落。

（2）研究找准推进居家和社区养老服务供给侧结构性改革的重点和方向。根据前文的研究，当前我国城市居家和社区养老服务供给的特征和存在的问题有：一是城市居家和社区养老服务属于准公共产品，容易发生市场供给失灵；二是城市居家和社区养老服务业属于劳动密集型行业，容易出现“成本病”；三是供给管理存在“分割性”，容易出现服务的“碎片化”；四是供给主体功能冲突，社会和市场力量受抑制。在分析了需求特征、供给侧的现状特征及存在的主要问题后，基本找到了供给和需求的契合点，从而提出了城市居家和社区养老服务供给侧结构性改革的重点和方向：一是推进居家和社区养老生活照料服务质量提升与智慧化升级，包括推进居家和社区养老服务设施网点的建设和完善，推动服务供给模式与运行机制的创新，加强生活照料服务从业人员队伍建设，以及为子女照料服务提供条件支撑等；二是加快适老化住宅建设及相关设施的适老化改造，包括推动新建住宅的科学规划与建造设计，加强小区的适老设施配套，以及加快住宅适老化改造；三是推动居家和社区养老医疗卫生服务的供给方式创新，包括推动医疗服务向社区延伸，推动养老机构与医疗机构的融合发展，以及加强医疗护理人员队伍建设等。

（3）对照城市居家和社区养老服务供给侧结构性改革的重点和方向，全面剖析当前财政支持政策的现状及存在的主要问题，这是后面政策设计的逻辑起点。根据前文的研究，一是当前财政支持生活照料服务供给的政策，主要包括面向老人、面向养老组织或机构及面向养老服务人员三个部分，存在的主要问题有：一是面向老人的财政补贴政策有待进一步完善，对居家和社区养老服务机构运营的支持力度不够，政府购买居家和社区养老服务的市场竞争性不强；二是财政支持适老性住宅建设及社区硬件设施配套存在的主要问题在于资金有限；三是财政支持居家和社区养老医疗卫生服务供给存在的主要问题是没有形成稳定的财政资金投入机制。在此基础上，再结合当前我国公共服务体系建设和财政政策改革的政策取向，构建针对性的财政支持政策体系。至此，基本厘清了“需求侧→供给侧←支持政策”的框架逻辑。

2. 整合财政、税收、民政、社保四大部门政策

我国城市居家和社区养老服务的财政资金来源主要是财政、税收、民政、社保四大部门。其中，财政部门的支持主要体现在养老服务供给补贴、养老设施建设投资与补贴、养老服务用工补贴、养老服务从业人员队伍建设投入等四个方面。税收部门的支持主要有养老服务业税收减免和养老服务人员税收优惠。民政部门[①]主要通过福利彩票公益金对相关养老领域进行专项支持。社保部门主要利用城乡居民基本养老保险基金和基本医疗基金为特定老年群体的生活照料服务、精神慰藉服务、康复护理及全体老年人的医疗服务提供支持。城市居家和社区养老服务应将财政、税收、民政、社保四大部门的政策整合，其目的就是要避免“政出多门、九龙治水”的局面，通过政策的梳理、权责的划分、定位的明晰，切实优化社会公共资源配置，最大限度地发挥财政支持政策的功效。

关于城市居家和社区养老服务的四大部门政策整合，重点做好以下两件事：

---

① 其实在实际操作中，民政部门属于政府支持养老服务业发展的牵头部门，财政部门的专项支持资金也是由民政部门核发的。本书是着重从实际资金来源角度进行划分的。

（1）借助财政预算管理体制改革的契机，推动养老服务政策性资金的全面整合。当前我国预算管理体制改革的重点是建立全口径预算和跨年度预算平衡机制。其中，全口径预算管理改革的最终目的是构建以公共财政预算为主，以政府性基金预算、国有资本经营预算与社会保险基金预算等为辅的全口径政府预算体系[①]。我国城市居家和社区养老服务财政政策性资金来源多元，有一般公共财政资金，有政府性基金，还有社会保险基金；有的是中央财政资金，有的是地方财政资金，还有的是中央和地方共同出资。应该说，财政预算管理体制的改革，为推动我国城市居家和社区养老服务财政政策性资金的全面整合，提供了一个极好的契机与平台。为此，李萌提出："财政部门要打破内部业务部门的界限，以养老服务大项目作为一个项目单位，统筹考虑资金使用，特别是专项转移支付项目的确定……必要时，在政府收支分类功能性科目中，增加社会养老服务一个项级科目，更加直观地反映养老服务实际支出。"[②] 由财政部门牵头做好年度预算管理和归口管理，科学安排社会养老服务预算。

（2）推动政策清理的同时做好新老政策的衔接问题。从政策网络理论角度，政策清理与政策整合是紧密相关的，在政策整合之前必须对现有政策进行必要的清理。这些年，中央各部委和地方各级政府围绕促进养老服务业发展出台了很多政策文件，国家相关领域的改革也在不断深化，而支持养老服务业发展的许多政策是在这些改革启动之前就已下发的，导致当前许多养老政策文件与当前的公共服务体系建设理念、思路以及财政税收体制改革的方向和原则，存在不一致甚至冲突的地方，这势必要求对这些政策进行及时的清理与调整。关于政策整合的另一个重要问题是，从时间纵向维度看，养老政策整合还存在一个新老政策的衔接问题。从维护社会稳定和谐的角度来看，新政策的出台不应导致现有政策支持对象养老待遇的下降或者政策优惠力度的减小。

---

① 贾康，等．中国财政改革发展战略研究：从"十三五"到2049[M]. 北京：企业管理出版社，2019：81.

② 李萌．支持我国养老服务体系发展的财税政策研究 [D]. 北京：财政部财政科学研究所，2015：165.

3. 建立居家和社区养老服务多维度的财税支持路径

基于“需求侧→供给侧←支持政策”的框架逻辑，围绕我国城市居家和社区养老服务供给侧结构性改革的重点和方向，整合财政、税收、民政、社保四大部门的政策，建立居家和社区养老服务多维度的财税支持路径。

（1）财政方面继续完善对养老服务供给补贴、养老设施建设投资与补贴、养老服务用工补贴、养老服务从业人员队伍建设投入等方面的分类支持（见图6-1）。其中，养老服务供给补贴主要支持养老机构的运营与模式创新，一方面支持居家和社区养老机构的可持续化经营，另一方面激励养老机构为居家养老老人提供更优质、更便捷的服务。养老设施建设投资与补贴重点支持居家和社区养老服务设施网点建设、小区设施适老化改造及支持医疗服务向社区延伸的建设投资等。养老服务用工补贴主要针对性地解决居家和社区养老机构面临的由于人工成本膨胀导致的“成本病”，为养老机构提供旨在降低用工成本的用工补贴，还包括为降低企业成本实施的行政收费减免。养老服务人才队伍建设投入，主要是为了解决当前城市居家和社区养老服务存在的劳动力供给的结构性短缺，缺少有经验、专业的服务从业人员和专业护理人员这些问题。

（2）税收方面主要是为城市居家和社区养老服务机构与个人提供税收减免或税收优惠。对在社区提供日间照料、康复护理、助餐助行等服务的养老机构给予税收减免扶持政策。针对提供居家和社区养老服务的机构以及建设适老化住宅小区的地产企业，提供企业税收减免。对于为老人提供生活照料服务的子女或亲属，提供所得税减免政策。

（3）民政部门的福利彩票公益金主要支持老年人家庭住宅的适老化设施改造更新。

（4）社保部门的养老保险基金、基本医疗基金通过联动和转换的方式，为居家老年人的长期护理等服务提供支持，推动实现城市居家和社区养老的“医养结合”目标。

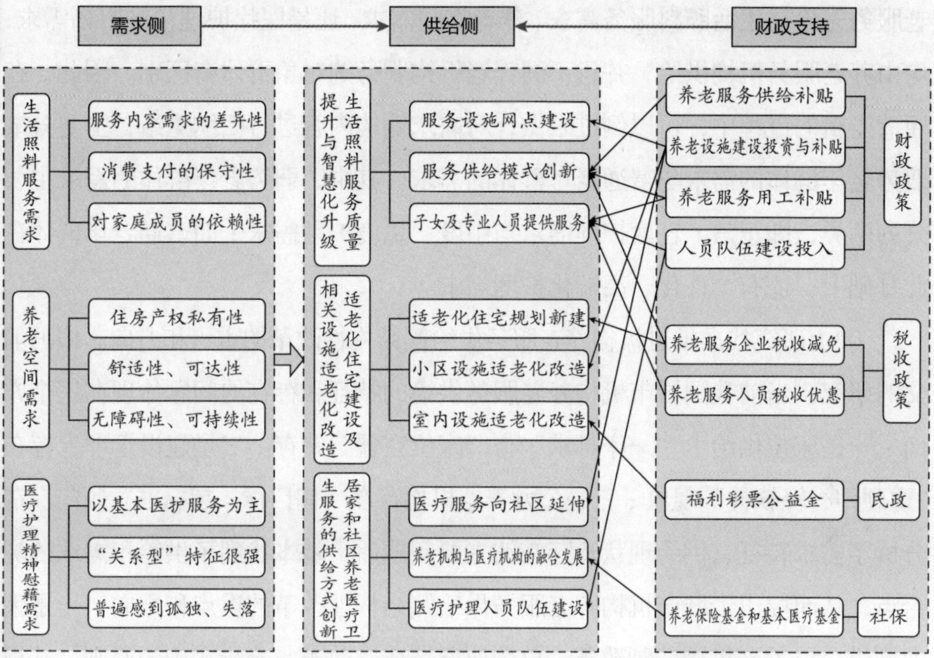

图6-1　财政支持城市居家和社区养老服务有效供给的政策框架

（二）财政支持机构养老服务有效供给的政策框架

由于机构养老服务的供给主体相对单一，政策支持的路径比较清晰，因此，相较城市居家和社区养老服务有效供给的政策框架，本部分的研究目标主要体现在以下两个方面：

1. 厘清机构养老服务“需求侧→供给侧←支持政策”的框架逻辑

与城市居家和社区养老服务领域一样，我国城市机构养老服务的供需也存在大量的“供需错配”现象。要实现城市机构养老服务更高水平的供需均衡：

（1）需要更加深入地研究分析需求侧。根据前文的研究，城市机构养老服务的需求侧大致归结为三大块：一是生活照料服务需求，老年人对膳食、起居有较高与差异化的需求；二是养老空间需求，主要是对养老机构的地理位置、环境及内部的居住结构和条件有特定的需求；三是医疗护理精神慰藉需求，主要是对医养结合以及亲人陪伴与探望的情感需求会更加强烈。但是，与城市居家和社区养老服务“不同服务内容对应不同的供给主体”不一样，城市机构养老服务无论是生活照料服务需求、养老空间需求，还是医疗护理精神慰藉需求，均由养老服务机构供给，并且不同养老机构服务的对象群体有区别。因此，在厘清逻辑的过程中，可以倒过来做，对需求侧的内容进行归纳重组，主要分成弱势老年群体的需求与普通老年群体的需求。其中，弱势老年群体的需求主要分为两类，即正常、轻度护理需求与中度、重度护理需求；而普通老年群体在此基础上，还有个性化、高端化护理需求。

（2）研究找准推进机构养老服务供给侧结构性改革的重点和方向。根据前文的研究，当前我国城市机构养老服务供给的特征和存在的问题体现在三个方面：一是床位供给上“一床难求”与“床位空置”并存；二是建设管理上存在“重硬件、轻软件”现象；三是公办养老机构存在“偏目标、超标准”倾向。在分析了需求特征、供给现状及存在的主要问题后，基本找到了供给和需求的契合点，从而提出了城市机构养老服务供给侧结构性改革的重点和方向：一是大力推进公办养老机构转制改革，总体要坚持分类改革、分步实施的原则，并根据公办养老机构的现有基础与条件进行综合评估，确定各公办养老机构的转制方向与类别。在具体方式上，既可以探索将具备条件的公办养老机构改制为国有养老服务企业，也可以推行公办民营等模式，积极发展民间资本参股或者控股的混合所有制养老机构。二是推动机构养老与居家和社区养老融合发展，在服务内容与对象上，积极鼓励各类养老机构为居家和社区养老的老年人提供养老服务，积极探索“物业服务＋养老服务”模式，鼓励物业服务企业依托社区养老服务设施，为社区老年人提供助餐、保洁及定期探访等养老服务；在业态上，为了满足“就地养老”的现实需求，应大力支持养老机构朝小型化、专业化、社区化、连锁化及品牌化方向发展。三是推动养老机构的医养结合发展，为养老机构的医养结合发展提供制度与政策上的支持，加强医养结合人才的培养。

（3）对照城市机构养老服务供给侧结构性改革的重点和方向，全面剖析当前财政支持政策的现状及存在的主要问题。根据前文的研究，当前我国城市机构养老的财政支持政策主要有：一是财政支持政策，包括养老机构床位建设补贴、床位运营补贴（包含特定老年人服务补贴）、养老机构引进专业护理人才奖励补贴及其他财政补贴（如银行贷款贴息、床位综合责任险补贴、养老机构购买医疗设备补贴等）。二是税收支持政策，包括营业税、所得税、土地使用税、房产税及行政事业收费等方面的优惠。三是福利彩票公益金等其他政策支持。当前，财政支持城市机构养老服务供给的问题主要体现在两个方面：一是优惠政策难落实，主要包括财政补贴的申请条件较严，水、电、气、通信等的价格优惠政策很难落实，以及贷款优惠政策难以落实等。二是补贴标准欠科学。在此基础上，再结合当前我国公共服务体系建设及财政政策改革的政策取向，构建针对性的财政支持政策体系。至此，基本厘清了“需求侧→供给侧←支持政策”的框架逻辑。

2. 整合财政、税收、民政、社保四大部门政策

我国城市机构养老服务的财政性资金来源也主要分布在财政、税收、民政、社保四大部门（见图6-2）。其中，财政部门的支持主要体现在四个方面，即养老机构的建设补贴、运营补贴、购买服务及贷款贴息等；税收部门的支持主要有养老机构增值税、所得税、土地使用税、房产税及行政事业收费方面的优惠；民政部门[①] 主要通过福利彩票公益金对养老机构进行建设、运营方面的专项补贴支持；社保部门的支持主要是居民养老保险基金和基本医疗基金政策，主要围绕入住老年人的医保基金结余部分及养老保险基金入市支持养老机构建设与发展方面，但目前这些政策尚处于研究与试点阶段，还没有得到全面推广。关于城市机构养老服务的四大部门政策整合，与城市居家和社区养老服务政策一样，一是要由财政部门牵头做好年度预算管理和归口管理，科学安排社会养老服务预算；二是要在推动政策清理的同时做好新老政策的衔接问题。除此之外，针对我国城市公办养老机构与民办养老机构双轨运行的现状，从竞争中性、营造公平市场发展环境的角度出发，着力推动公办养老机构与民办养老机构支持政策的趋同化。

---

① 其实在实际操作中，民政部门属于政府支持养老服务业发展的牵头部门，财政部门专项支持资金也是由民政部门核发的。本书是着重从实际资金来源角度进行划分的。

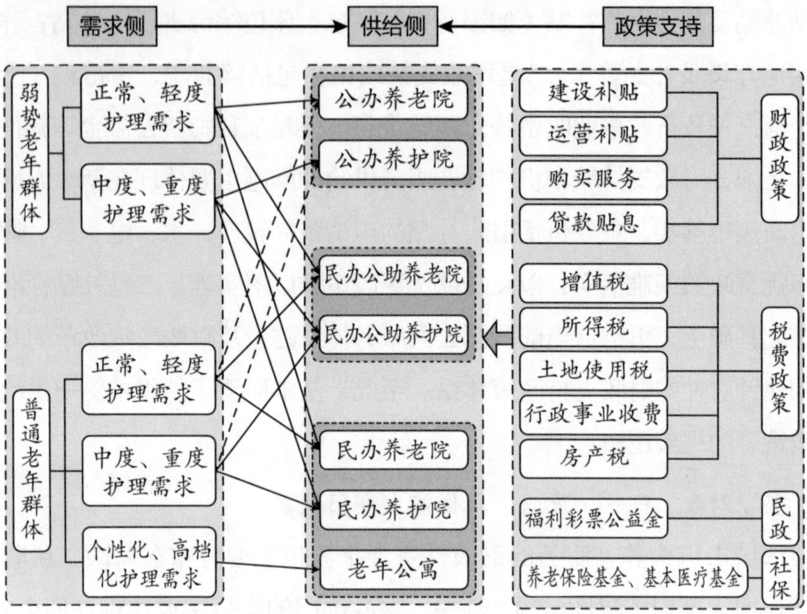

图6-2　财政支持机构养老服务有效供给的政策框架

第三节　财政支持居家和社区养老服务有效供给的政策建议

基于前文分析的财政支持居家和社区养老服务存在的问题，以及上一节财政支持居家和社区养老服务有效供给的基本原则和政策框架，本节重点提出具体的针对性政策建议。

一、规范政府购买服务政策

2014年，财政部等部门联合印发了《关于做好政府购买养老服务工作的通知》(财社〔2014〕105号)，对政府购买养老服务的基本原则、主要目标、重要任务及政府职责进行了明确的界定。即便如此，由于各地对《关于做好政府购买养老服务工作的通知》精神贯彻落实的程度不一样，以下几方面还需进一步强化。

（1）根据各地实际，合理确定购买内容。根据《关于做好政府购买养老服务工作的通知》的要求，城市居家和社区养老服务方面，可以通过政府购买方式提供的服务主要包括四大项：社区日间照料服务、老年活动中心康复文体服务；居家老人的助餐、助洁、助浴、护理等上门服务；城市居家和社区养老从业人员培训；养老服务需求、养老服务质量的调查、评估、随访及监督等。在此基础上，《关于做好政府购买养老服务工作的通知》强调遵循“量力而行、尽力而为、可持续的原则”，在以上四大内容领域，根据本地经济社会发展的实际水平、当地财政的支出能力及当地老年人的基本服务需求实际，通过梳理现行由财政支出安排的各类养老服务项目，根据政府购买的可行性与合理性，相应调整与细化政府购买服务目录清单。同时，有两点需要进一步强调：一方面，这个服务目录清单并非一成不变的，而是会根据经济社会发展水平、本地居家和社区养老服务需求变化情况动态调整。有些地方因为目录调整工作复杂，一个目录管很多年，这与当前各领域加强供给侧结构性改革的精神是相悖的。另一方面，“十四五”期间，全国各地财政都面临或大或小的收支压力，各地在确定购买内容时，一定要遵循量力而行、可持续的原则，切忌盲目扩大服务范围、提高养老服务标准。

（2）规范服务购买程序，增强市场竞争力。当前我国城市居家和社区养老服务业市场发育程度较低，并且服务标准没有建立起来，政府购买服务的机制和流程也不完善，直接导致政府购买居家和社区养老服务的市场竞争力不够，反过来对城市居家和社区养老服务供给能力及水平的提升造成了很大的影响。因此，一方面，中央层面应尽快对政府购买服务进行顶层设计，做出系统性的制度安排，加快出台具体的指导意见、服务导则与配套政策；另一方面，各级地方政府应根据中央的指导意见、服务导则，结合本地经济发展的水平、养老服务的实际需求、养老服务供给的现实基础，科学编制操作指南，规范服务购买程序。

（3）强化预算管理，建立常态化资金投入机制。就政府购买养老服务的资金保障问题,《关于做好政府购买养老服务工作的通知》提出了两方面要求：一方面，购买资金可以在现有预算名目中统筹安排支出；另一方面，新增部分的养老服务项目可以列入同级财政预算进行政府购买。基于这个精神，为了解决当前政府购买居家和社区养老服务资金供给不确定性强、常态化不够的问题，应强化政府购买养老服务的预算管理，建立常态化的资金投入机制。具体而言，“统筹安排”就是从当前相关部门养老支出预算中，剥离出来一部分形成政府购买服务预算，实行预决算单列；“新增部分”应按照预算管理要求列入政府购买预算，购买主体按规定编制政府购买服务年度预算，经财政部门批复后实施。

二、提升财政补贴政策精准性

针对城市居家和社区养老服务的财政补贴主要包括以下几部分：面向老年人的财政补贴（高龄津贴、服务补贴、护理补贴等），面向服务提供机构或组织的运营补贴，以及面向养老服务从业人员的人才队伍建设的财政投入与从业补贴等。

（1）面向老年人的财政补贴，应逐步由非缴费型补贴向部分缴费型补贴或者缴费型社会保险转变。当前，无论是高龄津贴、服务补贴还是护理补贴都是非缴费型补贴。高龄津贴针对的是80岁或者90岁以上的老人，每个月由财政为这些老人提供一定额度的财政补贴。服务补贴与护理补贴类似，一般针对一定年龄以上的低保和无子女空巢老人发放服务券或者一定额度的现金补贴。在实践中对比发现，单纯的非缴费型补贴存在一些问题，如老人并不会将补贴用于购买相应的服务，使得发放补贴的目标与结果之间存在偏差。因此，建议可以采取浙江嘉善县的“比例补贴方式”，即针对低保、贫困、空巢、高龄老年群体，经过评估确实需要养老服务的，个人购买“居家养老服务券”，政府提供30%~50% 不等的财政补贴[①]。这种部分缴费型的“比例补贴方式”，可以打破

① 米红，杨贞贞. 老年残疾人居家养老服务补贴模式创新与实证研究 [J]. 残疾人研究，2011（2）：17-21.

当前城市居家和社区养老服务供给不足及有效需求不足的发展瓶颈，使“养老服务的财政补贴”真正能用于扩大有效服务需求、促进我国城市养老产业发展中去。此外，应借鉴国外的成功经验，探索将老年人的长期护理保险纳入社会保险的框架内，将当前这种非缴费型补贴作为“个人、政府、社会”共同筹资的部分，加快建立面向所有老年人的缴费型长期护理保险。

（2）进一步加大对服务提供机构或组织的运营补贴力度。我国目前无论是政府投资运营还是企业投资经营的居家和社区养老机构，均不同程度地存在经营困难、难以为继的问题。根据前文对全国居家和社区养老服务改革试点城市——S 市的实证分析可知，财政支持对居家和社区养老服务供给效果具有正面促进效应，依据城市居家和社区养老服务中心的评级结果，实施分级别、分档次的财政支持政策，对于激励居家和社区养老服务中心改善软硬设施，为社区居家老年人提供更多、更高质量的服务，具有明显的正面促进作用。为此，建议引进第三方评估的方法，对居家和社区养老服务机构提供服务的数量规模、质量等级等方面进行评估，然后根据评估的结果等级，确定补贴的等级与规模。县（区）一级政府应将补贴资金纳入年度财政预算，实行专款专用。这种政府财政运营补贴主要用于补助机构工作人员的工资福利和水电费、设施损坏、折旧等支付项目。此外，还应加大对提供居家和社区养老服务的社会公益组织的补贴力度。国外的社会或社区志愿者承担了大量的居家和社区养老服务工作，在促进居家和社区养老服务业的健康可持续发展中发挥了不可替代的作用。但当前我国社会公益组织发育还不成熟，由于运行经费的缺乏，很多社会公益组织面临心有余而力不足的局面。为此，建议财政针对社会公益组织建立常态化的运营补助机制，为其提供一定量的、稳定的运营补贴。具体的补贴标准和方法，可以参照对服务机构的补贴方法，引进第三方机构对社会公益组织提供居家和社区养老服务的数量规模、质量等级等方面进行评估，合理确定补贴的等级和规模。

（3）加大人才队伍建设的财政投入与从业补贴力度，补齐城市居家和社区养老服务的短板。一方面，在人才队伍培养环节，要从国家层面制定居家和社区养老服务人才队伍建设培养的中长期规划，建议在职业教育中增设养老服务专业，扩大招生人数，从学杂费的减免、专项奖学金的设置、就业的引导与保障等方面，进行全面系统的政策设计，确保养老服务专业招生有生源、学生上学有资助、就业有保障等。另一方面，在从业环节上，为了提高养老从业人员的职业自豪感与成就感，建议推广目前个别地方实行的养老服务人员入职奖励①、服务年限补贴等补贴措施，逐步提高我国城市居家和社区养老服务的从业人员专业素质与数量。

三、优化税收政策

支持居家和社区养老服务有效供给的税收政策，主要体现在四个方面：一是针对为老人提供养老照料与经济资助的家庭成员的税收政策；二是针对居家和社区养老服务从业人员的税收政策；三是针对居家和社区养老服务机构与企业的税收政策；四是针对老年人的税收政策。

（1）建议在现有基础上，根据父母对子女赡养的经济依赖程度，制定差异化的子女赡养老人专项附加扣除细则。《个人所得税专项附加扣除暂行办法》针对独生子女、非独生子女等不同类型的纳税人规定了不同的赡养费分摊方式与税收抵扣额度标准。因为是首次试行，从可操作性的角度来看，目前的暂行办法规定对所有赡养老人的人的税前抵扣标准是统一的。但现实情况是，赡养有退休金的父母与没有经济来源的父母，对子女的经济资助依赖程度差异非常大，对于子女而言，税前抵扣额的边际效应也完全不一样。为此，建议在适当的时候根据父母对子女赡养的经济依赖程度，制定差异化的子女赡养老人专项附加扣除细则，即对子女经济依赖程度越高、子女负担越重的群体，相应的子

---

① 2019年苏州市人社局出台了《苏州市养老从业队伍培训和入职奖励管理办法》，规定：凡获得国家教育主管部门认可的高等院校、中等职业技术学校颁发的毕业证书的人员，在本市同一养老服务机构（含连锁企业）中连续从事养老服务工作实满5年，且继续在苏州市从事养老服务工作，符合相关条件的中专、大专、本科、研究生学历人员，分别享受3万元、4万元、5万元、6万元入职奖励。

女赡养老人专项附加扣除标准越高。

（2）建议针对养老服务从业人员出台税收优惠政策，发挥个税对养老服务从业人员供给的调节作用。针对居家和社区养老服务市场从业人员短缺的现状，除通过财政的入职奖励、服务年限补贴外，还可以通过个税对服务市场劳动供给进行调节。因此，在当前专业化的居家和社区养老服务从业人员短缺的情况下，可以针对性地确定行业从业人员的税前免征额，如参照子女赡养父母的税收抵扣标准，执行每个月2 000元的税前抵扣标准，以此间接提高养老服务从业人员的工资收入，提高养老服务市场的劳动力供给水平。

（3）建议针对城市居家和社区养老服务机构，制定更加系统完整的税收支持政策。在经营环节，应继续参照小微企业的税收优惠政策，对社会资本投资运营的小型化、专业化居家和社区养老服务机构，给予企业所得税税率降低或三年内减半、两年内免征等优惠政策，对于政府财政投资建设并经营的居家和社区养老服务机构免征所得税。在此基础上，税收优惠还可以适当向养老服务机构筹资、投资等环节延伸并覆盖。在筹资环节，对于向城市居家和社区养老服务机构提供贴息贷款和优惠贷款的金融机构，可以相应地减免企业所得税；如果放贷对象为非营利性居家和社区养老服务机构或组织，还可以进一步在应纳印花税、增值税方面实行免税优惠。在投资环节，对于居家和社区养老服务机构所购买的设备免征消费税，允许养老机构设备加速折旧，增加税前可抵扣项目，对养老机构投资生产与养老相关的专用产品，实行相应的税收减免或抵扣政策。

（4）针对老年人实行相关的税收优惠政策，提高其养老服务消费的实际支付能力。建议在推行以房养老的探索实践中，配套出台相应的房产税收优惠政策，如可以根据老年人的实际收入水平，对于低于一定收入标准的老年群体，对其所拥有的房产减征或免征房产税等。

四、完善配套政策

根据如图6-1所示的财政支持城市居家和社区养老服务有效供给的政策框

架，除以上提出的财政支持政策、税收支持政策外，还有民政部门的福利彩票公益金以及社保部门的城乡居民养老保险基金、基本医疗基金对养老服务的支持。具体建议主要有：

（1）建议加大福利彩票公益金对城市居家和社区养老服务的支持力度。社会福利彩票的发行宗旨就是“扶老、助残、救孤、济困、赈灾”，在当前老龄化问题日益突出及新常态下各地政府财政收支压力增长的背景下，建议提高“扶老”支出在中央及各级政府福利彩票公益金支出中的比例。就城市居家和社区养老服务而言，重点支持低保等困难老年人家庭的居家适老化改造，居家和社区养老中心设施建设，以及提供养老服务的社会公益组织发展等。

（2）建议构建城市居家和社区养老服务关联资金的联系机制。当前，与养老服务关联的资金或基金主要有养老保险基金、基本医疗基金及政府建立的相关专项基金。伍德安、杨翠迎提出应建立养老服务与这些关联资金的联系机制，包括建立养老保险与养老服务的联动机制，实现养老金与老年人的生活照料、精神慰藉服务的对接与兑换；在医疗护理保险改革过程中，将康复、“临终关怀”及照料护理等养老服务项目统一纳入财政扶持范围；建立福利专项基金，发展老年民政事业，实现资金保障多元化等[①]。此外，还应发挥住房公积金对居家和社区养老服务的支撑作用，建议家庭的适老化改造费用支出可以从个人的住房公积金中列支。

第四节　财政支持城市机构养老服务有效供给的政策建议

基于前文分析的财政支持养老机构所存在的问题及以上提出的基本原则和政策框架，本部分将重点就财政支持机构养老服务有效供给提出针对性的政策

① 伍德安，杨翠迎．居家养老服务体系财税政策空间及顶层设计：基于上海市的实证研究[J]. 财经论丛，2015（2）：18-25.

建议。

一、强化财政支持政策落实

当前针对城市机构养老服务供给，我国已初步建立起比较完备的政策支持体系。但是，这些政策真正落地还存在“最后一公里”的问题。因此，下一步要推动各地将财政、土地、税费、人才支持等的优惠政策落到实处。强化财政支持政策落实十分关键。

（1）要强化顶层设计，理顺体制机制，促进各部门间的政策协同。在政策设计时，应将财政、税务、民政、社保及政策涉及的部门全部纳入进来，进行通盘考虑，反复论证推演，打通导致政策难落地的“肠梗阻”。如针对城市养老机构的水、电、气、通信等的价格优惠政策很难落实的问题，建议由各级价格主管部门会同当地民政部门，认真组织好摸排清理工作。对清理发现不落实养老机构水、电、气、通信等的价格优惠政策的行为，进行依法查处与问责处理。

（2）坚持竞争中性原则，强调公平与公正，推动公办与民办养老机构支持政策趋同化。在社会福利民营化过程中，“生产者与购买者分离”是世界各国普遍遵循的原则，政府只负责福利资源和福利服务的分配政策与标准的制定。而政府在制定福利资源分配政策时，需遵循的最根本的原则就是公平与公正[①]。针对我国城市公办养老机构与民办养老机构双轨运行的现状，在政策落实设计中，应将民办与公办、内资与外资养老机构的竞争中性原则摆在重要位置，确保民办与公办、内资与外资养老机构能够平等享受各类优惠政策。

（3）树立精准服务意识，把握好政策解释权，支持养老机构的可持续经营与发展。当前养老机构享受优惠政策还有许多门槛，比如贷款优惠政策，由于公办民营或民办公助的非营利性养老机构没有场地所有权，往往会因为缺乏担保抵押物，很难从银行获得贷款，进而就不能享受财政的贷款贴息政策。养老机构财政补贴的申请条件较严，那些租赁场地经营的养老机构很难满足补贴

① 赵佳寅．民办养老机构运营的困境与对策 [J]. 社会科学战线，2016（1）：266-270.

申请条件等。在政策落实过程中，民政部门应根据养老机构实际存在的这些问题，把握好政策的解释权，通过精准服务、个案处理的形式，让那些真正致力供给养老服务的机构能够享受这些优惠政策，促进其持续健康经营，而不是古板地恪守门槛条件。

二、增强财政补贴的科学性

在当前我国政策实践中，如何科学选择财政补贴方式以及确定补贴标准，一直是困扰财政支持城市机构养老服务有效供给的难题。在此，笔者试图采用目标规划决策方法解决这个问题。在城市非政府部门运营的即市场化的机构养老服务四种模式中①，政府购买服务的资金支出可直接视为政府财政补贴，可以通过竞争性招投标确定。但公建民营、公办民营、民办公助模式的财政补贴则涉及一个长期目标规划决策问题：

$$\min S$$
$$\text{s.t.}\begin{cases} NPV = \sum_{t=0}^{T} \dfrac{CI_t + S_t - CO_t}{(1+i_c)^t} \\ NPV_{\min} \leqslant NPV \leqslant NPV_{\max} \\ S = \sum_{t=0}^{T} S_t \end{cases} \tag{6-1}$$

式中②，S 为政府财政对养老服务项目的财政补贴；S_t 为项目运营期间第 t 年的财政补贴；CI_t 为第 t 年企业的运营收入；CO_t 为第 t 年项目的维护与经营管理成本；i_c 为折现率；$NPV_{\min}$ 为企业期望项目收益净现值 NPV 可接受的下限；$NPV_{\max}$ 是政府能够接受的企业期望项目收益净现值 NPV 的上限；T 为项目运营年份。

公建民营类养老机构由政府负责投资修建，通过特许经营的方式由具有资质的民营企业经营管理。民办公助类养老机构在建设期享受定额的一次性建设

① 市场化的机构养老服务有公建民营、公办民营、民办公助、购买服务四种模式。

② 需要指出的是，式（6-1）只是一个概念公式，在具体求解过程中还须根据实际情况增加相关条件与方程并进行相应的简化处理。

补贴，运营期仅享受运营补贴，与公建民营类养老机构的补贴方式一样。而公办民营类养老机构有两种模式，一是政府扩建后租赁给民营企业，二是租赁—建设—经营模式。前者的运营补贴与公建民营类养老机构类似，后者与民办公助类养老机构类似。因此，对这三种类型养老机构的财政补贴可以划归为两类：一类是项目运营期财政补贴，另外一类是项目全周期财政补贴，亦即建设期与运营期都进行补贴。

在具体测算实践中，考虑到式（6-1）解析解的可求解性，一般会对具体财政补贴形式进行量化假设。下面以项目运营期间每年按固定额度进行补贴为例①，假设在信息对称的条件下，政府具有足够的谈判力度，则 $NPV=NPV_{\min}=0$，相应的折现率 i_c 等于企业能够接受的财务内部收益率，则每年的财政补贴均为固定额度 s：

$$s=\frac{CO_0-S_0-\sum_{t=1}^{T}(CI_t-CO_t)(1+i_c)^{-t}}{\sum_{t=1}^{T}(1+i_c)^{-t}} \tag{6-2}$$

式中，付现成本 CO_0 为项目建设期间的企业建设投资；S_0 为项目建设期间的政府直接投资或补贴；其他同式（6-1）。

算例1：如果是公建民营类养老机构项目，政府前期建设投资不作为成本列入计算公式，假设床位共350张，企业运营10年。运营期间，支付人工工资100万元 / 年，入住老年人的消费支出210万元 / 年，设备维护及其他费用30万元 / 年，每年营运成本支出共计340万元。收益主要来自入住老年人每月的床位费。由于是公建民营，政府与企业就服务价格有合同限制，因此企业每月的收费不能太高，假设为600元 / 月，共计252万元。折现率 i_c 为12%。按照以上测算公式计算，每年政府的财政补贴 s 为88万元，每张床位每年补贴0.251万元。

① 项目全周期财政补贴由于存在建设期与运营期两类不同的补贴，不像项目营运补贴可以进行单一化定量处理，而要根据具体项目特点进行更为复杂的变量处理，且须增设条件。限于篇幅，本书不做详细讨论。

算例2：如果是公办民营类养老机构项目，假设企业项目改造总投资为1 000万元，床位共350张，企业运营10年。运营期间，支付人工工资100万元/年，入住老年人的消费支出210万元/年，设备维护及其他费用30万元/年，每年营运成本支出共计340万元。收益主要来自入住老年人每月的床位费。由于是公办民营，政府与企业就服务价格有合同限制，因此企业每月的收费不能太高，假设为1 000元/月，共计420万元。折现率 i_c 为12%。如果建设期补贴按企业建设投资的30% 进行补贴，按照以上测算公式计算，每年政府的财政补贴 s 为43.9万元，每张床位每年补贴0.125万元。

算例3：以某民办公助类养老机构项目为例，企业项目建设总投资为3 000万元，床位共350张，企业运营20年。运营期间，支付人工工资100万元/年，入住老年人的消费支出210万元/年，设备维护及其他费用30万元/年，每年营运成本支出共计340万元。收益主要来自入住老年人每月的床位费1 500元，共计630万元。折现率 i_c 为12%。如果建设期补贴按企业建设投资的50% 进行补贴，按照以上测算公式计算，每年企业的运营财政补贴 s 为120.8万元，每张床位每年补贴0.345万元。针对供方三种项目类型财政补贴测算的数字算例见表6-3。

表6-3　针对供方三种项目类型财政补贴测算的数值算例

项　目		民办公助类	公办民营类	公建民营类
基本情况	企业建设总投资	3 000 万元	1 000 万元	—
	床位数	350 张	350 张	350 张
	折现率	12%	12%	12%
	企业运营年份	20 年	10 年	10 年
运营成本	人工工资	100 万元 / 年	100 万元 / 年	100 万元 / 年
	老年人消费支出	210 万元 / 年	210 万元 / 年	210 万元 / 年
	设备维护及其他费用	30 万元 / 年	30 万元 / 年	30 万元 / 年
	运营成本总计	340 万元 / 年	340 万元 / 年	340 万元 / 年
运营收益	每月每人的床位费	1 000 元 / 月	1 000 元 / 月	600 元 / 月
	运营收益总计	420 万元 / 年	420 万元 / 年	252 万元 / 年

续表

项　目		民办公助类	公办民营类	公建民营类
财政补贴	建设期财政补贴占企业建设投资的比例	50%	30%	—
	运营期财政补贴金额	120.8 万元 / 年	43.9 万元 / 年	88 万元 / 年
	其中：运营期每年床位补贴金额	0.345 万元 / 张	0.125 万元 / 张	0.251 万元 / 张

针对供方的财政补贴测度模型分别按公建民营类养老机构、公办民营类养老机构、民办公助类养老机构三类项目进行测算，可以看出社会资本在养老机构建设方面投资成本最高的是民办公助类养老机构，其运营补贴额度也应相对最高①。

但通过这种方法计算出来的补贴标准只是一个补贴基准，即只是从行业整体水平上保证养老机构能够达到盈亏平衡或者一定的预期收益目标。在政策实施过程中，在地方财政预算的约束条件下，财政支持的目标不光是让城市养老机构能够“活下来”，而且要引导这些机构更高效、更高质量地提供服务。为此，还必须相应配合建立财政补贴的绩效评估机制与动态调整机制，将养老机构获得的财政补贴与其运行的效率、提供服务的质量及消费者的满意度挂钩，进一步提升财政补贴的科学性。

（1）加快出台养老机构服务质量评估标准。当前，我国正在制定养老服务行业的各类标准。借鉴国外发达国家的经验与做法，结合中国城市经济社会发展水平的差异性，建议养老机构服务的质量评估标准应包含国家标准、地方标准及强制标准三个层次：国家标准主要强调通用性、普遍性与广泛性；地方标准则主要考虑养老服务质量水平，应与各地财政支出能力、经济社会发展水平相匹配，在国家标准上进行相应的修改或提升；而强制标准则在国家标准与地方标准中均须体现，主要是为了保障养老服务消费群体的人身安全、财产安全及基本养老服务的享有权。此外，在评估内容上，要将养老服务消费群体的精神慰藉、医疗护理、保健娱乐、智慧养老等内容纳入评估范畴，增强评估的

① 陈志勇，张薇．我国养老服务市场化中的财政补贴方式及标准测度 [J]. 求索，2017（1）：144-148.

人性化与个性化特性①。

（2）加快建立第三方评估机制。当前，我国财政支出项目绩效的评价一般由政府自己主导，政府制定具体的绩效评价标准与办法，同时参与绩效评价与考核工作。政府财政部门作为资金的下拨方，当然希望通过绩效评价与考核，发现资金使用中存在的问题，以改进并提高财政资金的使用效率与效益。但是现实的情况是，拨款的政府部门与受资助的企业和单位在缺乏监督的情况下，很容易产生合谋行为。为此，在城市机构养老服务财政补贴政策实施过程中，也应加快探索第三方评价机制，强化绩效审计，加强绩效问责，使有限的财政资金发挥最大的使用效益②，同时有助于形成公平、公正的养老服务业发展市场环境。

（3）建立基于评估结果的动态调整机制。绩效评价的目的是更好地发挥财政补贴的效益。如果出台了评估标准，也引进了第三方评价机制，评价结果运用得好不好及如何运用，就变得十分关键。财政部门与民政部门应该建立相应的财政补贴绩效的激励与约束机制。根据年度绩效考核评估结果，确定下一年度财政补贴的系数。具体而言，如果绩效考核优良，则下一年度财政补贴的系数大于1，提高到1.1或者1.2，即为当地养老机构同类财政补贴平均水平的1.1倍或1.2倍；如果绩效考核结果为合格，则下一年度财政补贴系数为1，即维持平均补贴水平；如果绩效评估考核的结果为不合格，则下一年度财政补贴系数小于1。

三、加强财政支持方式创新

当前，全国公办养老机构的转制正在进行，公共服务供给领域的模式与机制创新也如火如荼，人们对美好生活的向往与信息化的发展也不断催生出机构

① 唐健，鞠梅，彭钢．美、日、英三国养老机构服务质量评估标准比较研究 [J]. 中国卫生事业管理，2019（4）：313-317.

② 贾康，等．中国财政改革发展战略研究：从“十三五”到2049[M]. 北京：企业管理出版社，2019（7）：80.

养老新业态。因此，财政支持政策也应顺应养老服务业的发展，加强财政支持方式的创新。

（1）积极为养老机构提供融资支持。支持养老机构扩大债券发行规模。针对养老机构建设投资回收周期长的特点，政府应支持养老机构发行可续期企业债券。针对项目建成后经营稳健的养老机构，应支持养老机构以项目建设用地与项目未来收益为债券的发行提供担保质押。同时，积极探索发行项目收益债券和项目收益票据，为养老机构的建设与经营提供融资支持。鼓励商业银行与政策性银行允许营利性养老机构以机构有偿取得的土地、设备等资产进行质押贷款。推动地方政府设立养老专项扶持资金，并以财政补助、贷款贴息、风险补偿等方式，支持金融机构加快金融产品和服务方式创新，为养老机构的建设与运营提供融资支持。

（2）支持机构养老服务的 PPP 项目。在人口老龄化进程不断加速的背景下，PPP 模式已经成为国外养老机构投资与运营的主要模式。虽然目前我国 PPP 养老项目真正进入采购与执行阶段的占比非常小，但是养老服务领域政府与社会资本合作发展是大势所趋。此举不仅可以加快当前公办养老机构的转制进程，还有利于提高机构养老服务的供给效率与供给质量。为此，一方面，应顺应城市养老机构与居家和社区养老服务融合发展的大趋势，积极支持将原为企事业单位、现已基本收归国资委的培训中心、疗养院、闲置办公楼、商业设施等社会资源，通过 PPP 模式转型改造为养老服务机构，扩大城市机构养老服务的供给规模。另一方面，确保机构养老服务 PPP 项目能够享受财政补贴、税收优惠等现行养老服务发展的优惠政策，同时鼓励各级财政部门针对机构养老服务 PPP 项目的关键环节，实施精准化的财政政策支持，确保 PPP 项目能够尽快进入采购、执行与运营阶段。

附 录

财政支持对居家和社区养老服务供给影响调查问卷

尊敬的负责人：

您好！我是中南财经政法大学的学生，为了研究财政支持对居家和社区养老服务供给的影响，设计了一份调查问卷，请您抽空帮忙填写。本调查获取的数据信息仅用于学术研究，我们承诺对您填写的资料信息严格保密，谢谢！

一、基本情况（选择题请在对应的选项上画“√”）

1. 贵中心的机构资质

○民间非政府组织　　○工商登记注册的企业

2. 贵中心目前的级别：

○ A 级　　○ AA 级　　○ AAA 级　　○ AAAA 级

3. 贵中心取得目前级别的年份：

○不到1年　　○1~2年　　○2~3年　　○3年以上

4. 贵中心现有的房屋建筑面积为 ______ 平方米。

二、中心运营和服务供给情况（选择题请在对应的选项上画“√”）

5. 贵中心去年的服务量为 ______ 人次。其中，免费项目服务量为人次，收费项目服务量为 _____ 人次。

6．贵中心去年的收支情况：

○亏损　　○收支平衡　　○有盈余

7．贵中心提升自身级别的意愿程度：

○现在这样就好（1分）　　○有机会还是想冲一冲（2分）

○决定近两年完成升级（3分）　　○无论如何近期要实现升级（4分）

请简要说明选此项的原因：________________

____

____

三、财政支持政策及其效果情况（选择题请在对应的选项上画“√”）

8．当前财政的建设补贴和运营补贴政策是否得到很好的落实：

○是　　○否

如果选否，请简述哪些方面没得到很好的落实：________________

____

____

9．当前财政分级补贴的标准设计得是否科学合理：

○是　　○否

如果选否，请简述存在的主要问题及改进建议：________________

____

____

后　记

针对当前我国养老服务中存在的供需总量与供需结构的双失衡问题，应以养老服务供给侧结构性改革为突破口，强化政策的支持与引导，加快提升我国养老服务供给的质量和水平，逐步解决双失衡问题。在此思路逻辑指引下，鉴于数据资料可得性的现实约束以及研究拓展深度的考虑，本书选择以“我国城市养老服务供给的财政支持政策”为研究对象。

本书按照“提出问题→理论分析→供需分析→政策分析→经验借鉴→政策设计”的逻辑进路，首先，在对城市养老服务供给中相关概念明确界定的基础上，综合运用公共产品理论、福利经济学理论、新供给经济学理论、新公共服务理论进行解析，并分析财政支持养老服务供给的机理作用；接着，从供需两侧对我国城市养老服务的现状、结构及特征进行实证分析，指出当前我国城市养老服务供给存在的主要矛盾、养老服务供给侧结构性改革的方向与重点，为未来城市养老服务供给的财政政策支持重点领域指明方向。其次，对中华人民共和国成立以来城市养老服务供给的财政支持政策，分阶段进行系统梳理和评述；按居家和社区养老、机构养老模式两条线，对财政支持城市养老服务供给的政策现状、成效以及存在的问题进行了全面剖析。再次，对财政支持给城市养老服务供给带来的影响，财政支持政策的变化对城市养老服务供给的数量、效率、质量的影响，进行探索性实证分析；然后，重点选取几个有代表性的欧美及亚洲发达国家，分析这些国家财政支持城市养老服务供给的模式与政策，为我国财政支持的政策设计提供参照与借鉴。最后，基于前面各章的研究分析，重点从基本原则、政策框架与具体政策建议三个方面，对我国城市居家和社区养老、城市机构养老服务实现有效供给，进行财政支持政策设计，提出针对性的具体建议。但是，由于我国城市养老服务现有统计数据的缺乏，本书仅对该问题进行了初步的探索性实证分析，后续研究在数据样本容量、变量选取、计量方法选择等方面，还可以作进一步的改进与完善。

本书是在我的博士论文的基础上稍加修改而成的。2015年，从中南财经政法大学财政学本科毕业且工作十年后，我又考回母校攻读财政学专业博士学位，栖息于风景秀丽的南湖湖畔，暂时抛开工作和家庭杂事，静心享受美好的校园生活和求知的充实快乐，在我的人生旅途留下了一段难忘的时光。我与中南大结缘很深，从本科生到博士生，从青春年华到中年不惑，这十多年一路走来，所经历的点点滴滴记忆犹新，酸甜苦辣咸五味杂陈。光阴荏苒，日月如梭，想说的话有很多，要感谢的人也有很多。是老师、领导同事、同窗、亲友们给予我极大的帮助和关怀，才使我一路坚持下来，让我有了最宝贵的收获与成长。在本书行将付梓出版之际，谨向所有关心、帮助、支持或鼓励过我的老师、领导同事、同学友人和亲人致以最衷心的感谢和最诚挚的祝福！

首先感谢我的导师陈志勇教授。我读博期间所写的每一篇论文、所取得的每一个进步，都得到了恩师令我醍醐灌顶的思路提点和细心指导，尤其是写作博士论文的每一个环节都凝聚着恩师的心血和汗水。恩师儒雅仁厚、睿智通达、严谨求实、博学笃行的处世和研学风范，令我由衷敬佩。缘从师门，我倍感荣幸。恩师德高望重，不仅传授我丰厚的理论知识、前沿的学术思想、科学的研究方法，还教导我为人处世的人生哲理与智慧，在学习、工作、生活方方面面对我关怀备至。恩师的谆谆教诲我终生难忘。在此，谨向导师致以深深的谢意！

其次，感谢财税学院所有老师。感谢郭月梅教授。郭老师是我的本科导师，这么多年对我一直很关心，悉心教诲，不断鞭策，激励进步，给予我很多支持和帮助。感谢解洪涛副教授，因为调研与他结识。他和蔼可亲、亦师亦友，在学习、论文修改上给予了指导。感谢许建国教授、杨灿明教授、庞凤喜教授、候石安教授、刘京焕教授、叶青教授、薛钢教授、王金秀教授、李祥云教授、甘行琼教授、艾华教授、李波教授、胡洪曙教授、祁毓副教授等老师们在专业学习、论文开题、预答辩和答辩中的教诲和建议，诸位老师深厚的学术功底、敏锐的洞察力以及开阔的学术视野令我钦佩。感谢陈思霞副教授、张朝举副教授在调研活动及课题研究活动中给予了指导。

感谢同班同学们和同门兄弟姐妹们。在博士求学阶段，我结识了一群志趣相投、互爱互助的同学，结下深厚的同窗情谊。压力大时我们互相宽慰鼓励，遇到困惑时我们相互探讨，这种真诚和纯洁的友谊很值得珍惜。

感谢中南林业科技大学经济学院的领导和同事们。在我攻读博士学位以及完成学位论文期间，我得到了他们的大力支持和关心，让我能减轻工作负担和压力，安心投入到博士学业中。

感谢我的家人。作为一位上有老下有小的中年女性，能暂离家庭的拖累异地求学实属不易，特别是撰写学位论文需要花费大量的时间和精力，这一切都得益于我勤劳善良的父母、温文豁达的丈夫、乖巧可爱的儿女——这些爱我至深的亲人在背后的全力支持！

最后，感谢中南林业科技大学学术著作出版项目的资助，感谢西安交通大学出版社对本书出版所付出的辛劳与努力，感谢本书写作过程中引用和参考文献的作者！本书有待探讨和完善，恳请各位学者、读者不吝赐教！

张　薇

2021年5月1日于长沙